すぐに役立つ

366日記念日事典 第5版

一般社団法人
日本記念日協会 編
加瀬清志 著

上巻
（1月〜6月）

創元社

本書の構成

- １年366日の記念日を日付順に解説しています。記念日の表記は一般社団法人日本記念日協会に正式登録されているものを中心に、社会の認知度などを勘案して掲載しています。
- 年によって日付が移動するもの(たとえば、成人の日：１月第２月曜日)はその月の末尾に記載してあります。ただし、二十四節気と雑節は平均的な日付に基づいて日付順に並べています。これらに関連づけられている記念日も同様です（巻末に令和７～11年までの二十四節気と雑節の日付を掲載しています)。
- また、「あずきの日(１日)」などのように毎月ある記念日、１年間に離れて複数日ある記念日は、６月以降にまとめて記載しています。
- 由来文は日本記念日協会ホームページの内容をもとに記載していますが、書籍化にともない簡潔にしています。
- 毎月の扉には陰暦の月名やその語源、誕生石、誕生花、星座、国民の祝日を記載しています。また、各所に記念日を横断的にみるコラムを設けています。
- 一般社団法人日本記念日協会と記念日の登録申請については、巻末で紹介しています。

使い方

記念日という日々の日付にこだわった内容は、仕事や勉学、日常生活の話題、雑学、歳時記などに幅広く活用できます。記念日を通して日々の暮らしに潤いを与え、日常生活にアクセントを付けていただければ幸いです。
たとえば、こんな使い方。

- 友人、知人の誕生日が、どのような記念日なのかを知り、ふさわしいプレゼントを贈るなど、人間関係を円滑にすることに役立てられます。毎日の話のネタにも困りません。
- 記念日を知ることで新しいビジネスチャンスを広げたり、自ら記念日を制定することでPR効果を高めることができます。
- 記念日を学習の自由研究の参考資料とすることができます。どんな分野に記念日が多いのか、どんな歴史があるのか、この本を調べ物のきっかけにしてみてください。

contents

※本書のデータは、2024年10月1日現在のものを記載しています。

絵：タオカミカ　装丁：濱崎実幸

第５版の刊行にあたって

2009年４月に第１版を刊行して以来、16年の年月を重ねて第５版を刊行することになりました。

それは、この間にさらに多くの人が記念日に関心を持ち、企業や団体などが記念日の有用性に気づき、毎年、数多くの記念日が協会に登録されるようになったからです。

夏休みの自由研究に記念日を書き込んだ手帳を作った中学生。記念日を卒論のテーマに選んだ大学生。記念日をテーマにしたテレビのクイズ番組。自社商品に記念日を制定して売り上げを大きく伸ばした企業。活動内容に関連した記念日を制定して社会にアピールする団体。記念日を設けることで仲間の気持ちをひとつにしたグループなど、記念日があることで人生や社会を豊かにしたい、人とのつながりを大切にしたいと思う人が増えました。

本書では第４版に掲載後から2024年10月１日までに協会に新たに登録された約940件も含めて、3000件以上の記念日を掲載。記念日の数が多いので１月から６月までの上巻と、７月から12月までの下巻の二巻に分けての刊行です。

記念日は生活の中にあるものから、ビジネスに役立つもの、社会に貢献するものなど、さまざまなジャンルに制定されていますので、本書を身近に置いて日々の暮らしの中の話題や楽しみ、仕事のヒント、学習の参考など、多目的に活用していただければ幸いです。

一般社団法人日本記念日協会　代表理事　加瀬清志

1月

JANUARY

旧　暦　睦月（むつき）
語源：親類などが集まって仲睦まじく過ごすことから。睦び月。

英　名　January
語源：ローマ神話の戸口の神ヤヌス（Janus）に由来。物事の開始を司る神でもあり、前後に二つの顔をもつ。

異　名　初月（しょげつ）／端月（たんげつ）／暮新月（くれしんげつ）／早緑月（さみどりつき）／太郎月（たろうづき）／子日月（ねのひづき）／初春月（はつはるづき）

誕生石　ガーネット（石榴石（ざくろ））

誕生花　福寿草／水仙

星　座　山羊座（～1/20頃）／水瓶座（1/21頃～）

国民の祝日　元日（１日）、成人の日（第２月曜日）

新しい年を迎えて最初の月となる１月。記念日では「元日」と「成人の日」という２つの国民の祝日に注目が集まるが、雑節の「七草」、二十四節気の「大寒」もこの日ならではの食べ物・飲み物があり、季節を反映した行事が行われることから話題となる。
また、17日の「防災とボランティアの日」と「おむすびの日」は、1995年のこの日に発生した阪神淡路大震災を忘れずに、絆を大切にとの願いが込められていることから、人々の心に深く刻まれた記念日となっている。

福寿草

1/1

元日（国民の祝日）

国民の祝日のひとつで「年のはじめを祝う」日。1948年制定。大切な年中行事であるお正月は、元旦（元日の朝）に門松で年神様（としがみ）を迎え、井戸から若水を汲んで供え、雑煮やおせち料理を食べて祝う。

宗谷岬の初日の出

肉汁水餃子（にくじゅうすいぎょうざ）の日

肉汁水餃子専門店を運営し、業務用餃子の餃包（ギョーパオ）や点心の製造販売などを手がける㈱アールキューブが制定。肉汁あふれる水餃子の美味しさを知ってもらい、その普及と認知度の向上をめざす。日付は、中国では春節（旧正月）や祝いの席で供される縁起の良い水餃子を食べて一年を元気に過ごしてとの思いから、元日の1月1日。

スカルプDの発毛DAY

頭皮を洗う専用シャンプー「スカルプD」などの頭皮頭髪ケア商品の製造、販売を手がけるアンファー㈱が制定。新年の始まりに頭皮・頭髪をいたわり、発毛祈願をすることで「幸多き、毛も多き」1年になって欲しいとの願いが込められている。日付は年始に行われる「初詣」と「発毛DAY」の響きが似てることから1月1日とした。

日本初の点字新聞「あけぼの」創刊記念日

1906年1月1日に左近允孝之進（さこんのじょうこうのしん）氏が、日本初の点字新聞「あけぼの」を創刊したことから、点字・録音図書を出版する（福）桜雲会（おううんかい）が制定。創刊号には「視覚障害者が情報を得られるように」との左近允氏の思いが記され、その精神は現在の「点字毎日」に受け継がれている。

1/2

初荷（はつに）

この日、多くの職業で、年が明けてから初めての仕事が行われる。荷物を運ぶことの多い商店では、その年初めての荷物のことを初荷と呼ぶ。農業では農初め、漁業では初船、林業では山初めなどと言う。

初夢の日

2日の夜から3日の朝にかけて見る夢を初夢と呼ぶ説から。初夢で1年の運勢を占った昔は、よい夢を見るために枕の下に七福神が乗った宝船の絵を敷いて寝る人も多く、絵を売り歩く商人もいた。めでたい夢の「一富士、二鷹、三茄子」は徳川家康の出身地・駿河の名物。

1/3

ひとみの日

1月3日の語呂合わせから「ひとみ」。瞳をいつまでも美しくという趣旨の日。コンタクトレンズ業界など瞳に関連した業界などが活用する。

1/4

HULFT（周年記念）

㈱セゾンテクノロジーが制定。同社は1993年1月4日にファイル連携/データ連携ツール「HULFT（ハルフト）」を発売。以来、さまざまな機能強化、運用操作性の向上などが図られ、2023年には日本発iPaaS（クラウド型データ連携プラットフォーム）「HULFT Square（ハルフトスクエア）」をリリース。周年記念登録は時代とともに変化する企業のITシステムにおいて、これからも安全・安心のデータ連携を提供し続けていくという同社の「つなぐ価値」に対する決意表明。

1/5

ホームセキュリティの日

日本で初めての警備保障会社として1962年に創業し、「安全産業」を創出したセコム㈱が制定。同社が1981年1月5日に発売した「ホームセキュリティシステム」は2014年6月に契約数が100万軒を超え、「ホームセキュリティ」は一般的な用語に。発売日から家庭の「安全・安心」を見直してもらうのが目的。

遺言の日

さまざまな社会問題の解決に取り組む（公財）日本財団が制定。相続のトラブルを少なくできる遺言書の作成の普及が目的。日付は1と5で「遺言（いごん）」と読む語呂合わせと、この時期は正月で家族が集まる機会も多く、遺言について話し合えることから。

1/6

小寒（しょうかん）

[年によって変わる] 二十四節気のひとつ。寒の入りにあたり、冬至と大寒の中間。大寒に向かい、寒さが厳しくなっていく。

㈱明治機械製作所（周年記念）

㈱明治機械製作所（大阪市）は1924年1月6日に創業。1932年に塗装などに使用するスプレーガンの国産1号機の試作に成功。以来、空気圧縮技術を応用した1万5000種類以上の機器を開発し「エア技術のパイオニア」と称される。機械工具、塗装業界をはじめ、医療、農業、自動車関連などさまざまな分野で社会と人々の暮らしを支え、これからもトップメーカーならではの豊富な実績と磨き上げた技術力で可能性に挑戦していく。

イチロクの日

全国でROYAL & MGMの屋号で遊技場を運営する㈱一六商事ホールディングスが制定。「人と人の絆を大切にする」という経営理念のもと、多くの人にパチンコ、パチスロの楽しみを知ってもらうのが目的。日付は一六商事の一六から1月6日に。

カラーの日

「カラー」の知識をビジネスに活かすセミナーや認定資格制度、検定試験などを実施し、カラーの普及活動を行う（一社）ビジネスカラー検定協会が制定。カラーを通して世界中の人たちに元気に活躍してもらうことが目的。日付は「色＝い（1）ろ（6）」と読む語呂合わせから。

佐久鯉（さくごい）誕生の日

1746（延享3）年1月6日に伊勢神宮の福島神主へ篠澤佐吾衛門包道が佐久鯉料理を献上。これが佐久鯉の最古の記録であることから、包道の子孫である佐久ホテル（長野県佐久市）の篠澤明剛氏が制定。

まくらの日

枕を中心とした寝具のインターネット販売などを手がける、まくら㈱（千葉県柏市）が制定。毎日使う枕に日頃の感謝を込めて、その大切さを見直すのが目的。日付は枕を英語でpillow（ピロー）と呼ぶことから1をピンの「ピ」と読み、6を「ロー」と読んで「ピロー」となる1月6日に。

1/7

七草（ななくさ）

セリ、ナズナ、ゴギョウ（ハハコグサ）、ハコベラ、ホトケノザ（オオバコ）、スズナ（カブ）、スズシロ（ダイコン）が春の七草（七種）。この日の朝、七草を入れたおかゆを食べると健康に過ごせるといわれる。新年に若菜を食べる中国の習慣が伝えられたもの。

消救車の日

火災や災害現場などでは救急車として、それ以外は消防車として活動する世界初の消救車のPRを目的に、開発をした㈱モリタホールディングスが制定。日付は2005年1月7日に、その第1号車が千葉県松戸市に配備されたことから。

1/8

能登ヒバの日

加賀木材㈱（石川県金沢市）が制定。「能登ヒバ」は能登地方で育つ針葉樹で、建築材として優れた性質をもつ石川県の県木。2024年1月1日に発生した能登半島地震で能登ヒバの生産地は甚大な被害を受けたことから能登ヒバを活用した体験や製品を観光資源にするなど、地震からの復興のシンボルとするのが目的。日付は1月8日を「ヒ（1）バ（8）」と読む語呂合わせ。

大戸屋・定食の日

㈱大戸屋が制定。1958年1月8日に東京・池袋で「大戸屋食堂」として創業した「大戸屋ごはん処」。同社のご飯、味噌汁、おかずの定食スタイルや、醤油、味噌、麹などの発酵調味料を使うなどの伝統的な食文化を、日本はもとより世界に発信するのが目的。日付は創業日であり、1月8日を「0108」として「0（オー）10（ト）8（ヤ）」と読む語呂合わせから。

遺影撮影の日

日本初のシニア世代専門の写真館「えがお写真館」を運営する㈱サンクリエーションが制定。生前に遺影を撮影し、後世に残すことの大切さを知ってもらい、遺影撮影を日本の文化として根付かせるのが目的。日付は「遺（い＝1）影撮（えいと＝8）る日」と読む語呂合わせと、正月に笑顔の写真を撮ってほしいとの願いから。

平成はじまりの日

1989年のこの日、前日の昭和天皇の崩御をうけて、年号が「平成」となった。「平成」は「大化」以来247番目の元号。改元にあたっては「修文」「正化」も候補とされたが、ローマ字表記の頭文字が昭和と同じ「S」となることもあって「平成」が選ばれたともいう。

イヤホンの日

どこにでも持ち運べて、いつでも気軽に音楽を聴ける道具のイヤホン。その普及を目的にイヤホンの総合情報サイト「イヤホンナビ」が制定。日付は1と8で「イヤホン」の語呂合わせから。世界中の有名メーカーのイヤホンを集めて試聴、比較できるイベントなどを行う。

1/9

一番くじの日

㈱BANDAI SPIRITSが制定。何が出るかわからないくじを引く楽しさと当たる感動を提供するハズレなしのキャラクターくじ「一番くじ」。魅力的なオリジナル商品が当たる「一番くじ」の認知度向上とファンへのアプローチが目的。日付は「一番くじ」の一番で1月、「一番くじ」のくじが9日を指し1月9日に。

ジャマイカ ブルーマウンテンコーヒーの日

ジャマイカコーヒー輸入協議会が制定。ジャマイカ産コーヒーの最大の需要国である日本とジャマイカの友好を深め、名産の「ブルーマウンテンコーヒー」のさらなる普及をめざす。日付は、ジャマイカ産コーヒーがキングストン港から日本向けに初めて1400袋（1袋は約60kg）もの大型出荷をした1967年1月9日にちなむ。

1/10

110番の日

1985年12月に警視庁が制定、1986年から実施。110番通報の大切さとその適切な利用をアピールする。110番制度が誕生したのは1948年の10月1日。

ほしいもの日

茨城県産のほしいものPRのため、ほしいもの国内生産量1位の茨城県が制定。ほしいもの原料はさつまいものみで、砂糖や添加物を一切使用しない。水溶性食物繊維が豊富に含まれ、栄養価も高い。日付は、一月十日の数字を重ねると「干」という文字になること、1月から2月にかけて最もおいしい時期となることなどから。

みんなの移住の日

移住促進事業などを手がける㈱ツナグム（京都市）が制定。同社は人と人、人と場のつながりを紡ぎ、一人ひとりが生きたい場所で暮らすサポートを行う。多くの人が移住について語り合い、都市から地域への移住がムーブメントとなり、自らの生き方や働き方を考え、移住をしたり、移住をお祝いしたりする日。日付は1と10で「い（1）じゅう（10）」と読む語呂合わせから。

まいどおおきに食堂の日

全国で飲食店ブランドを展開する㈱フジオフードシステムが制定。「まいどおおきに食堂」の「まいどおおきに」は、関西の商人が使う愛情深い温もりのある挨拶で、創業者の藤尾政弘氏の母が実家の食堂で大切にした言葉。「まいどおおきに食堂」を知ってもらい、「まいどおおきに」という感謝の言葉を世界に広げるのが目的。日付は0110で「ま（0）い（1）ど（10）」と読む語呂合わせ。

イヤホンガイドの日

ガイドレシーバー「イヤホンガイド®」の製造・販売・レンタルなどを手がける㈱ケンネットが制定。1997年に誕生して以来、ツアーガイドや美術館・博物館の案内など伝える仕事の場面で利用されている「イヤホンガイド®」の存在を知ってもらうのが目的。日付は1と10で「イ（1）ヤホンガイド（10）」の語呂合わせ。

補幸器（ほこうき）の日

補聴器の販売を手がける（有）堺堂（神奈川県川崎市）が制定。同社では、補聴器が身体の一部として機能するまで何度も調整して販売する。その「補聴器は慣れてから買うもの」というスタイルを多くの人に知ってもらうのが目的。日付は補聴器が幸福を補う「補幸器」となることを願い、大貫悦信社長が補聴器研究に取り組むきっかけとなった父の誕生日の1月10日。

ten.めばえの日

読売テレビ放送㈱（大阪市）が制定。ニュース番組「かんさい情報ネットten.」の人気コーナーで、その日に生まれた赤ちゃんを紹介する「めばえ」。世の中への関心や家族との絆などが「芽生える」日にとの思いから。日付はタイトルイラストの双葉マークを「0110」と見立て、番組名「ten.＝10」にもかけて1月10日とした。

ひものの日

ひものの専門店「塩干の太助」を運営する㈱太助（愛知県名古屋市）が制定。日本の伝統食品としての干物を、より多くの人に知ってもらい、食べてもらうのが目的。日付は干物の「干」の字が「一」と「十」に分けられることから。

百十郎の日

日本酒の蔵元、㈱林本店（岐阜県各務原市）が制定。同社のブランド「百十郎」のPRが目的。百十郎の名は、地元で明治から昭和にかけて活躍した歌舞伎役者の市川百十郎氏に由来。ラベルに歌舞伎独特の化粧法の隈取（くまどり）を取り入れ、海外では「one ten」の名前で知られる。日付は「百十郎」の「百十（110）」から。

インターンの日

採用コンサルティング事業などを行うルーキーワークス㈱が制定。「インターン」は学生が就職前の一定期間に企業で働く「インターンシップ」の略語で、制度を導入する企業と参加する学生の拡大と意識の啓蒙が目的。日付は「イン（1）ターン（10)」の語呂合わせ。

インターンシップの日

採用コンサルティング事業などを行うルーキーワークス㈱が制定。「インターンシップ」とは学生が就職前の一定期間に企業で働くことで、制度を導入する企業と参加する学生の拡大と意識の啓蒙が目的。日付は「イン（1）ターン（10)」の語呂合わせ。

糸引き納豆の日

全国納豆協同組合連合会が制定。納豆は健康効果や美容美肌効果などが得られるとされ、日本を代表する発酵食品のひとつ。日付は1と10で糸引きの糸（いと）の語呂合わせから。また、この時期は受験の時期にあたるため、糸引き納豆のような粘り強さで合格を勝ち取ってほしいという意味もある。

イトウの日

最大1.5mを越える日本最大の淡水魚で絶滅危惧種に指定されている「イトウ」を展示する北海道北見市の「北の大地の水族館」（施設名：おんねゆ温泉・山の水族館）が制定。同館の目玉生物であるイトウの認知度をさらに上げ、その保護の気運を高めるのが目的。日付は1と10で「イトウ」と読む語呂合わせから。

豊後高田市移住の日

大分県豊後高田市が制定。「小さくてもキラリと光るまち」「夢をかたちに 未来に光り続けるまち」をめざし、さまざまな移住定住施策を進める同市が、子育て支援の充実、教育のまちづくりなどの施策を市民と共有して、地方創生の取り組みを再認識するのが目的。日付は1と10で「移（1）住（10)」と読む語呂合わせから。

1/11

鏡開き

その年の年神様（としがみさま）に供えた鏡餅を小さく割り、おしるこなどにして食べる行事。もともとは武家社会の行事で、具足開き（鎧や兜に供えた餅を雑煮などにして食べた）といった。鏡餅を刃物で切るのは切腹を連想させるため、手や木槌で割って「開く」ようになった。

はじめます宣言の日

アコム㈱が制定。誰もがやりたいことに挑戦できる社会を応援するため、同社が2010年から展開する「はじめたいこと、はじめよう！プロジェクト」をより多くの人に知ってもらい、挑戦の後押しをすることが目的。日付は挑戦への第一歩を後押しするという意味を込め、数字の始まりである（1）が並ぶ1月11日を記念日に。

ラッキー1番・ラッピー君の誕生日

パチンコ・パチスロ店「ラッキー1番」を運営する㈱ユーコーラッキー（愛知県名古屋市）が制定。快適な地域ナンバーワンのパチスロ・パチンコ店をめざす「ラッキー1番」と、マスコットキャラクターとしてホールで活躍中の「ラッピー君」を多くの人に知ってもらうのが目的。日付は「ラッピー君」の誕生日。

シャー芯の日

シャープペンの替芯（シャー芯）の魅力を知ってもらうため、ぺんてる㈱が制定。同社は1960年、細くても強度と濃度が格段に高い世界初の合成樹脂配合芯「ハイポリマー芯」と、片手で効率よく芯を出せるノック式シャープペン「ぺんてる鉛筆」を開発している。日付は、替芯の形を数字の1に見立て、替え芯が並ぶ1月11日を記念日とした。

イラストレーションの日

協同組合日本イラストレーション協会（兵庫県神戸市）が制定。イラストレーションの役割とその価値について再確認し、イラストレーション業界を盛り上げていくことが目的。日付は英単語「Illustration」の頭3文字「Ill」を3つの「1」に見立て、1月11日とした。

アスパラガスビスケットの日

㈱ギンビスが制定。「アスパラガスビスケット」は1968年10月に発売された同社のロングセラー商品。世代を超えて愛され続けてきた同商品を、さまざまな年代の家族が集まる年始に食べてもらうのが目的。日付は「アスパラガスビスケット」の棒状の形を思い起こす1月11日に。

UNO（ウノ）の日

1971年に誕生し、世界約80ヵ国で親しまれている人気のカードゲーム「UNO」を販売するマテル・インターナショナル㈱が制定。UNOをさらに多くの人に親しみ、楽しんでもらうのが目的。日付は、スペイン語やイタリア語で「UNO」は数字の1を意味することから、1が重なる1月11日に。

マカロニサラダの日

キユーピーグループに属し、サラダ、総菜、麺とパスタ、デザートなどの食品を製造販売するデリア食品㈱が制定。幅広い世代に愛されるマカロニサラダを日本の食卓に定着させるのが目的。日付はマカロニの形が数字の1に似ていることから、1が3つ並ぶ1月11日に。

樽酒の日

祝いの宴、喜びの場で酒樽の蓋を威勢良く開ける鏡開き。樽の酒をふるまい飲み交わすこの風習を、日本の文化として次の世代に伝えていきたいと長龍酒造㈱（奈良県広陵町）が制定。日付は年中行事の鏡開きの日に由来する。

1/12

いいねの日（エールを送る日）

「いいねの日 企画室」が制定。SNSで「いいね！」のボタンを積極的に押すなど自分や他者にエールを送る機会を作り、送った人ももらった人も心が温かくなって小さな幸せが増える日にするのが目的。日付は1と12で「い（1）い（1）ね（2）」と読む語呂合わせ。

いいにんじんの日

高麗人参が健康に良いことをアピールするために㈱韓国人参公社ジャパンが制定。高麗人参は、種をまく前に1～2年かけて土壌をつくり、発芽後は日よけを設置するなど、育成には長い年月が必要。日付は1と12で「いいにんじん」と読む語呂合わせ。

1/13

遺言の意味を考える日

相続関連の問題を支援する「NPO法人えがおで相続を」が制定。相続法の改正で遺言書の方式緩和が2019年1月13日から施行され、遺言の手続きがさらに身近になったことから、遺言の大切さ、その意味を考えるきっかけの日とするのが目的。日付は法律の施行日であり、1と13で「遺（1）言の意味（13）」との語呂合わせから。

伊達（だて）のあんぽ柿の日

⇨「1年間に複数日ある記念日」の項を参照。

1/14

婚活作戦会議の日

㈱エクスマリー（愛知県名古屋市）が制定。同社は結婚・婚活総合サービス企業として少子対策事業や、結婚に至るまでの婚活市場を活性化させる仕組みづくりを行っており、年初に婚活や結婚に向けての目標（婚活作戦会議）を立ててもらうのが目的。日付はバレンタインデーのプレ的な意味合いで1ヵ月前の1月14日とした。

マンリーデー

女性から男性に愛の告白をする「バレンタインデー」よりも先に、男性から女性に愛の告白をする日をと、イベントの企画・運営や野球塾などを手がけるJ. AIDING合同会社が制定。日付は、バレンタインデーの1ヵ月前でわかりやすいことから1月14日とした。「マンリー」には男らしい、雄々しいなどの意味がある。

褒め言葉カードの日

(一社)日本褒め言葉カード協会が制定。家族や職場の仲間を褒めて感謝を伝える日。褒め言葉カードを普及させ、褒め言葉の大切さを理解してもらうのが目的。日付は1と14を褒め言葉のひとつの「い(1)い(1)よ(4)」と読むことから。

1/15

小正月(こしょうがつ)

7日までの松の内を「大正月」といい、15日を「小正月」という。松の内を忙しく働いた主婦をねぎらう意味で「女正月」という地方もある。

くりこ庵・たい焼きの日

たい焼きの販売などを行う㈱くりこ(神奈川県横浜市)が制定。江戸時代から続くたい焼きに記念日を設け、たい焼き文化の発展と活性化が目的。同社のたい焼きは外はカリッと中はふんわりの厚い生地で有名。日付はたい焼き専門店として展開する「くりこ庵」の旗艦店の横浜西口店が開店した2002年1月15日にちなむ。

「適サシ肉」の日

東京・浅草の老舗すき焼き店「ちんや」の現在の運営会社、㈱WDI JAPANが制定。「ちんや」六代目当主の住吉史彦氏が自店で過剰な霜降肉を使うことをやめ、適度な霜降の入った「適サシ肉」だけを使うと宣言。そのおいしさを多くの人に味わってもらうのが目的。日付は宣言をした2017年1月15日から。適サシ肉は住吉史彦氏の造語で、同運営会社が商標登録をしている。

半襟(はんえり)の日

1月は1年最初の月で襟を正すに通じ、この日は長い間「成人の日」として親しまれ、和装との関連が深いことから、京都半衿風呂敷和装卸協同組合が2001年4月に制定。半襟需要の振興をめざす。

フードドライブの日

フードドライブとは、缶詰や調味料、レトルト食品など、消費期限までの日数がある未開封の食品を、経済的理由などで食べ物に困っている家庭に届ける奉仕活動のこと。この活動を広めようと女性だけの30分フィットネスを全国展開する㈱カーブスジャパンが制定。日付は1と15で「いいごはん」の語呂合わせから。

1/16

ヒーローの日

㈱電通が制定。アニメや映画の世界の「ヒーロー」を多くの人に愛してもらい、その存在を世の中に浸透させるのが目的。日付は1と16で「ヒ（1）ー（1）ロー（6）」と読む語呂合わせから。

1/17

防災とボランティアの日

1995年のこの日に発生した阪神・淡路大地震に由来する、閣議で制定された日。阪神・淡路大地震ではボランティア活動が大きな力となったことから、災害への備えとともにボランティアの大切さを認識する日とされている。

おむすびの日

ごはんを食べよう国民運動推進協議会が2000年11月に制定。ごはんのおむすびだけでなく、人と人との心を結ぶ「おむすび」の日とした。1995年1月17日に発生した阪神・淡路大震災でボランティアによるおむすびの炊き出しが人々を大いに助けたことから、この善意を忘れないために1月17日を記念日とした。2018年からは（公社）米穀安定供給確保支援機構が引き継いでいる。

1/18

118番の日

「118番」は海上における事件・事故の緊急通報用電話番号。海上保安庁が2010年に制定し、2011年から運用している。海難事故の目撃・遭遇、見慣れない船・不審な船・油の排出の発見の際に118番に通報してもらうことで、海の安全を確保することを目的としている。

愛するチンチラの日

（一社）日本チンチラ協会が制定。チンチラはネズミの仲間のげっ歯目で、ふわふわの毛が特徴の愛らしく賢い動物。チンチラの飼育環境について広く知ってもらうのが目的。日付は、一生歯が伸び続けるチンチラは歯の健康がそのまま身体の健康に結びつくことをふまえ、「いい（11）歯（8）」と読める1月18日とした。

いい部屋の日

賃貸物件検索サイト「いい部屋ネット」を運営する、大東建託リーシング㈱が制定。新生活のための部屋探しが本格化するシーズンを前に「いい部屋とは何か」について考える機会を作ることが目的。日付は「いい部屋＝いい（1）へ（1）や（8）」の語呂合わせ。

ひらく、いい鼻の日

プラスチックバーの反発力で鼻腔を拡げて、鼻呼吸をスムーズにする「ブリーズライト」をPRするため、佐藤製薬㈱が制定。日付は「ひ（1）らく、い（1）いは（8）な」の語呂合わせから。

カップスターの日

「サッポロ一番」「カップスター」など、数多くのヒット商品をもつサンヨー食品㈱が制定。「カップスター」はタテ型のカップ麺で、1975年1月18日に「カップスターしょうゆ」が発売されて以来多くの人に愛されてきたロングセラー商品。日付は発売日にちなむ。

1/19

ワンクの日

㈱西日本シティ銀行（福岡市）が制定。「ワンク」は同銀行のイメージキャラクターで、名前は一般公募による。「ワンク」が愛犬のように身近で親しみのある存在になってほしいとの願いが込められている。日付は名前が決定した1月と「ワン（1）ク（9）」の語呂合わせ。

はっぴいおかん・大阪いちじくの日

大阪府羽曳野市の名産品の「いちじく」を使った商品を製造販売するグループ「はっぴいおかん」が制定。健康にも良いとされるいちじくの商品を広め、大阪を代表する特産品、お土産品にするのが目的。日付は1と19で「いち（1）じく（19）」と読む語呂合わせ。

家庭用消火器点検の日

一般住宅の最も手軽な初期消火設備の消火器について、家庭での点検、火災発生時の使い方などの認識を高めてもらおうと、（一社）全国消防機器販売業協会が1991年10月に制定。日付は消防への電話番号の119から消防庁が11月9日を「119番の日」と定めているので、1年で最初に119の数字が並ぶ1月19日とした。

イチジク浣腸の日

イチジク製薬㈱が、浣腸薬のトップブランド「イチジク浣腸」をPRするため、2015年の創業90周年を記念して制定。日付は「イチ（1）ジク（19）」の語呂合わせ。年末年始の乱れた食生活、寒さからの水分不足、運動不足による便秘が気になる時期を快腸に過ごしてほしいとの願いも込められている。

いいくちの日

花王㈱が制定。ストレス、疲れ、加齢などにより唾液の分泌量が減少して起こる口の中のトラブルを防ぎ、清浄で健康な口にする「薬用ピュオーラハミガキ」のPRと、口内環境全般を健康な状態に保つことの大切さを意識してもらうのが目的。日付は「いい（11）くち（9）」と読む語呂合わせから。

「信州・まつもと鍋」の日

⇨「1年間に複数日ある記念日」の項を参照。

1/20

大寒（だいかん）

［年によって変わる］二十四節気のひとつ。小寒から節分までの「寒の内」の真ん中あたり、1年でも最も寒い時期。本来、寒さの厳しいこの頃に、武道などの稽古をすることを寒稽古と呼んだが、現在では冬の修行一般をさすことが多い。

二十日正月（はつかしょうがつ）

この日を正月の最後の日として納めの行事を行う。地方によっては骨正月、骨おろし、頭正月などとも呼ぶ。これは正月に食べた魚の骨や頭までも食べて、正月を終えるところからきている。

黒生メルティの日

雪のようなくちどけが人気のチョコレート「メルティーキッス」を発売する㈱明治が制定。メルティーキッスは黒生ビールとの相性が良く、双方を組み合わせることで違ったおいしさを味わえる。記念日を通して新しい食べ方を提案し、今まで以上に楽しんでもらうのが目的。日付は寒さが厳しい「大寒」になることが多い1月20日に。

シマエナガの日

［大寒、年によって変わる］北海道に生息する野鳥の「シマエナガ」は、真っ白な体につぶらな瞳の可愛い見た目から雪の妖精とも呼ばれる。シマエナガを愛し、SNSアカウント「ぼく、シマエナガ。」を運営する写真家のやなぎさわごう氏が、その魅力を多くの人に知ってもらうために制定。日付は、シマエナガは寒いほど羽の中に空気を入れて膨らむことから、1年で最も寒い日とされる二十四節気のひとつの大寒の日。

インクルーシブを考える日

特別支援学校高等部などを卒業後の学びの場に、各地で「カレッジ」を運営する㈱ゆたかカレッジ（福岡市）が制定。障害者の社会への完全参加と平等を考える機会とする。日付は、障害者権利条約の日本の批准が国連事務局に承認された2014年1月20日にちなむ。条約では障害者の尊厳と権利が保護されなければならないと謳われ、インクルーシブ社会（共生社会）の実現をめざすことが掲げられている。

血栓予防の日

日本ナットウキナーゼ協会が制定。納豆に含まれるたんぱく質分解酵素「ナットウキナーゼ」が血栓を溶解し、脳梗塞や心筋梗塞を予防する効果があることをアピールする。日付は、寒い時期に血栓ができやすいことから、大寒にあたることが多い1月20日とした。20日は「2（ツ）0（マル）」の語呂合わせでもある。

甘酒の日

［大寒、年によって変わる］日本の伝統的な発酵食品である甘酒の良さ、おいしさを多くの人に知ってもらいたいと、1969年から瓶入りの甘酒を販売してきた森永製菓㈱が制定。日付は、甘酒は疲れを癒し、身体が温まる飲み物として大寒の頃に最も飲まれていることから大寒の日とした。

トゥー・チェロズの日

クロアチア出身のルカとステファンによるチェロのみのユニット、「トゥー・チェロズ（2CELLOS）」の日。日付は、2CELLOSがチェロの超絶演奏を動画サイトにアップした2011年1月20日にちなむ。所属先の㈱ソニー・ミュージックレーベルズが制定。

ぬか床の日

［大寒、年によって変わる］米ぬかを発酵させて作るぬか床の品質向上と普及を目的として、全国ぬかづけのもと工業会（石川県金沢市）が制定。日付は古来、大寒の時期にぬか床を作ると良いぬか床ができるとされることから、暦の上の「大寒」を記念日とした。

1/21

Spartyのパーソナライズ記念日

D2Cビジネスなどを展開する㈱Sparty（スパーティー）が制定。「パーソナライズ」とはデータをもとに顧客のニーズを把握し、それに沿った商品を提供するもので、同社が提供する数々の「パーソナライズ」サービスの価値を知ってもらうのが目的。日付は、一人ひとりに合ったサービスを提供することをふまえ、「ワン（1）・トゥー（2）・ワン（1）」と読める1月21日とした。

スイートピーの日

全国の花の生産者、生花店、園芸店などで構成する「日本スイートピーの会」が制定。「春の花」の代名詞であるスイートピーをより多くの人に楽しんでもらうのが目的。日付は、スイートピーはこの時期が最も香り豊かできれいに輝くことと、左右対称の3種類の花弁の数（旗弁1枚、翼弁2枚、舟弁1枚）にちなんで1月21日とされた。

ユニベアシティの日

ディズニーストアのオリジナルキャラクター「UniBEARsity（ユニベアシティ）」の発売（2011年1月21日）を記念して、ウォルト・ディズニー・ジャパン㈱が制定。UniBEARsityはuniversity（学校）とBEAR（クマ）を合わせた造語で、ミッキーマウスたちが宿題でクマのぬいぐるみを作ったというストーリーから誕生。

1/22

カレーの日

全日本カレー工業協同組合が制定。国民食と言われるまでに普及したカレーのよりいっそうの普及拡大により、健康で豊かな消費生活の実現に寄与するのが目的。日付は、1982年1月22日に全国学校栄養士協議会が全国の学校給食の統一メニューとして「カレー」を提供したことにちなむ。

1/23

オメガ3の日

㈱ニップンが制定。オメガ3脂肪酸は体内で作ることができない必須脂肪酸で、アマニ油、エゴマ油、青魚などに豊富に含まれる。オメガ3脂肪酸を摂取して、生活習慣を改善する意識を高めてもらうのが目的。日付は1、2、3とステップアップして健康になってほしいとの思いから1月23日に。

アーモンドの日

美容や健康に効果のあるアーモンドをPRするため、カリフォルニア・アーモンド協会が制定。手のひら一杯分のアーモンド（約23粒・30g）には、抗酸化作用のあるビタミンEが8.6mg含まれており、これだけで一日に必要なビタミンEが摂れる。日付は1と23で「1日23粒」を表している。

一無（いちむ）、二少（にしょう）、三多（さんた）の日

日本医療・健康情報研究所を運営する㈱創新社が制定。同社が（一社）日本生活習慣病予防協会から継承した記念日で、健康維持のための「一無、二少、三多」を多くの人に実践してもらうのが目的。「一無」は「禁煙」、「二少」は「少食と少酒」、「三多」は「多動（体を多く動かす）と多休（しっかり休養する）と多接（多くの人、事、物に接する生活）」のこと。日付は「一無、二少、三多」の一二三から。

碧南（へきなん）人参の日

愛知県碧南市の名産品、碧南人参のブランド名「へきなん美人」のPRを目的に、JAあいち中央碧南人参部会が制定。日付は1と23で「いいにんじん」の語呂合わせと、碧南人参がいちばん熟して甘くなる時期にちなむ。

アート引越センターの日

アート引越センター㈱（大阪府大東市）が制定。引越事業を中心に「暮らし」をキーワードとして、生活をとりまく各種事業を展開し、こんなサービスが「あったらいいな」の気持ちを大切にする自社のPRが目的。日付はアート引越センターのコーポレート・アイデンティティ「the0123」にちなむ。

八丈島から南大東島への上陸記念日

八丈島で文化活動を行う「八丈島ふるさと塾」が制定。1900年1月23日に八丈島（現在の東京都八丈町）の人々が南大東島（現在の沖縄県南大東村）に上陸、開拓の第一歩を記したことを偲び、その史実を後世に伝えるのが目的。

花粉対策の日

花粉問題に取り組む企業や研究機関などで結成された「花粉問題対策事業者協議会」が制定。飛散量の低減、受粉の防御など、早めの花粉対策を啓蒙する。日付は春の花粉対策は1月、2月、3月が重要であることから、123と数字が並ぶ1月23日に。

算額文化を広める日

（公財）日本数学検定協会が制定。「算額」とは、江戸時代に数学者などが額や絵馬に数学の問題や解法を記して神社仏閣に奉納したもので、これを現代に復興して「数学の学びの文化」を広めるのが目的。日付は1、2、3の数字の並びは誰もが最初に接する数学文化のひとつであることから1月23日に。

1/24

法律扶助の日

法律扶助とは、経済的理由で民事裁判を受けられない人のために裁判費用を立て替える制度。日付は（一財）法律扶助協会が設立された1952年1月24日にちなむ。扶助業務は、現在、日本司法支援センターが引き継いでいる。

1/25

中華まんの日

コンビニなどで販売される加温まんじゅうの衛生管理や品質向上のために活動する日本加温食品協会が制定。中華まんを多くの人に味わってもらい「おいしい！」と笑顔になってもらうのが目的。日付は、1902年1月25日に北海道旭川で日本の気象観測史上最低気温マイナス41度が記録されたことにちなむ。

一室入魂の日

不動産管理会社の日本財託グループが制定。一室一室にまごころを込め、安心安全な管理、ホスピタリティを追求する同社の対応を社内外に広く知ってもらうのが目的。日付は「一（1）室入魂（25）」と読む語呂合わせから。

とちぎのいちごの日

⇨「1年間に複数日ある記念日」の項を参照。

石ノ森章太郎生誕記念日

日本のマンガ界に大きな功績を残し、いまもなお多くのマンガ家、クリエーターに影響を与え続ける萬画家の石ノ森章太郎氏の生誕（1938年1月25日）を記念して㈱石森プロが制定。石ノ森章太郎氏は世界一多くのマンガを描いたマンガ家としてギネスブックにも認定されている。

美容記念日

美容業界に多大な功績を残したメイ牛山氏の生誕日（1911年1月25日）を記念して、ハリウッド㈱が制定。健康で美しく元気な人を増やすきっかけの日。牛山氏は「美容は平和な社会の象徴」を理念として、美容室の経営、後進の育成、化粧品の開発、新しい美容技術の普及に尽力した。

あったか旭川まんの日

1902（明治35）年1月25日に、北海道旭川で日本の気象観測史上最低気温マイナス41度が記録されたことにちなみ、旭川のご当地グルメ「あったか旭川まん」をPRする「あったか旭川まん推進会議」が制定。寒さは貴重な地域ブランドという前向きな発想から生まれた「あったか旭川まん」は、北海道らしい具材と自由な形状で人気。

菅公学生服の日

日本を代表する学生服メーカー、菅公学生服㈱（岡山市）が制定。自社ブランドの「カンコー学生服」の優れた機能性やデザインをアピールするとともに、子どもたちの学業成就と健やかな成長を祈る日。日付は学問の神様である菅原道真公（菅公）ゆかりの初天神の日にちなむ。

主婦休みの日

⇨「1年間に複数日ある記念日」の項を参照。

ホットケーキの日

ホットケーキミックスの売り上げナンバーワンを誇る、森永製菓㈱が制定。日付は1902年1月25日に北海道の旭川気象台において日本の観測史上最低気温（-41.0℃）を記録したことにちなみ、とくに寒くなるこの時期においしいホットケーキを食べて心も体も暖めてほしいとの願いが込められている。

1/26

文化財防火デー

1949年のこの日、法隆寺の金堂から出火、貴重な壁画などを焼失したことをふまえ、各地の文化財を火から守る日として、文化財保護委員会（現在の文化庁）と国家消防本部（現在の消防庁）が1955年に制定。

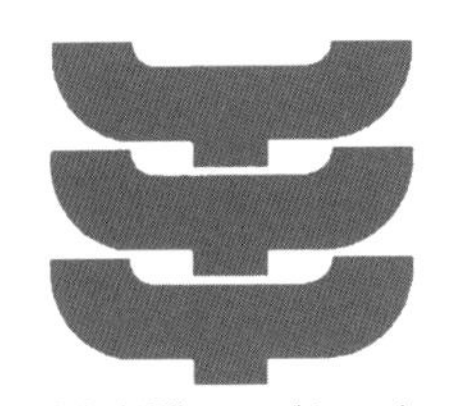
文化財愛護のシンボルマーク

ファーストバスデー

ベビーギフトやママ向け商品の通販などを手がけるビースタニング㈱が制定。「ファーストバスデー」は同社による命名で、パパとママが初めて赤ちゃんと一緒にお風呂に入る日。尊いその時間を思い出すきっかけの日にとの思いが込められている。日付は「初めての（ファースト＝1）ふろ（26）」の語呂合わせ。

モンチッチの日

「モンチッチ」などぬいぐるみ、人形、雑貨などを企画製造販売する㈱セキグチが制定。世界中で愛されているモンチッチの魅力を多くの人に知ってもらうのが目的。日付は、モンチッチの誕生日の1974年1月26日から。

腸内フローラの日

乳酸菌のサプリメントなどを手がけるカゴメ㈱大阪支店が制定。乳酸菌や食物繊維による腸内フローラの改善をアピールする。植物性乳酸菌のラブレ菌は腸で生き抜く力が強く、1993年に京都の伝統的な漬物「すぐき漬け」から発見された。日付は食生活が乱れやすい1月と「フ（2）ロ（6）ーラ」の語呂合わせ。

コラーゲンの日

㈱ニッピコラーゲン化粧品が制定。日付は、㈱ニッピ（旧日本皮革㈱）の研究員、西原富雄氏がコラーゲンの可溶化に成功し特許を出願した1960年1月26日にちなむ。可溶化の成功により、コラーゲンの用途は化粧品や食品などに飛躍的に広がった。

1ドア2ロックの日

国内シェア6割を誇る錠前のトップメーカー、美和ロック㈱が制定。防犯性を高めて空き巣の被害を減らすために玄関を「1ドア2ロック」にすることを推奨、啓発するのが目的。日付は「1つのドアに2つのカギ（ロック＝6）」の語呂合わせから。

1/27

船穂スイートピー記念日

全国有数の出荷量を誇る岡山県倉敷市船穂町のスイートピーを広くアピールするため、「JA晴れの国岡山 船穂町花き部会」が制定。日付は品質・量ともに安定して本格的なシーズンを迎える1月と、1と27で「いいふなお（良い船穂）」と読む語呂合わせから。

1/28

いい椿の日

1927年創業の椿油専門メーカーの大島椿㈱が、椿と椿の文化を伝えるために制定。日本の椿油の歴史は古く、椿油は髪や頭皮、スキンケアなどに広く使われてきた。日付は椿の花の時期であること、「いい（1）ツ（2）バ（8）キ」と読めることにちなむ。

みしまバーニャの日

静岡県東部地区の富士伊豆農業協同組合が制定。箱根山の西南、標高50m以上の畑で栽培されるブランド野菜「箱根西麓三島野菜」をバーニャカウダで味わう「みしまバーニャ」として楽しんでもらうことが目的。日付は1/28のスラッシュ（/）を「バー」、28を「ニャ」と読む語呂合わせと、企画の初開催日（2023年1月28日）にちなむ。

1/29

I love kyudo福岡の日

福岡市の猪飼弓具店福岡支店の猪飼英樹氏が制定。福岡県には多数の弓道場があり、弓道を通じて人々の交流が盛ん。福岡県民の弓道愛をアピールするとともに、弓道の魅力を全国に伝えるのが目的。日付は「I（1）love kyudo 福（29）岡の日」の語呂合わせと、1月29日（0129）の0を的、1を矢と見立てると「福（福岡＝29）が的を射抜く」様子に見え、縁起が良いことから。

1/30

節々の痛みゼロを目指す日

あしすと訪問リハビリ鍼灸マッサージ院を運営する（有）ひまわりが制定。同院では、通院できない人の自宅に訪問し、鍼灸、あん摩マッサージ指圧などの施術（リハビリ）を行う。記念日を通じて、節々の痛みに苦しむ人のことを理解し、分かち合い、痛みが少しでもゼロに近づくように願う優しい社会をめざす。日付は1と30で「いた（1）み（3）ゼロ（0）」の語呂合わせ。

おからのお菓子の日

大麦に関する食品の製造販売を行う㈱大麦工房ロア（栃木県足利市）が制定。美容や健康、便秘改善に良いとされるイソフラボン、大豆サポニン、大豆オリゴ糖の入ったおからを原料とした同社のお菓子のPRが目的。日付は「イソフラボン（1）」「大豆サポニン（3）」「オリゴ糖（0）」を並べた語呂合わせから。

1/31

ファイナルファンタジーVIIの日

㈱スクウェア・エニックスが制定。ファイナルファンタジーVII（FFVII）は1997年1月31日に発売され、国内外で大ヒットしたRPG（ロールプレイングゲーム）。2022年で発売25年を迎えたのを記念し、REMAKEシリーズとして新たに最新技術で展開しているFFVIIをより多くの人に楽しんでもらうのが目的。日付はFFVIIの発売日から。

アロハの日

福島県いわき市でスパリゾートハワイアンズを運営する常磐興産㈱などが参加する「いわき観光共同キャンペーン実行委員会」が制定。ハワイの言葉「アロハ」の挨拶で日本全国を笑顔にし、「フラシティいわき」

の魅力を発信するのが目的。日付は、アロハの挨拶をする際に使うハンドサイン「シャカブラー」の親指と小指を立て、ほかの3本の指を折り曲げる形から1月31日とした。

焼ビーフンの日

ケンミン食品㈱（兵庫県神戸市）が制定。1960年に誕生した同社を代表するロングセラー商品「焼ビーフン」の魅力を多くの人に知ってもらい、ファンの拡大を図るのが目的。日付は「世界で最も長く販売されているビーフンブランド」としてギネス世界記録™に認定された2020年1月31日にちなむ。

チューリップを贈る日

砺波切花研究会（富山県砺波市）が制定。同市の名産品であるチューリップの花言葉は「思いやり」。なかでも赤い色は「真実の愛」とされ、この日に大切なパートナー（愛妻）に贈ってほしいとの思いが込められている。日付は数字の1をアルファベットの「I（あい＝愛）」と見立て、31を「さい＝妻」と読む語呂合わせ。

生命保険の日

1882年のこの日、日本で初めて生命保険金が支払われたことが新聞で報じられ、生命保険の存在が広く知られるようになったことから、各生命保険のトップセールスマンが集まる（一社）MDRT日本会が、初心を忘れないようにとの思いから記念日に制定。

愛妻感謝の日

「愛妻感謝ひろめ隊」（神奈川県相模原市、代表〔隊長〕浦上裕生氏）が制定。愛妻に感謝の気持ちを表す日とするとともに、「愛妻感謝」の心を世界に広めることが目的。日付は1（愛）と31（妻）の語呂合わせ。

愛菜の日

野菜の摂取量が少なくなりがちな1月から2月にもっと野菜を食べて、健康的な食生活を送ってもらいたいと、カゴメ㈱が制定。日付は時期的なことと、1を「アイ＝愛」、31を「サイ＝菜」と読む語呂合わせから。

菜の日

⇨「1年間に複数日ある記念日」の項を参照。

年によって日付が変わる記念日

1月第2月曜日

成人の日(国民の祝日)

国民の祝日のひとつで「おとなになったことを自覚し、みずから生き抜こうとする青年を祝いはげます」日。1948年に定められた時は1月15日だったが、2000年から1月の第2月曜日に変更された。

寒の土用丑の日

寒の土用丑の日

「うなぎのまち岡谷の会」が1998年12月に制定。長野県岡谷市は天竜川の源の諏訪湖のほとりにあり、古くからうなぎの漁獲量、消費量ともに多く、岡谷独自のうなぎ料理の味を創り出していることから、寒の土用にもうなぎを食べる新しい食文化を築くのが目的。

コラム1

日本記念日協会の歩み①

「日本記念日協会はいつ発足したのですか？」とメディアの人によく聞かれる。答えは1991年４月１日、月曜日。

そして、次の質問が「なぜ日本記念日協会を作られたのですか？」。

この答えは私の職業が放送作家だからだ。旬の話題をテーマに企画を立てたり、原稿を書いたりする放送作家の悩みのひとつが、毎日のネタ。今ほどインターネットが普及していない時代だったので、その日その日の話題を集めるのも、それを情報としてわかりやすく、なおかつ興味深く紹介するのはなかなか大変だった。

事前に、この日にはこんな話題があるとわかっていて、その話題は多くの人の関心を集めることができる。そんな都合のよいものが何かないかと考えているときに「６月10日は時の記念日」と書かれた新聞記事を読んだ。

「そうだ。記念日だ。記念日なら毎日あるし、その日が何でその記念日になったのか由来があるから、視聴者の人にも納得してもらえる。それに記念日は歴史や季節感、語呂合わせなど話題をいくつにもふくらませられるから、テレビやラジオの番組にはピッタリに違いない」と思い、記念日を集めることにした。

ところが、本を中心に各種記念日を集めてみたものの、日付や記念日の名前が間違っていたり、あるいは一致しなかったり、いつ誰がどんな目的で制定したのか不明なものが少なくない。

これでは視聴者に正しい情報を提供できないので、より正確な記念日の情報を得るために各地の博物館や資料館、業界団体や自治体、企業などに何度も出向き、問い合わせを重ねてひとつひとつ記念日を確定していく作業を続けた。

やがてそのことが業界の中で知られるようになると「記念日のことは加瀬に聞くと何でも教えてくれるらしい」という風評が立ち、知らないテレビ局のディレクターやアナウンサーから電話で問い合わせが次々と舞い込むようになった。

そのあまりの多さに驚くとともに、たしかなニーズを感じ、記念日に関する情報の総合窓口として「日本記念日協会」を創設し、記念日を掲載した情報紙を発行することにしたのである。

2月

FEBRUARY

旧　暦　如月

語源：「如月」という表記は中国で使用されていたものだが、「きさらぎ」は「生更ぎ」のことで草木が生えはじめる意。

英　名　February

語源：ローマ神話の神フェブルウスにちなむ。毎年２月にフェブルウスを主神とする慰霊祭が行われたことに由来する。

異　名　梅見月／木の芽月／小草生月／花朝／恵風／令月／仲陽

誕生石　アメシスト（紫水晶）

誕生花　マーガレット／梅／フリージア

星　座　水瓶座(～2/18頃）／魚座（2/19頃～)

国民の祝日　建国記念の日（11日)、天皇誕生日（23日）

２月の記念日には食べ物に絡めたものが多い。「節分」の恵方巻き（太巻き）は年中行事として定着し、「初午」のいなり寿司も全国に広がりつつある。そして、数ある記念日の中でクリスマスに次いで認知度の高い「バレンタインデー」。チョコレートメーカーが仕掛けた記念日だが、年中行事にまで発展したのは「女性から男性に愛の告白をしてもよい」とされる物語性があったから。「神戸プリンの日」「土佐文旦の日」「白馬そばの日」など地名を冠した食べ物記念日も注目。

マーガレット

ITコーディネータの日

NPO法人ITコーディネータ協会が制定。ITコーディネータ（ITC）とは、企業などのIT経営とDXを実現するプロの人材のこと。同協会は経済産業省推進資格「ITコーディネータ資格」制度を運用しており、活動の活性化とその存在を知ってもらうのが目的。日付は、協会が発足した2001年2月1日から。

ゆでたまごの日

「ゆでたまごで毎日をちょっと幸せに」をテーマに活動する（一社）日本ゆでたまご協会が制定。ゆでたまごの素晴らしさを多くの人に知ってもらい、楽しみながら健康に幸せになってもらうのが目的。日付は「ニワトリ（2）、たまご（0）、ひとつ（1）で料理が成り立つ」の語呂合わせと、同協会の設立日（2019年2月1日）から。

かに看板の日

㈱かに道楽（大阪市）が制定。1962年2月1日の「かに道楽」道頓堀本店の開店とともに〈動くかに看板〉が誕生したことを多くの人に知ってもらうのが目的。開店当時はかに料理そのものが一般に普及しておらず、同社の知名度も低かったことなどから、かに料理店とわかるようにと〈動くかに看板〉を製作したところ、大阪を代表する名物看板となった。

フレイルの日

フレイルとは身体の虚弱のほか、健常から要介護の間にある複合的な加齢変化をまとめた概念。フレイルの概念、予防の重要性を多くの人に認識してもらい、健康長寿社会の実現を図るため、（一社）スマートウエルネスコミュニティ協議会、日本老年学会、（一社）日本老年医学会、日本サルコペニア・フレイル学会の4団体が共同で制定した。日付は2月1日を201として「フ（2）レ（0）イ（1）ル」と読む語呂合わせ。

ケンハモ「メロディオン」の日

ハーモニカ、ハモンドオルガンなどの製造販売、普及活動を行う㈱鈴木楽器製作所（静岡県浜松市）が制定。子どもから大人まで楽しめる鍵盤ハーモニカ（ケンハモ）「メロディオン」を愛用してくれた人への感謝と、これからも多くの人に吹いてほしいとの思いが込められている。日付は同社の設立年月の最初の日（1954年2月1日）から。

ロゼット「セラミド」の日

洗顔・スキンケア化粧品の老舗ブランド「ロゼット」を展開するロゼット㈱が制定。優れた保湿効果で肌にうるおいを与える「セラミド」によるスキンケアを通じて、肌荒れ予防の大切さを意識してもらうのが目的。日付は毎年、気象庁が発表する最低気温の日が2月から3月に集中することから、乾燥が本格化する2月の初日を記念日に。

神戸プリンの日

プリンなどのチルドデザートを販売するトーラク㈱（兵庫県神戸市）が制定。同社が販売する「神戸プリン」が2018年2月に25周年を迎えたことを記念し、お客様に感謝するとともに、これからも「おいしさ」と「よろこび」をつないでいくことが目的。日付は「神戸プリン」が発売された1993年2月1日から。

プリキュアの日

東映アニメーション㈱が制定。同社の人気アニメーション「プリキュアシリーズ」が2018年に放送開始15周年を迎えたことを記念し、さらなる発展と世代を超えていつまでも愛されるキャラクター作りをめざすために制定した。日付は初代「ふたりはプリキュア！」が初めて放送された2004年2月1日から。

2分の1成人式の日

子ども専門の写真スタジオを全国展開する㈱スタジオアリス（大阪市）が制定。成人の2分の1の年齢である10歳は「生まれてきたことへの感謝と将来の夢」について考える時期。その節目に、子どもの成長を振り返る大切な日として「2分の1成人式」を広めるのが目的。日付は2と1で「2分の1」を表している。

琉球王国建国記念の日

首里城

琉球王国が対外的に認められた最古の記述にちなみ、沖縄県観光事業協同組合が制定。琉球の交易記録書『歴代宝案』所収の書簡に、1425年、中国・明王朝の宣徳帝が琉球王国の尚巴志（しょうはし）を王と認めるという記述があり、2月1日と記録されている。

テレビ放送記念日

1953年のこの日、NHKが日本初のテレビ本放送を行ったことに由来。当日は、東京・千代田区内幸町の放送会館第1スタジオから菊五郎劇団の「道行初音旅（みちゆきはつねのたび）」や映画などが放送された。当時の受信契約数は868、受信料は月額200円だった。

ガーナチョコレートの日

㈱ロッテが1964年２月１日のガーナチョコレート誕生を記念して制定。当時、ガムの専業メーカーだったロッテが、ガム以外の商品として初めて商品化したのが「ガーナミルクチョコレート」。

LG21の日

㈱明治が販売するLG21乳酸菌（正式名称・Lactobacillus gasseri OLL2716株）を使用したヨーグルト「明治プロビオヨーグルトLG21」のPRのため、同社が制定。日付は「LG21」の２と１から。

仙台市天文台の日

仙台市天文台の指定管理者・㈱仙台天文サービス（宮城県仙台市）が、2015年の開台60周年を記念して制定。星空を愛し、仙台市天文台を支えてくれた市民に感謝と敬意を表し、さらなる発展をめざすことが目的。日付は同天文台が市民の寄付をもとに市民団体によって建設され、運営を開始した1955年２月１日から。

メンマの日

中華材料の輸入販売、メンマの製造販売などを手がける㈱富士商会が制定。メンマの存在価値の向上と正しい情報の提供を行い、食べる機会を創出するのが目的。日付は長年にわたり国内でメンマを加工販売し「メンマのパイオニア」として知られる同社の設立日（1950年２月１日）から。

2/2

承継を考える日

中小企業などの事業継承のサポート活動を行う㈱三井住友銀行が制定。社会課題のひとつ「承継（事業承継・資産承継）」を考える日を世の中に幅広く浸透させて、いざというときに後悔しないように早めに承継の準備をしてもらうのが目的。日付は「事業を継ぐ」と「想いを継ぐ」の二つの「継（つ＝２）ぐ」の語呂合わせから。

ホットプレートごはんの日

ライフスタイルブランド「BRUNO（ブルーノ）」を展開するBRUNO㈱が制定。同社の人気アイテム「ホットプレート」を食卓で使い、家族や友人と作る楽しみ、食べる楽しみをもってもらうのが目的。日付は、調理したてのごはんをフーフーしながら食べてもらいたいので、「フー（２）フー（２）」の語呂合わせから。

日本製ファッションの日

自社ブランドをもつアパレルメーカーの南出メリヤス㈱（大阪府泉大

津市）が制定。日本国内で日本製の服を作り、世界に誇れる日本製ファッションを発信していくことで、裁断・縫製・アイロン・編み・紡績などの生産現場を元気にしたいとの願いが込められている。日付は「日（に＝２）本製フ（フ＝２）ァッション」の語呂合わせ。

No.2の日

日本No.2協会（山梨県南アルプス市）が制定。富士山に次いで二番目に高い山の北岳、琵琶湖に次いで二番目に大きい湖の霞ヶ浦など、価値あるNo.2はいくつも存在する。記念日を通じてさまざまな日本の第２位、No.2を知ってもらい、その魅力を高めるとともにNo.2仲間が交流し、地域観光などの新たな切り口として広くPRしていくのが目的。日付はNo.2から２が並ぶこの日に。

オーツ麦の日

乳製品などを販売するダノンジャパン㈱が制定。オーツ麦は食物繊維が豊富に含まれており、糖質の吸収がおだやかな低GI食品。オートミールやオーツミルクの主原料でもあるオーツ麦の魅力を多くの人に知ってもらうのが目的。日付は「オーツ」を02と読んで02月02日に。また、節分の時期は体調の変化が出やすいので、栄養価の高いオーツ麦を使った飲料、食品で健康になってほしいとの思いも。

チタンアクセサリーの日

チタンを使用したアクセサリーの企画、製造、販売などを手がけるレジエ㈱（新潟県三条市）が制定。同社は日本初の極小チタン溶鉱炉を1997年に開発し、チタンキャストアクセサリーの製造に成功。軽く、丈夫で美しく、金属アレルギーを引き起こしにくいチタンアクセサリーの魅力をより多くの人に伝えるのが目的。日付はチタンの原子番号である22にちなむ。

VRの日

（一社）エンターテインメントＸＲ協会が制定。かつて「VR」という表記には「ヴァーチャル・リアリティ」「仮想現実」などの補足説明が必要だったが、1968年の誕生から50周年を迎えた2018年には周知のものとなったことを記念し、その技術や魅力をさらに広めていくために制定。日付は両手でピースサインをつくり、左手の中指を少し曲げると「v」と「r」に見え、２と２にも見えることから。

カップルの日

「THE KISS」ブランドを中心に、ジュエリー・アクセサリーのショップを全国展開する㈱ザ・キッスが制定。「世界中のカップルの愛と幸せを応援するブランド」としての認知度拡大が目的。日付は同社の創立記念日（1995年2月2日）と「カップル＝2人」ということから、数字の2が並ぶ2月2日に。

南アフリカワインの日

食品・酒類の総合卸売業などを手がける「食のマーケティングカンパニー」の国分グループ本社㈱が制定。南アフリカワインの魅力を多くの人に伝え、日本市場での販売促進と認知度の向上、そして南アフリカとの友好関係を築くことが目的。日付は1659年2月2日に初代東インド会社の代表のヤン・ファン・リーベックが「ケープのブドウから初めてのワインが作られた」と日記に記していることにちなむ。

フレンチ・クレープデー

フランス生まれの調理器具ブランド「ティファール」を展開する㈱グループセブ ジャパンが制定。フランスではクリスマスから約40日後の2月2日にクレープを家族や友人と食べる習慣があり、これを日本でも広めるのが目的。冬が終わり、これから春を迎える日になっていくとの意味合いもある。

夫婦の日

「子どもの日」や「敬老の日」があるのに「夫婦の日」がないのは残念と、大阪市の末広幸子氏が1987年2月2日に制定。日付は「夫婦」の語呂合わせから。またこの日は「Couples Day」として国際的にも仲の良い夫婦が増えることを願う日でもある。

おじいさんの日

2と2で「じいじ」の語呂合わせから、おじいさんに感謝する日をと、伊藤忠食品㈱が制定。高齢化が進むなか「敬老の日」だけでなく「父の日」のようにアピールをしていく。

2連ヨーグルトの日

2連ヨーグルトを夫婦や親子で仲良く食べてもらい、健康的な生活を送ってもらいたいとの願いから、2連ヨーグルトを販売する森永乳業㈱が制定。日付は2が重なる日で「2連」をアピール。ヨーグルトの消費が減る時期であり、ヨーグルト市場の活性化もめざす。

麩（ふ）の日

全国の特徴のある麩の食べ方などをPRしようと、全国製麩工業会が制定。日付は「ふ（2）」と「麩（ふ）」の語呂合わせから。グルテンを主原料とする麩は、煮物や汁物、炒め物などの材料として広く愛用されている。

ストレッチパンツの日

婦人・紳士・子ども服の製造販売などを手がける㈱バリュープランニ

ング（兵庫県神戸市）が制定。日付は1999年2月2日に、自社ブランド「ビースリー」の2WAYストレッチ素材を使用した「ミラクルストレッチパンツ」が誕生したことにちなむ。ストレッチパンツの履き心地の良さなど、数々の魅力をPRする。

網の日

ゴルフ練習場用、学校のグラウンド用など、さまざまなネットを生産するトップメーカーのイケセン㈱（大阪市）が制定。ネットの大切さをPRするのが目的。日付はネットの網目（角目、菱目）は2本と2本の網糸で交差してできることから。

街コンの日

街コンが大切な「2人の記念日」となることを願って、ポータルサイト「街コンジャパン」を運営する㈱リンクバルが制定。街コンとは「街を盛り上げる合コン」の略で、出会いの場の創出や、地域の活性化などに役立つと注目を集めている。日付は男女が共に2人1組で参加することを意味している。

つぼ漬の日

南九州の特産品である干し大根のしょうゆ漬け「つぼ漬」を製造販売する九州新進㈱（鹿児島県姶良（あいら）市）が制定。鹿児島発祥の「つぼ漬」を全国にPRする。日付は2と2で「つぼ漬（ツーぼツーけ）」と読む語呂合わせと、鹿児島ではこの時期につぼ漬原材料の大根の新物が出回ることから。

ツインテールの日

世界中で親しまれてきたヘアスタイルのツインテール。90年代半ばには「美少女戦士セーラームーン」などのヒットとともに市民権を拡大したツインテールの魅力をアピールしようと、芸能タレントのマネジメントやプロデュース事業を展開する㈱collet promotionが制定。日付はツインを意味する2が重なることによる。

くちびるの日

ブルーベリーなどを素材とするサプリメントや化粧品の研究、製造販売を手がける㈱わかさ生活（京都市）が制定。主に目の健康食品を開発してきた同社は美容にも着目、なかでも老化の現れやすい唇のケアを啓発している。日付は2と2で「ニッニッ」の語呂合わせで、笑顔で唇の若々しさをイメージすることから。

人事の日

日本最大級の人事・労務ポータルサイト「日本の人事部」を運営する㈱HRビジョンが制定。この日をきっかけに、いきいきと働ける日本をめざし、全国の人事担当者が垣根を越えてつながり、雇用や人材育成、組織開発について考えてもらうのが目的。日付は2と2で「じんじ」と読む語呂合わせ。

2/3

節分

［年によって変わる］ 雑節のひとつで立春の前日のこと。本来は立夏、立秋、立冬の前日も節分だが、現在は春の節分だけが行われている。季節の変わり目には邪気が生じると考えられていたため、それを追い払う意味で豆まきが行われる。邪気を遠ざけるために、戸口にイワシの頭とヒイラギの小枝を刺す地域もある。

信貴山・節分会（写真：野本暉房）

にじさんじの日

クリエイターサポート事業、ライセンス事業などを行い、バーチャルライバーグループ「にじさんじ」を運営するANYCOLOR㈱が制定。多くの人に「にじさんじ」のメンバーを知ってもらうことが目的。日付はグループ名に2と3の数字が入っていることと、2月は「にじさんじ」が本格的に活動を始めた月であることから。

鬼除け鬼まんじゅうの日

［節分、年によって変わる］「美濃廣庵満開堂（みのひろあん）」（岐阜県瑞浪（みずなみ）市）が制定。岐阜・愛知など中部地方のソウルフードとされ、同店でも人気の和菓子「鬼まんじゅう」を全国に広めるのが目的。日付は寒さがピークを迎える頃の節分の日に、蒸したての鬼まんじゅうを食べて、鬼が現れる夜までに厄除けをとの思いから。

大豆の日

節分の日には煎った大豆をまいて邪気を払い、まいた大豆を歳の数だけ食べて無病息災を願う風習から、大豆製品を扱うニチモウバイオティックス㈱が制定。節分となることの多い2月3日を記念日に。

乳酸菌の日

毎月23日の「乳酸菌の日」とともに、1年の中でシンボル的な日としてカゴメ㈱が制定。体に良い乳酸菌を活用した商品をアピールする日。日付は2と3で「乳酸」の語呂合わせ。

不眠の日

睡眠改善薬などを手がけるエスエス製薬㈱が制定。多くの人が不眠の対処方法や改善手段の正しい知識を有していないことから、不眠の改善について適切な情報発信を行うことが目的。日付は2と3で「不眠」と読む語呂合わせから。また、不眠の症状は一年中起こるので毎月23日も「不眠の日」とした。

絵手紙の日

（一社）日本絵手紙協会が制定。「絵手紙」をかいて送ることを世界中に呼びかける日。日付は2と3で「ふみ」と読む語呂合わせから。絵手紙は季節の風物などに短い言葉を添えた手紙で、書き手の感性や人柄が感じられることから趣味とする人が増えている。

巻寿司の日

［立春の前日、年によって変わる］⇨「1年間に複数日ある記念日」の項を参照。

ササミ巻きガムの日

「Petio（ペティオ）」などのブランドでペットケア事業を展開する㈱ペティオが制定。犬のおやつとして2000年2月に発売した人気商品「ササミ巻きガム」のPRが目的。日付は節分に食べると縁起が良い恵方巻きにならい、愛犬の無病息災を願って「ササミ巻きを丸かぶり」をとの思いから、節分になることが多い2月3日に。

2/4

立春（りっしゅん）

［年によって変わる］二十四節気のひとつ。春の始まりを意味する日で、この日から数えていろいろな行事が行われる。たとえば雑節の八十八夜、二百十日、二百二十日は立春を起点とする。

高齢者安全入浴の日

（一社）高齢者入浴アドバイザー協会が制定。冬場は入浴に関わる死亡事故が増えることから、高齢者に安全に入浴することを意識してもらう日。日付は「入=にゅう（2）浴=よく（4）」と、「不老不死」を風呂での死亡事故のない「風呂不（2）死（4）」とかけた語呂合わせ。また立春の頃であり、一年安全な入浴をとの願いも込めて。

妊娠の日

妊娠前から出産後まで女性をサポートするジュンビー㈱が制定。妊娠、出産についての情報、商品の提供を通じて出産を望む女性が望みどおりに未来を手に入れ、産後まで健やかな毎日を過ごしてもらうのが目的。日付は「妊（2）娠（4）」と読む語呂合わせ。

ぷよの日

世界的なゲームメーカーである㈱セガが国民的な人気ゲーム「ぷよぷよ」シリーズの魅力を多くの人にPRするために制定。2と4で「ぷよ」の語呂合わせから。

レディース・ユニフォームの日

レディースユニフォーム協議会が制定。日本の制服文化を背景に、女性にとってのオフィスユニフォームの必要性やその役割、効用などを発信し、ユニフォーム市場の活性化を図るのが目的。日付はこの日が立春となることが多く、全国的に春夏用の展示会が行われる時期であることから。「ユニ（2）フォー（4）ム」と読む語呂合わせ。

2/5

近江日野商人の日

滋賀県蒲生郡日野町が制定。江戸時代から特産品を携えて各地に行商に赴き、行商先で出店を構えて大成した近江日野商人。「陰徳善事」「三方よし」などの商業哲学を生み出し、勤勉で質素倹約、社会貢献を大切にした近江日野商人の文化を継承し、その価値と魅力を発信するのが目的。日付は商人が互いに支え合う組合「日野大当番仲間」が毎年2月5日に「大寄り合い」の日として集まっていたことから。

みんなニッコリの日

ナノセラミック分離膜技術の開発などを行うイーセップ㈱（京都府精華町）が制定。同社は事業を通じて人や地域環境がニッコリできる社会や関係づくりをめざす。「自分も相手もみんなが笑顔になれるように考えれば、みんな幸せになる。」という「みんなニッコリ」の考え方を広げ、より多くの人にニッコリしてもらうことが目的。日付は「ニッ（2）コ（5）リ」の語呂合わせ。

ニゴラー集う「にごり酒」の日

㈱三輪酒造（岐阜県大垣市）が制定。酒本来のうま味と甘さがあり、飲みやすいと言われる「にごり酒」の認知度を高め「にごり酒」ファンを「ニゴラー」と呼んで盛り上げていくことが目的。日付は「に（2）ご（5）り」と読む語呂合わせと、寒い時期の酒というイメージがある「にごり酒」を季節を問わずに楽しめるお酒として、この時期の後の春夏にも味わってもらいたいとの願いもある。

煮たまごの日

煮たまごに特化した料理本『ごちそう煮たまご』（フローラル出版）の著者でフリーランスライター＆エディターの源川暢子氏が制定。煮たまごの魅力、楽しさ、料理としての可能性などを広めるとともに、たまごの消費拡大をめざすのが目的。日付は「煮=に（2）たまご（5）」と読む語呂合わせ。

ニゴロブナの日

琵琶湖固有種のニゴロブナの産地である滋賀県高島市が制定。1500年の歴史を誇り、郷土料理百選にも選定された「鮒（ふな）ずし」に使われるニゴロブナを全国にPRし、後世に伝えていくのが目的。日付は2と5、6、7で「ニゴロブナ」と読む語呂合わせと、この頃が最もおいしいことから。2月6日、2月7日も記念日としている。

エコチュウの日

中古車に乗ることにより、新車の製造過程で排出されるCO 2削減に貢献できることをアピールするため、クルマ情報誌「Goo（グー）」シリーズを展開する㈱プロトコーポレーション（愛知県名古屋市）が制定。日付は2（ツー=チュウ）と5（コ）で、中古車によるエコロジー貢献活動を始めた日から。

2/6

フンドーダイ・煮物の日

調味料の製造販売などを手がける㈱フンドーダイ（熊本市）が制定。同社では伝統的な和食の煮物の文化を次世代に伝え未来に受け継ぐ「煮物プロジェクト」を立ち上げており、記念日を通じて煮物文化を普及させるのが目的。日付は「煮（2）る（6）」の語呂合わせ。

抹茶の日

抹茶の生産地として名高い愛知県西尾市の西尾茶協同組合が制定。西尾茶の創業150年を記念し、多くの人に抹茶を味わってもらうのが目的。日付は茶道において釜を掛けて湯を沸かす道具「風炉（ふうろ）（26）」の語呂合わせ。茶の湯の作法は「風炉」から起こったもので、いまでも最高の形式でお点前をする場には「風炉」が使われる。

フロスを通して歯と口の健康を考える日

歯科衛生教育などを行う㈱Dental Defense（東京都三鷹市）が制定。歯ブラシだけで落ちる汚れは6割程度と言われ、デンタルフロスのような歯の間の汚れを取る器具を合わせて使い、歯と口の健康を保つオーラルヘルスケアの重要性を知ってもらうのが目的。日付はフロスの「フ（2）ロ（6）」と読む語呂合わせ。

プロフェッショナルの日

プロフェッショナル人材向けのビジネスマッチングおよび転職支援を

行う㈱みらいワークスが制定。2019年４月の高度プロフェッショナル制度施行に伴い、「プロフェッショナル」を身近に感じてもらうのが目的。プロフェッショナルとは自分の活躍できる環境を自ら選択していく主体性のある人を指し、意識次第で誰もがなれる存在。日付は「プ（２）ロ（６）」の語呂合わせ。

環境・エネルギーに取り組むブルーの日

総合エネルギー・マーケティング事業を手がけるブルーコンシャスグループ㈱（大阪市）が制定。地球、海、空などに通じる青色を意識した取り組みを行い、その美しい色を維持するための日。日付は２と６で「冬の青空」を表す２月と、心を清らかにする「六根清浄」の六から６日に。

ディズニーツムツムの日

ウォルト・ディズニー・ジャパン㈱が制定。積み上げて楽しめるディズニーストアのぬいぐるみ「TSUM TSUM」シリーズをテーマとしたスマートフォン向けアプリゲームなど、日本で生まれたコンテンツ「ツムツム」の魅力をさらに多くの人に知ってもらうのが目的。日付は「ツ（２）ム（６）」と読む語呂合わせ。

お風呂の日

日本のお風呂文化をユネスコの世界無形文化遺産登録にと活動する（一社）HOT JAPANが制定。温泉、銭湯、家庭風呂など、日本独自のお風呂文化の魅力をさらに多くの人に知らせるのが目的。日付は２と６で「風呂」と読む語呂合わせ。

C1000の日

「C1000ビタミンレモン」などの「C1000」ブランドを販売するハウスウェルネスフーズ㈱が制定。商品１本に1000㎎のビタミンCを配合している同ブランドは、いつでもどこでもビタミンCを手軽に摂れる人気商品。日付は「C1000」シリーズが誕生した1990年２月６日にちなむ。

海苔（のり）の日

1967年に全国海苔貝類漁業協同組合連合会が制定。海苔の需要拡大をめざしたPRデー。日付は701（大宝元）年制定の大宝律令で海苔が年貢のひとつに指定され、翌年２月６日に同律令が施行されたことにちなむ。

ブログの日

ブログの普及を目的に（株）サイバーエージェントが制定。ブログを楽しむ日にと、同社が運営する「Ameba」などでイベントを行う。日付は「ブ（2）ロ（6）グ」の語呂合わせ。

ニゴロブナの日

⇨2月5日の項を参照。

2/7

国産ブナ材の日

木製ハンガーなどの製造販売を手がける中田工芸㈱（兵庫県豊岡市）が制定。日本にはかつて薪炭林だったブナ林が広がっているが、現在ではほとんど活用されていない。同社の主力製品の木製ハンガーもブナで製作されていることから、記念日を通して国産ブナ材を資源として持続可能な仕組みで活用し、森林保全と地方創生につなげるのが目的。日付は「ブ（2）ナ（7）」と読む語呂合わせ。

オリンピックメモリアルデー

1998年2月7日の長野冬季オリンピック開会の日を記念して、（公社）日本青年会議所北信越地区長野ブロック協議会が制定。長野オリンピックの理念が「自然との共生」であることから、長野の自然を考える日とした。

ニゴロブナの日

⇨2月5日の項を参照。

2/8

針供養

縫い針を休め、折れた針を供養する日として、古くから行われている行事。豆腐やコンニャクに古い針を刺して川や海に流したり、折れた針を紙に包み神社に納めたりする。

ぜんざい・おしるこの日

井村屋グループ㈱（三重県津市）が制定。各地域により特徴や定義が異なる「ぜんざい」と「おしるこ」。それぞれの良さやおいしさ、日本の食文化の面白さ、楽しさを知ってもらうのが目的。日付は昔から2月8日は「事八日（ことようか）」と呼び、あずきが入った「お事汁（ことじる）」を無病息災を祈って飲む習慣があることと、10月31日の「出雲ぜんざいの日」から語呂合わせで465（しるこ）日後となることが多いこの日に。

ツヤツヤ髪の毛の日

家庭用電気製品を製造販売する小泉成器㈱（大阪市）が制定。記念日を通して、髪の毛がツヤツヤになる同社のビューティー商品をより多くの人に知ってもらうことが目的。日付はツヤ(28)の語呂合わせと、冬の時期が静電気や乾燥などの外的要因により髪の状態が乱れやすいことから。

TSUBAKIの日

パーソナルケア商品の販売を手がける㈱ファイントゥデイが制定。日本の美意識の象徴として世界に伝えられてきた椿。冬に美しく咲き誇る生命力に満ち溢れた椿からとれる「椿油」について発信し、同社が手がけるヘアケアブランドで椿オイル配合の「TSUBAKI」を通して、多くの人にその魅力を知ってもらうのが目的。日付は「TSU=つ(2)BA=ば(8)KI=き」と読む語呂合わせ。

木製ハンガーの日

木製ハンガーの製造・販売を手がける中田工芸㈱(兵庫県豊岡市)が制定。日本唯一の木製ハンガーメーカーでアパレル産業の発展を支える同社が、ハンガーについて多くの人に知ってもらい、その価値の向上を図るのが目的。日付は数字の「2」と漢数字の「八」を縦に組み合わせるとハンガーのシルエットになることから2月8日に。

つっぱり棒の日

日本中につっぱり棒を普及させた国内トップシェアメーカーの平安伸銅工業㈱(大阪市)が設立した「つっぱり棒研究所」が制定。つっぱり棒の正しい取り付け方、活用法などの情報を発信し、多くの人につっぱり棒の魅力を知ってもらうのが目的。日付は「つっ(2)ぱ(8)り」と読む語呂合わせ。

東京二八そばの日

東京都内に500店舗以上のそば・うどんの加盟店をもつ東京都麺類協同組合が制定。同組合では、最も風味豊かで喉ごしがよいとされる、そば粉八割、小麦粉二割の黄金比で作られる「二八そば」を「東京二八そば」としてブランド化。江戸時代からの職人の技を継承し、より多くの人に「東京二八そば」のおいしさを改めて知ってもらうのが目的。日付は「二八」から2月8日に。

結婚相談・トゥルーハートの日

結婚相手紹介サービスなどを行う㈱ソルヴズ(大阪市)が制定。同社は結婚相談所「トゥルーハート」を運営。婚活を頑張るすべての人を応援するために記念日を設けることで、活動の支えにしてもらう。日付は「トゥルー(2)ハート(8)」の語呂合わせ。

STICK MASTERの日

福祉用具などを手がける㈱REVO(レボ)(神奈川県川崎市)が制定。歩行、散歩、登山などで使う「STICK(杖)」の活用方法をアドバイスできる人材「STICK MASTER」を育成し、健康長寿社会をめざすのが目的。日付は「STICK＝杖」を２（ツー）８（エ〔イト〕）と読む語呂合わせから。

坪庭の日

エクステリア・ガーデンの設計施工などを手がける㈱ダイカワ（千葉県東金市）が制定。「坪庭文化」を広めることを目的とし、家に１ヵ所、お茶室のような大宇宙を想起させる「坪庭」を設けることで、日本の文化や緑の大切さを感じてもらいたいとの思いが込められている。日付は「坪庭」の「に（２）わ（８）」と読む語呂合わせ。

和ちょこの日

1869年に京都・山城で創業して以来、茶一筋に取り組む㈱宇治園（大阪市）が制定。抹茶チョコレートなどの「和ちょこ」を多くの人に知ってもらい、和と洋を融合させた日本ならではの食文化を世界に発信するのが目的。日付は日本茶（煎茶）の生みの親・永谷宗円の誕生日とされる1681（延宝９）年２月８日（旧暦３月27日）から。

にわとりの日

九州北部で銘柄鶏「華味鳥」を育てるトリゼンフーズ㈱（福岡市）が制定。ふだん何気なく食べている鶏肉にも、命をいただいているという意識をもち、鶏に感謝する日。日付は「に（２）わ（８）とり」の語呂合わせ。

白馬そばの日

長野県の白馬商工会が、地域の魅力ある資源を国内外にPRするために制定。日付は、秋に収穫された新そばが厳冬期（２月頃）に熟成され、香りと甘みのバランスがとれたおいしい「寒そば」となることと、1998年２月８日に長野オリンピックのアルペンスキー、クロスカントリー、ジャンプ競技が白馬村で始まったこと、898＝ハクバの語呂合わせ、さらにご当地食「白馬ガレット」のガレットのト（10）から、２月の８日、９日、10日の３日間とした。

ニッパーの日

犬と蓄音機のマークは、株式会社JVCケンウッドの登録商標です

音楽・映像ソフトの製作販売などを手がけるビクターエンタテインメント㈱が制定。ロゴマークやグッズとして音楽ファンを中心に広く親しまれているビクターのシンボル犬「ニッパー（NIPPER）」の認知度をさらに高めて、ニッパーの原画にまつわる心温まるストーリーと、同社のめざす音楽の感動を未来に伝えていくことが目的。日付は２と８で「ニッパー」の語呂合わせから。

スパの日

NPO法人日本スパ振興協会が制定。健康と美の増進を目的とする施設である「スパ」に関する知識の普及と、その水準を高めるのが目的。日付は2と8で「スパ」と読む語呂合わせと、スパの利用促進のためのイベント「スパ&ウエルネスウィーク」が2月に開催されること、「日本スパ振興協会」の設立月が2月であることから。

2/9

フルクルの日

「kmタクシー」で知られるタクシー事業などを展開する国際自動車㈱が制定。「フルクル」はスマートフォンを振るだけで近くにいる空車のkmタクシーを呼ぶことができる迎車料金不要のタクシーアプリ。より多くのタクシーユーザーに「フルクル」を知ってもらうことが目的。日付は「フ（2）ルク（9）ル」の語呂合わせ。

データをつなぐ日

㈱セゾンテクノロジーが制定。同社は1993年にファイル連携／データ連携ツール「HULFT（ハルフト）」を発売。2023年には日本発iPaaS（クラウド型データ連携プラットフォーム）「HULFT Square（ハルフト スクエア）」をリリースしている。世界中のデータをつなぎ、誰もがデータを活用できる社会の実現が目的。日付は「データをつ（2）なぐ（9）」の語呂合わせ。

relay（リレイ）でつなぐ事業承継の日

事業を譲りたい人と譲り受けたい人をつなぐ事業承継マッチングプラットフォーム「relay（リレイ）」を運営する㈱ライトライト（宮崎市）が制定。relayのサービスを活用してもらい、望まない廃業を減らし、事業承継の認知度を高めるのが目的。「大廃業時代」を「大承継時代」へと転換させたいという願いが込められている。日付は「継（2）ぐ（9）＝事業承継」と読む語呂合わせ。

学習机の日

日本で初めて「スチール製学習机」を製造販売し、2022年で学習机販売60周年を迎えた㈱イトーキが制定。学習机の歴史を振り返りながら、子どもも大人も自分が使った学習机に思いをはせ、対話のきっかけにしてもらうとともに、市場の活性化の一助とするのが目的。日付は学習机の購入や買い替えが活発になる時期であることと、「ツ（2）ク（9）エ」と読む語呂合わせから。

北海道米「ふっくりんこ」の日

北海道のブランド米「ふっくりんこ」の認知度向上と消費拡大を図るため、北海道米販売拡大委員会（北海道札幌市、ホクレン農業協同組合連合会内）が制定。「ふっくりんこ」はつやのある見た目で甘みと粘りがあり、ふっくらとした食感が特徴。品質を維持するため、道南と空知の一部産地限定で作付けされている。日付は「ふ（2）っく（9）りんこ」と読む語呂合わせ。

輪島ふぐの日

能登半島・輪島わのしま食楽部（クラブ）（石川県輪島市役所産業部観光課内）が制定。輪島港は天然ふぐ類の水揚げ量が日本一で、同市では同港で水揚げされた天然ふぐを「輪島ふぐ」として商標登録、ブランド化を図り、官民一体となって盛り上げている。記念日を通して「輪島ふぐ」の情報を発信するとともに地域の活性化をめざす。日付は「ふ（2）ぐ（9）」の語呂合わせ。

木曽路「ふぐの日」

飲食料理店を全国で展開する㈱木曽路（愛知県名古屋市）が制定。冬の味覚である「ふぐ」を贅沢に使用した「てっちり」や「てっさ」をはじめとしたふぐ料理を、しゃぶしゃぶ・日本料理の「木曽路」で堪能してもらい、多くの人にそのおいしさを知ってもらうのが目的。日付は2と9で「ふぐ」と読む語呂合わせから。

木曽路「肉の日」

飲食料理店を全国で展開する㈱木曽路（愛知県名古屋市）が制定。しゃぶしゃぶ・日本料理の「木曽路」、焼肉の「大将軍」「くいどん」、和食しゃぶしゃぶ「鈴のれん」、からあげ専門店「からしげ」、鶏料理の「とりかく」、居酒屋の「大穴（ダイアナ）」を展開する同社は厳選された肉をさまざまな形で提供。その美味しさを多くの人に知っていただくのが目的。日付は2と9で「肉」の語呂合わせ。

大福の日

総合食品商社の㈱日本アクセスが制定。代表的な和菓子である「大福」の記念日を制定することで、小売業での和菓子の販売促進企画を進める。日付は「だいふ（2）く（9）」と読む語呂合わせ。

白馬そばの日

⇨2月8日の項を参照。

とらふぐ亭の日

泳ぎとらふぐ料理専門店「とらふぐ亭」などを運営する㈱東京一番フーズが制定。同社は1996年の創業以来、多店舗展開と養殖事業などに取り組んでおり、ふぐ料理をより身近なものにして、ふぐ文化を発展させることが目的。日付は2と9で「ふぐ」と読む語呂合わせ。

2/10

簿記の日

簿記の原点である福沢諭吉の訳本『帳合之法』が1873年2月10日に慶應義塾出版局から発行されたことにちなみ、(公社) 全国経理教育協会が制定。

二重とびの日

プロなわとびプレーヤーの生山(いくやま)ヒジキ氏が代表取締役を務める、なわとび小助㈱が制定。生山氏は毎年、小学生と「二重とび」の世界記録に挑戦しており、「二重とび」を通じて、チャレンジすることや身体を動かすことの大事さを子どもたちに知ってもらうのが目的。日付は「二(2)重(10)とび」と読む語呂合わせから。

太客倶楽部の日

2012年にメジャーデビューした4人組ロックバンド「クリープハイプ」が制定。太客倶楽部はクリープハイプのオフィシャルファンクラブで、チケットの先行受付や各メンバーのブログなど、さまざまな会員限定コンテンツが楽しめる有料のサイト。記念日にファンとのイベントや配信などを行うことが目的。日付は「太客倶楽部」の「2(ふ)10(と)」と読む語呂合わせから。

べべダヤンの誕生日

わちふぃーるどライセンシング㈱(埼玉県富士見市) が制定。作家の池田あきこ氏が創作した「わちふぃーるど」の舞台に登場するキャラクター、べべダヤンの誕生日の周知と認知度向上を目的とする。日付はべべダヤンが登場する絵本「だいすき べべダヤン」が出版された2013年2月10日にちなむ。

トムとジェリーの誕生日

ネコのトムとネズミのジェリーが追いかけっこを繰り広げるドタバタコメディのアニメ「トムとジェリー」のプロモーションのため、ワーナー ブラザース ジャパン合同会社が制定。日付は「トムとジェリー」の第一作となる短編作品「上には上がある」(原題:Puss Gets The Boot) がアメリカで劇場公開された1940年2月10日から。

にじゅうまるの日

佐賀県が育成したかんきつの新品種ブランド「にじゅうまる」を周知するため、“さが”農産物ブランド確立対策推進協議会(佐賀県庁内)

が制定。「にじゅうまる」は、食べごたえのある大きさと爽快な香り、プチッとした食感とジューシーな果汁、豊かな甘みと程よい酸味を併せもつ。日付は「に（2）じゅう（10）まる（0）」の語呂合わせ。

ばい菌ゼロの日

建築物の清掃・点検業務などを行う㈱A-one（エーワン）（愛知県名古屋市）が制定。建物などの衛生面を清潔に保つ意識を高め、除菌効果のある洗浄でばい菌や汚れをなくし、感染症被害削減につなげていくのが目的。日付は、2→1→0と数字が減って0（ゼロ）になることをウイルスやばい菌の数が減っていく様子になぞらえたもの。

みやざき地頭鶏（じとっこ）の日

「みやざき地頭鶏」のさらなるブランドの向上と消費拡大を図るため、みやざき地頭鶏事業協同組合（宮崎市）が制定。地頭鶏は古くから霧島山麓で飼育されていた鶏で、その名はかつて地頭職に献上されていたことにちなむ。その地頭鶏に改良を重ねた食用鶏が「みやざき地頭鶏」。日付は「じ（2）とう（10）」と読む語呂合わせ。

伝筆の日

（一社）伝筆協会（愛知県名古屋市）が制定。伝筆（つてふで）は筆ペンで描く筆文字のことで、ユニークであたたかい文字。正しく描くことにこだわらない一方、文字を崩しすぎないのが特徴で、あたたかく相手の記憶に残り話題となる。日付は「ふ（2）で（10）」と読む語呂合わせ。

筆アートの日

社会にたくさんのありがとうを増やすことをめざして活動する、（一社）ありがとう（埼玉県さいたま市）が制定。筆を使って描く文字や絵（筆アート）は個性豊かで、他人を喜ばせたり癒すために描かれることが多い。その制作者にエールを送り、みんなが筆アートを活かした感謝のはがきを書く日とするのが目的。日付は「ふ（2）でアート（10）」と読む語呂合わせ。

レンジフードの日

台所用換気扇であるレンジフードについて多くの人に知ってもらうため、厨房用の電気製品の企画製造などを手がける富士工業㈱（神奈川県相模原市）が制定。日付は「レンジフー（2）ド（10）」と読む語呂合わせ。

パンプスの日

多くの人により快適なパンプスを選んでもらい、パンプス市場を活性化するため、下着や衣料品のほかパンプスなども製造販売する㈱ワコール（京都市）が制定。日付は、春の新生活や就職活動に向けて、新しいパンプスを購入する人が多い時期であり、2と10で「フット＝foot」と読む語呂合わせで、同社の女性用パンプス「サクセスウォーク」の出荷累計100万足達成を記念したもの。

フルートの日

フルートの魅力をもっと多くの人に知ってもらい、演奏を始めるきっかけの日としてもらうため、国内のフルートメーカーと楽器販売店などで構成する日本フルート普及推進協議会が制定。日付は2と10で「フ（2）ルート（10）」の語呂合わせから。

フードの日

（一社）日本野菜ソムリエ協会が制定。南北に長く、四季折々に多様で豊かな自然がある日本で育まれた各地の食や食文化を世界にPRするのが目的。地域ならではの魅力的な食文化を総合的に提供し体感できる地域を「フードツーリズムエリア」として認定、表彰する。日付は2と10を「ふう（2）ど（10）」として「FOOD＝食べ物」「風土」と読む語呂合わせから。

封筒の日

封筒や紙製品、パッケージ、手提げ袋などの製造販売を手がける㈱ムトウユニパックが制定。アナログ的なコミュニケーションである封筒文化、手紙文化の良さをあらためて多くの人に知ってもらうのが目的。日付は「封（2）筒（10）」と読む語呂合わせ。

ふきとりの日

㈱ナリス化粧品（大阪市）が制定。同社の「ふきとり用化粧水」は1937年から発売されているロングセラー商品。2017年で発売80年となり、年間企業別売上シェア1位を獲得。この商品の効果と魅力をより多くの人に知ってもらうのが目的。日付は「ふ（2）きとり（10）」と読む語呂合わせ。

左利きグッズの日

左利きグッズを扱う菊屋浦上商事㈱（神奈川県相模原市）が制定。左利きの人が社会生活で感じている道具の使いづらさを解消する左利き用グッズの普及をめざす。日付は2月10日（0210）が「0（レ）2（フ）10（ト）＝左」と読めることから。

太物（ふともの）の日

絹の着物を呉服と呼ぶのに対して、綿や麻やウールなど太い糸の着物を「太物」と呼ぶ。普段着として着ることの多い太物をもっと楽しんでもらおうと、宮崎市の児玉健作氏が世話係を務める全国の太物ファンが制定。この日は太物を着て一日を過ごすことを提案する。日付は2と10で太物の「2（ふ）10（と）」の語呂合わせ。

ドクター・ショール フットの日

1904年に誕生したフット&レッグケア専門ブランドの「ドクター・ショール」を、日本での前代理店であったレキットベンキーザー・ジャパン㈱から引き継いだショールズ ウェルネス カンパニー㈱が制定。足のコンディションを整え、健康的で美しい足を作り出すために、自分自身の足元を見つめて手入れをする日。日付は「フ（2）ット（10）」と読む語呂合わせ。

フットケアの日

糖尿病や末梢動脈疾患による足病変の患者が増加していることから、足病変の予防、早期発見、早期治療の啓発を目的に、（一社）日本フットケア・足病医学会、日本メドトロニック㈱が制定。足病変は重症化すると足の切断にまで至る大変な病。日付は2と10で「フット＝足」の語呂合わせ。

豚丼の日

北海道の札幌市と芦別市を拠点に、豚丼や焼き肉、ジンギスカンなどのたれの製造販売を行う㈱ソラチが制定。同社は「北海道のたれ屋」として有名で、十勝名物の豚丼が全国的に知られる原動力となった。日付は2で「ぶた」10で「どん」と読む語呂合わせ。

白馬そばの日

⇨2月8日の項を参照。

二重（ふたえ）の日

ナチュラルな二重まぶたが作れる二重メイクアイテム「ダイヤモンドアイリッド」をプロデュースする㈱ SBYが制定。目をパッチリと大きく見せ、ハツラツなイメージを与える二重になって、多くの女性にきれいになってもらうことが目的。日付は2と10で「にじゅう（二重）」＝「ふたえ」と読む語呂合わせ。

二世帯住宅の日

戸建住宅「ヘーベルハウス」や集合住宅「ヘーベルメゾン」などで知られる旭化成ホームズ㈱が制定。「二世帯住宅」という言葉をつくり、1975年に販売を開始した「ヘーベルハウス二世帯住宅」の40周年を記念したもの。日付は「二（に＝2）世帯住（じゅう＝10）宅」の語呂合わせ。

2/11

建国記念の日（国民の祝日）

国民の祝日のひとつで「建国をしのび、国を愛する心を養う」日。1966

年に制定（実施は翌年から）。この日はかつて紀元節として奉祝されてきたが、戦後は廃止されている。名称を「建国の日」ではなく、あくまでも「建国を記念する日」としたのも、紀元節のイメージを抑えるためとされる。

出雲そばの日

出雲そば商組合（島根県出雲市）と松江そば組合（島根県松江市）による、出雲そばの日記念日登録実行委員会が制定。出雲そばの歴史や食べ方、美味しさを全国にPRするとともに、交流人口の増加と各店舗の集客を図る。日付は、信濃国松本藩の城主・松平直政公が出雲国松江藩への国替えを３代将軍・徳川家光公から命じられた1638（寛永15）年２月11日にちなむ。この時、直政公が松本からそば職人をともなったことから出雲松江地方にそばが伝わったとされる。

初午（はつうま）いなりの日

（一社）全日本いなり寿司協会が制定。初午とは２月最初の午の日のことで、稲荷神社では五穀豊穣を願う祭りが行われる。初午は運気が高まり、稲荷神社の使いのキツネの好物の油揚げを使った「いなり寿司」を食べると福を招くといい、この稲荷ずしを「初午いなり」と呼んでいる。日付は、初午となる日に近い祝日の「建国記念の日」と同じ日。日本記念日協会では「い＝命が延びる、な＝名を成す、り＝利益を上げる」の縁起物として、初午の日にいなり寿司を三つ食べることを提唱。

干支（えと）供養の日

１年間大切に飾られ、厄を払ってくれた干支置物に感謝し、また元の土に還す日をと、干支置物を中心とする陶磁器メーカーの㈱中外陶園（愛知県瀬戸市）が制定。日付は立春明けの２月で、漢字の土は十と一でできていることから11日に。

仁丹（じんたん）の日

口中清涼剤「仁丹」の製造販売元として知られる森下仁丹㈱（大阪市）が制定。日付は自社の創業日1893年２月11日と、「仁丹」の発売日1905年２月11日から。森下仁丹は100年以上の長きにわたり、医薬品や健康食品などを手がけてきた日本を代表する医薬品メーカーのひとつ。

創業当時の印刷物

わんこそば記念日

岩手県名物「わんこそば」の元祖・発祥の地とされる岩手県花巻市で「わんこそば全日本大会」を運営する「わんこそば全日本大会運営委員

会」が制定。1957年から続く同大会は、1980年から開催日が２月11日となり、全国から多数の「食士」が参加し、小学生・団体・個人などの種目で制限時間内に食べられる数を競う。

2/12

オートファジーの日

（一社）日本オートファジーコンソーシアム（大阪府箕面市）が制定。オートファジーとは細胞の健康を守る生命のしくみを指す科学用語。オートファジーへの理解と標準化指標の必要性を関係者に啓発し、一般の人にも正しい知識を普及させることを目的とする。日付は1963年２月12日に、ベルギーの生化学者クリスチャン・ド・デューブが公式の場で初めてオートファジーという用語を使ったことにちなむ。

乳酸菌のくすりの日

乳酸菌の研究や医薬品の製造販売を行うビオフェルミン製薬㈱（兵庫県神戸市）が制定。同社は日本で初めて乳酸菌を製品化した乳酸菌のくすり「ビオフェルミン」を製造。乳酸菌の腸内環境を整える力を多くの人に知ってもらい、健康に役立ててもらうのが目的。日付はビオフェルミン製薬の創立記念日の1917年２月12日から。

ブラジャーの日

女性下着などを中心とした衣料品のトップメーカー、㈱ワコールが制定。日付は1914年２月12日にアメリカのメアリー・フェルプス・ジェイコブ氏が、ハンカチをリボンで結んだだけのブラジャーの原型となるものを考案し、特許を取得したことから。

ボンカレーの日

1968年のこの日「ボンカレー」が発売されたことにちなみ、発売元の大塚食品㈱が制定。レトルトカレーの代名詞とも言えるボンカレーは、55年以上も愛されてきた国民的カレー食品。

レトルトカレーの日

1968年のこの日、日本初のレトルトカレーが発売されたことを記念して、発売元の大塚食品㈱が制定。その商品名は「ボンカレー」。

黄ニラ記念日

和食、中華、洋食で幅広く使われている岡山県特産の黄ニラを、より多くの人にアピールしようと全国農業協同組合連合会岡山県本部（JA全農おかやま）が制定。日付は、２月は黄ニラの最盛期で鍋物などへの需要期であることと、「にっこり（２）いいニラ（12）」の語呂合わせなどから。

2/13

日本遺産の日

日本遺産に対する理解と関心を高めることを目的として、文化庁が制定。観光振興による地域の活性化をめざし、有形無形のさまざまな文化財群を、地域が主体となって総合的に整備・活用し国内外に発信する。日付は親しみやすく覚えやすい「にほん（２）いさん（13）＝日本遺産」の語呂合わせから。

ニイミの日

パチンコ、スロットのアミューズメント事業と、ラーメンなどの食ブランド事業を展開する㈱ニイミ（愛知県蒲郡市）が制定。同社は1973年に創業、2023年で創立50周年を迎えたことを記念し、創立100周年に向けてさらなる事業の発展をめざす。日付は社名の「ニ（２）イ（１）ミ（３）」の語呂合わせ。

土佐文旦（とさぶんたん）の日

高知県の特産果樹「土佐文旦」の生産者、農協、県などで組織する土佐文旦振興対策協議会が制定。高知県が生産量日本一の「土佐文旦」を、全国にPRすることが目的。日付は２月が「土佐文旦」が旬を迎えて出荷量が増えることと、２を「ぶんたん」、13を「とさ」と読む語呂合わせから。

豊後高田市恋叶（こいかな）ロードの日

大分県豊後高田市が制定。同市の海岸線を走る国道213号線沿いには「縁結びのパワースポット・粟嶋神社」「夕陽の絶景スポット・真玉海岸」など、ロマンティックなスポットが点在し、それらを結ぶドライブルートを、恋が叶う道「恋叶ロード」と命名。恋人同士など多くの人に訪れてもらうのが目的。日付は国道213号線から２月13日に。愛の日「バレンタインデー」の前日にもあたる。

NISAの日

年金加入者が自分の責任で資産形成のための賢い選択を行えるように、その効果的な教育を中立の立場で支援するNPO法人確定拠出年金教育協会が制定。2014年から新しく始まった、少額投資非課税制度「NISA（ニーサ）」の周知を目的とする。日付は２と13で「ニーサ」と読む語呂合わせから。

伊達のあんぽ柿の日

⇨「1年間に複数日ある記念日」の項を参照。

2/14

バレンタインデー

聖ウァレンティヌス

女性から男性に向かって恋を打ち明ける日とされ、日本では愛の証としてチョコレートを贈る。この習慣は、1958年にメリーチョコレートが東京・新宿の伊勢丹で販売促進のためのキャンペーンとして展開したことから大きく広まった。日付は、ローマ皇帝の迫害により殉教した聖ウァレンティヌスが紀元269年に殉教した日に由来する。当時、ローマ軍の兵士は士気が下がるとの理由から婚姻を禁止されていたが、司祭ウァレンティヌスは秘密裡に兵士を結婚させたため、処刑された。このことから愛の聖人、カップルの守護者とされることになった。欧米ではこの日に恋人たちがたがいに花束や菓子を贈るという。

日本酒女子会の日

日本酒好きの女性が集うコミュニティー「日本酒女子会」（代表・氏家エイミー氏）が制定。記念日を通じて、日本の伝統産業であり大切な文化でもある日本酒の発展に寄与する。日付は2月は新酒や大吟醸などが各酒蔵で醸されることと、2と14で「2（に）＝日（に）本酒、14（じゅうし）＝女子（じょし）」と読む語呂合わせ。バレンタインデーに日本酒を贈るという期待も込められている。

セカンドオピニオンを考える日

主治医とは別の医師に意見を求める「セカンドオピニオン」について正しく理解してもらうため、健康インフラサービスを提供するティーペック㈱が制定。自身や家族のもしもの時に備えてセカンドオピニオンについて考える日。日付は2番目（2）の医師（14）と読む語呂合わせと、大切な人を思いやる日の「バレンタインデー」から2月14日に。

ザ・ローリング・ストーンズの日

「サティスファクション」「ジャンピン・ジャック・フラッシュ」など数々のヒット曲を有し、世界中で絶大な人気を誇るイギリスの伝説のロックバンド「ザ・ローリング・ストーンズ」の魅力をさらに多くの人に知ってもらうため、ユニバーサルミュージック合同会社が制定。日付は1990年2月14日に行われた日本初公演にちなむ。

ふんどしの日

日本の伝統的な下着である「ふんどし」の普及と、ふんどしに対する理解と関心を高めることを目的に、(一社) 日本ふんどし協会が制定。日付は2と14で「ふんどし」と読む語呂合わせから。バレンタインデーと同日であることから、女性から男性へ「ふんどし」を贈る提案も行う。

自動車保険の日

東京海上日動火災保険㈱が制定。同社の前身、東京海上保険㈱が1914年2月14日に日本初の自動車保険の営業認可を取得したことにちなむもので、自動車保険の大切さを多くの人に知ってもらうのが目的。日付は営業認可を取得した日。

予防接種記念日

「予防接種は秋月藩から始まった」キャンペーン推進協議会(福岡県朝倉市)が制定。日付は1790(寛政2)年2月14日に秋月藩医・緒方春朔(おがたしゅんさく)が天野甚左衛門の子どもに初めて天然痘の予防接種である人痘種痘を行い成功させたことにちなむ。また、秋月藩主の黒田長舒(くろだながのぶ)は緒方春朔を藩医に取り立て種痘研究を助け、成功した種痘を全国に広げるように支援。この天然痘予防に尽力した秋月藩の緒方、天野、黒田の三偉人を顕彰し、予防接種は秋月藩から始まったことを広く知らせるのが目的。

ロディの日

シンプルでかわいいらしい馬をモチーフにしたデザインのキャラクター「ロディ」の魅力をもっと多くの人に知ってもらうため、ロディの商品ライセンス管理を行っている㈱JAMMY(ジャミー)が制定。乗れる玩具として有名なロディは、インテリアとしても人気が高い。日付は、ロディがイタリアのオソッポ村で誕生した1984年2月14日にちなむ。

2/15

次に行こうの日

㈱国立音楽院が制定。学校になじめないなどさまざまなことで悩む小学生、中学生、高校生が、同音楽院の自由な環境で一人ひとりに合った音楽活動を学び、新たな一歩を踏み出すきっかけの日とするのが目的。日付は4月の新学期を前に、2と15で「次に(2)行(1)こう(5)」の語呂合わせから。

ツクールの日

ゲームソフトの企画開発などを手がける㈱Gotcha Gotcha Games

（ゴッチャゴッチャゲームズ）が制定。同社の「Maker」（旧ツクール）シリーズは手軽にゲーム制作を楽しめるゲームソフト。記念日を通してゲーム制作の楽しさを広めることが目的。日付はツ（2）クー（9）ル（6）の語呂合わせで296。これを2月9＋6日と見立てて2月15日を記念日に。

2/16

似合う色の日

「グラデーションカラースケール®」で、一人ひとりに本当に似合うパーソナルカラー診断を提供する（一社）日本パーソナルファッションカラーリスト協会（JPFCA、兵庫県神戸市）が制定。グラデーションカラースケール®の認知度とカラーリストのスキルの向上が目的。似合う色を身につけることで、心豊かな人生をとの願いが込められている。日付は「似（2）合う色（16）」の語呂合わせ。

寒天の日

日本一の寒天の産地、長野県の茅野商工会議所と、長野県寒天水産加工業協同組合が制定。日付は2005年のこの日、テレビの全国放送で寒天が健康食品として紹介され、その後の大ブームにつながったことと、天然製造の寒天がこの時期に大詰めを迎えることから。

2/17

ガチャの日

日本で初めてカプセル玩具の「ガチャ」（何が出てくるかわからないのが楽しい「手のひらサイズのサプライズ」商品）を導入した㈱ペニイが制定。同社は「ガチャ」の自動販売機および商品の販売を手がけ、幅広い人々に愛されているその魅力を多くの人に知ってもらうのが目的。日付は同社の創立記念日（1965年2月17日）から。

天使のささやきの日

「天使のささやき」とは、氷点下20度以下になると空中にできる氷の結晶、ダイヤモンドダストのこと。1978年2月17日、北海道幌加内町母子里では非公式ながら氷点下41.2度の国内最低気温を記録、1987年からは地元有志により「天使のささやきを聴く集い」としてイベントが開催されていることにちなみ、1994年に制定。

電子書籍の日

国内最大級の電子書籍蔵書数を誇り、さまざまな電子書籍事業を手がけるトッパングループの㈱BookLiveが制定。電子書籍の認知度向上や利用促進を図り、市場の拡大と豊かな読書体験を提供することが目的。日付は同社が総合電子書籍ストア「BookLive!」の運営など、電子書籍サービスを開始した2011年2月17日にちなむ。

千切り大根の日

乾燥野菜食品メーカーで千切り大根の普及に努める、こだま食品㈱（広島県福山市）が制定。日本の伝統食である千切り大根の良さを広く知ってもらうのが目的。日付は千切り大根の生産が2月に最盛期を迎えることと、「千」の字を「二」と「1」に見立て、「切」の字の「七」とを合わせて2月17日とした。

2/18

プライヤの日

国内唯一のプライヤ専門メーカー、㈱IPS PLIERS（新潟県見附市）が制定。「プライヤ」とはボルトやナット、パイプなど、さまざまな物を摑んだり挟んだり、曲げたり切断するときに使う作業工具。家庭のDIYからプロまで使える汎用性の高い「プライヤ」を、より多くの人に知ってもらい使ってもらうのが目的。日付は「プ（2）ライ（1）ヤ（8）」と読む語呂合わせ。

いい菌バランスの日

⇨「1年間に複数日ある記念日」の項を参照。

2/19

雨水（うすい）

［年によって変わる］二十四節気のひとつで、立春から15日目頃となる。雪が雨になり、草木の芽が出はじめ、日ごとに春らしくなるという意味がある。

ひな人形飾りつけの日

［年によって変わる］「雨水」の日にひな人形を飾りつけると良縁に恵まれるとされ、江戸時代から風習として伝えられている。

フェムテックを学ぶ日

女性の心や体の変化及びホルモンバランスについての正しい知識の啓発などを行う（一社）日本フェムテック協会が制定。記念日を通してフェムテック学び、そのリテラシーと安全性の向上、医療従事者のフェムテック教育、研究に寄与するのが目的。日付は「フェム（2）テ（10）ク（9）」と読む語呂合わせと、2022年2月19日に日本フェムテック協会認定資格2級講座を初めて開催したことから。

チョコミントの日

【チョコミントの日】を制定しよう！プロジェクト（代表・チョコミント仮面。）がクラウドファンディングで多くの賛同を集めて制定。チョコミントの魅力を多くの人に伝えることで盛り上がる日。日付は、アメリカの全米菓子協会が２月19日を「チョコミントの日」としており、日本でも多くの人がSNSなどで「チョコミントの日」を祝う投稿をするなど特別な日となっていることから。

「信州・まつもと鍋」の日

⇨「１年間に複数日ある記念日」の項を参照。

2/20

アイラブミー記念日

化粧品の通信販売などを行う㈱未来（愛知県名古屋市）が制定。同社の発行する「アイラブミー会報誌」の「自分をもっと好きになり、すべての人ももっと好きになってほしい」というメッセージと、自分を愛することの素晴らしさを思い出す日にとの願いが込められている。日付は会報誌の創刊号が発行された2011年２月20日から。

キヌアの日

日本キヌア協会が制定。優れた栄養価で知られ、スーパーフードの代表格ともいわれるキヌアの普及と、国産キヌアの栽培促進、食育や地域おこし、キヌアを通した国際交流などの実施をめざす。日付は国連が2013年２月20日に「国際キヌア年」の開幕式典を開催したことと、2016年の同日に日本キヌア協会が発足したことにちなむ。

リフレの日

日本で初めて誕生した、気軽にリフレクソロジーが受けられる癒しのサロン「クイーンズウェイ」を運営する㈱RAJAが制定。同社のイタ気持イイ刺激の「英国式リフレクソロジー」を日常に取り入れることで、多くの人に美しく健康的な毎日を過ごしてもらうことが目的。日付は「リ（２）フ（２）レ（０）」と読む語呂合わせと、「クイーンズウェイ」の１号店が1998年２月に誕生したことから。

尿もれ克服の日

尿もれを克服した人たちで結成した元患者の団体「ひまわり会」が制定。尿もれに関する認識を高めてもらうのが目的。「尿（２）」と「も（英語でtoo＝ツー＝２）」「れ（０）」の語呂合わせから。

夫婦円満の日

誰が淹いれても濃くてまろやかなおいしいお茶「こいまろ茶」を飲ん

で、夫婦円満に暮らしてもらいたいとの思いから「こいまろ茶」を販売する㈱宇治田原製茶場（京都府宇治田原町）が制定。日付は「ふう（2）ふ（2）円満（0）」の語呂合わせから。

2/21

国際母語デー

国連の教育科学文化機関、UNESCO（ユネスコ）が制定した国際デー。言語と文化の多様性とあらゆる母語の尊重の推進が目的。

2/22

行政書士記念日

1951年2月22日に行政書士制度の根幹となる「行政書士法」が公布されたことにちなみ、日本行政書士会連合会が制定。行政書士の自覚と誇りを促すとともに、組織の結束と制度の普及を図るのがその目的。

カツカレーの日

東京・銀座3丁目に本店を置く、1947年創業の老舗洋食店㈱銀座スイスが制定。カツカレーは1948年に同店を訪れたプロ野球巨人軍の名二塁手の千葉茂氏のリクエストから誕生したことから「カツカレー発祥の店」として知られる。カツカレーのおいしさを全国でカツカレーを提供する店とともに盛り上げたいとの願いが込められている。日付は「銀座スイス」の創業日（1947年2月22日）から。

KAiGO PRiDE DAY

（一社）KAiGO PRiDEが制定。介護の魅力を発信するプロジェクト「KAiGO PRiDE」を通して、介護職の人たちが仕事に誇りと自信をもち、社会からのリスペクトにつなげるのが目的。日付は2が「ニッ」と笑った笑顔とすると、2月22日は一年で最も笑顔のある日なので、充実した福祉による誰もが自分らしく安心して暮らせる社会を象徴する日に。

A.I.VOICEの日

音声合成に関連する事業を展開する㈱エーアイが制定。個人向け音声読み上げ&ナレーション作成ソフトA.I.VOICE（エーアイボイス／通称：アイボス）の製品とそのブランドをさらに多くの人に知ってもらい、ファンとともに記念日を祝うのが目的。日付はA.I.VOICEの人気製品「琴葉茜・葵」と「伊織弓鶴」が2021年2月22日に発売されたことから。

2並びの日（セカンドラインの日）

声優コンテンツを主としたオリジナルコンテンツを企画する㈱セカンドラインが制定。記念日をきっかけに、楽しいこと、面白いこと、新しいこと、他にはないことを形にしたオリジナルコンテンツの創出が目的。イベントや動画配信、グッズ製作などを通して多くの人に楽しさと元気を届ける。日付は2022年2月22日に2並びの線（セカンドライン）ができたことと社名にちなんで。

カワスイ「ナマズ」の日

「カワスイ 川崎水族館」（神奈川県川崎市）が制定。同館ではアジア、アフリカ、南米アマゾンに生息する多種多様なナマズたちを展示しており、記念日を通してより多くの人にナマズのユニークな生態や魅力を知ってもらうのが目的。ナマズはその長いひげがネコのひげに似ていることから英語でcatfish（キャットフィッシュ）と呼ばれているため、「猫の日」とされる2月22日を記念日に。

Care222の日

「Care222（ケアツーツーツー）」は人体に悪影響を及ぼさない波長が222nmの紫外線を活用した新たな抗ウイルス除菌用紫外線技術のこと。光市場のリーディングカンパニーであり、環境衛生などのライフサイエンス分野にも事業展開しているウシオ電機㈱が記念日として制定。この技術を用いて人々の安心で安全な空間づくりに貢献するのが目的。日付は「Care222」の名称から2月22日に。

猫の健康診断の日

ペットの健康診断を推進する獣医師団体の（一社）Team HOPE（チームホープ）が制定。飼い猫が健康で長生きするためには、病気の早期発見と早期治療が不可欠。動物病院で定期的に健康診断を受けることの重要性を多くの人に知ってもらうのが目的。日付は「にゃんにゃんにゃん」という猫の鳴き声から2月22日に。

デニャーズの日

ファミリーレストラン「デニーズ」などを運営する㈱セブン＆アイ・フードシステムズが制定。デニーズの公式キャラクターの「デニャーズ」をさらに多くの人に愛してもらうのが目的。日付はデニャーズが猫の3兄弟であることから猫の鳴き声の「ニャ」を3つ並べた「ニャ（2）・ニャ（2）・ニャ（2）」の語呂合わせから。

にゃんまるの日

全国でパチンコホール、ボウリング場、アミューズメント施設などを運営する㈱マルハンが制定。同社のイメージキャラクター「にゃんまる」の誕生日。同社は「人生にヨロコビを」をコーポレートメッセージに掲げている。「にゃんまる」はヨロコビを届け、人を笑顔にすることが大好きなキャラクター。

折箱の日

「折箱」などの食品包装容器の製造・販売を行う業者の全国組織、全折食品容器連合会が制定。時代を超えて受け継がれ、日本の食文化を担ってきた折箱をさらに広め、その魅力を伝えるのが目的。日付は、聖徳太子が遣隋使によりさまざまな文化を輸入したときに、朝廷への献上物をのせるために使用した台紙が折箱のルーツとされることから、太子の命日とされる２月22日に。

スニーカーの日

（一社）ウェルネスウェンズデー協会が制定。健康に良い履物として定着しているスニーカーを、通勤やウォーキングでもっと履いてもらい、さらに多くの人に健康になってもらうのが目的。日付はスニーカーの語源が「スニーク（忍び寄る）」からきているので、「忍者の日」でもある２月22日に。

ふふふの日

美容と健康のフリーマガジン「太陽笑顔fufufu」を発行するロート製薬㈱が制定。健康寿命の延伸、食事・運動・睡眠・ココロなどの観点からセルフメディケーションの大切さを伝える同誌と、笑顔のfufufu（ふふふ）ブランドの認知度向上が目的。日付は「ふ（２）ふふ（22）」と読む語呂合わせ。

ハイドロ銀チタン®の日

「ハイドロ銀チタン®で未来をつくるプロジェクト」（代表・DR. C医薬㈱）が制定。花粉、ハウスダスト、インフルエンザウイルスなどのたんぱく質を分解する新物質のハイドロ銀チタン®を活用して、人々の健康を守ることが目的。日付はチタン（Ti）の原子番22と、2017年２月22日にプロジェクトの発足記者会見を行ったことから。

猫の日

２月22日を猫の鳴き声「ニャン・ニャン・ニャン」ともじって決められた日で、猫の日制定委員会が1987年に制定した。

ヘッドホンの日

どこにでも持ち歩けるヘッドホンは２チャンネルの出力で音楽を楽しめることから、２の重なる日を記念日としたのはヘッドホンのサイト「ヘッドホンナビ」。「２」にはP２M（peer to music）で、みんなと音楽の架け橋にとの思いも込められている。

おでんの日

越乃おでん会が制定。新潟のおでんをPRするとともに、オリジナルおでんの開発や全国おでん合戦開催などを行う。日付はアツアツのおでんを「ふー（2）ふーふー（22）」と息を吹きかけて食べることから2月22日に。

ひざイキイキの日

ヒアルロン酸製剤などの製造、販売で知られる医薬品・医療機器メーカーの生化学工業㈱が制定。ひざの健康を維持して、元気な生活をとの願いが込められており、ひざの病気やその治療法についての正しい情報を発信していく日。日付は「ひざ」は英語で「knee（ニー）」なので、2と22で「ニーニーニー」と読む語呂合わせから。

駅すぱあとの日

交通機関の最適な経路を提供する日本初の案内ソフト「駅すぱあと」を開発、販売する㈱ヴァル研究所が制定。日付は「駅すぱあと」が初めて発売された1988年2月22日を記念して。

乃木坂46の日

「AKB48」の公式ライバルとして結成されたアイドルグループ「乃木坂46」。そのデビューした日を記念して、所属事務所である乃木坂46合同会社が制定。日付は2012年2月22日にファーストシングル「ぐるぐるカーテン」でCDデビューをしたことから。

温泉マークの日

磯部温泉組合（群馬県安中市）が制定。磯部温泉は古くから中山道を往来する旅人や湯治客で賑わってきた名湯。江戸時代の古文書に温泉記号（温泉マーク）が記されており「日本最古の温泉記号の地」であることを知ってもらうのが目的。日付は温泉マークの湯気が逆から見ると数字の2が3つ並んでいるように見え、温泉地らしい3つの言葉（風情、風景、風味）の頭文字の「ふ＝2」を3つ並べた日付から。

忍者の日

空間デザイン、忍者をテーマとしたレストランのプロデュースなどを手がける㈱グラフィクスアンドデザイニングが制定。同社はレストラン「Kyoto Ninja」からの委託を受けて忍者ショーの運営を行っていたことからそのPRに。日付は2と22で忍者の忍、忍術の忍など、忍を重ねた「ニンニンニン」の語呂合わせ。

猫背改善の日

猫背の人が増えていることから「猫背改善専門スタジオ きゃっとばっく」が制定。猫背を改善し、肩こりや腰痛などの予防、姿勢を良くして前向きな人生を送ってもらうのが目的。日付は、数字の「2」が猫背の人を横から見た状態と似ており、1年で最も2が多く並ぶ日ということと、季節的にも寒く、首をすくめて猫背になりやすいため。

ディズニー マリーの日

1970年公開のディズニーアニメ「おしゃれキャット」に登場する人気キャラクター「マリー」の魅力を多くの人に知ってもため、ウォルト・ディズニー・ジャパン㈱が制定。「マリー」はダッチェスを母とする3匹の子猫のうちの1匹で、真っ白な毛並みにピンクのリボンが愛らしい雌猫（兄弟はベルリオーズとトゥルーズ）。日付はこの日が「猫の日」として知られていることから。

2/23

天皇誕生日（国民の祝日）

国民の祝日のひとつ。2019（令和元）年5月1日に即位された今上陛下（きんじょうへいか）（第126代）のご生誕日（1960年2月23日）。

サカつくの日

ゲームやデジタルサービスの開発、販売などを手がける㈱セガが制定。同社の「プロサッカークラブをつくろう！」シリーズは通称「サカつく」と呼ばれ、発売当時から多くの人に愛されているサッカークラブ経営シミュレーションゲーム。「サカつく」の認知向上と、ファンに向けたイベントを行う機会とすることが目的。日付は「サカつく」の第一作目の発売日（1996年2月23日）から。

甲府UFOの日

（一社）UFOKOFU1975（ユーフォーコウフイチキューナナゴー）（山梨県甲府市）が「甲府UFO事件」にちなんで制定。事件は1975年2月23日に発生し、山梨県甲府市のぶどう畑に未確認飛行物体（UFO）が着陸。二人の小学生が宇宙人らしき搭乗者を目撃し、一人が肩を叩かれたという。この出来事を甲府のまちの不思議遺産文化として捉え、地域を盛り上げる。

霧島湯路223の日

鹿児島県霧島市の妙見温泉振興会が制定。妙見温泉のある国道223号線沿いには、環境省が「国民保養温泉地」として指定した多くの温泉地が連なる。この温泉の路を「霧島湯路」と呼び、記念日を通して多くの人に知ってもらうことが目的。1993年から国道223号線の数字にちなんで2月23日に交通安全運動や通りの清掃美化活動を行っていることから、この日を記念日に。

チーズ鱈の日

おつまみの製造・販売などを行う㈱なとりが制定。「チーズ鱈」は1982年に発売された同社のロングセラー商品で、シート状にした鱈のすり身でチーズを挟んだおつまみ。常温保存でき、いつでもどこでも手軽に食べられる「チーズ鱈」を、おつまみとしてだけでなく、おやつなどさまざまなシーンで活用してもらうことが目的。日付は「チーズ鱈」の生産が開始された日（1982年2月23日）から。

ハローベビー・デー

日本トイザらス㈱のマタニティ・ベビー用品の総合専門店「ベビーザらス」が制定。プレママ（妊婦さん）・ママ・ベビーが暖かな春の季節に向かいながら年間を通して安心して健やかな生活が送れるように「ベビーザらス」からエールを送る日。日付は「妊（2）婦（2）さん（3）」と読む語呂合わせから。妊婦さんから生まれてくる赤ちゃんを連想して記念日名を「ハローベビー・デー」に。

夫婦で妊活の日

医師、医療研究者などが共同で男性不妊治療の研究、情報の収集を行うNPO法人男性不妊ドクターズが制定。「妊活」についての正しい知識を広めるとともに、記念日を制定することで継続的な活動を行い、不妊問題の解決を図るのが目的。日付は妊娠は夫婦で「二（2）人（2）三（3）脚」で取り組むものとの意味を込めた語呂合わせ。

咸宜園の日

江戸時代後期、豊後国日田郡（現在の大分県日田市）に生まれた儒学者の廣瀬淡窓が開いた日本最大規模の私塾「咸宜園」の認知向上のため、大分県日田市が制定。咸宜園は年齢、学歴、身分を問わず、すべての門下生を平等に教育することを理念とした塾で、日本最大規模の藩校「弘道館」（茨城県水戸市）、日本最古の学校「足利学校」（栃木県足利市）、日本最古の庶民学校「閑谷学校」（岡山県備前市）とともに近世日本の教育遺産群としてユネスコの世界文化遺産登録をめざしている。日付は、咸宜園が1817（文化14）年のこの日（旧暦2月23日）に開かれたことから。

富士山の日

パソコン通信上の「山の展望と地図のフォーラム」が制定。オンラインを通じて、全国一斉に富士山の見え具合をネット上で報告し合うなど、富士山をテーマとした活動を活発に行っている。日付は2と23で「富士山（ふじさん）」の語呂合わせと、この時期は富士山がよく望めることから。

ふろしきの日

風呂敷の価値を広くアピールするため、京都ふろしき会が制定。風呂敷の歴史は1200年前以上にさかのぼり、モノを包むだけでなく、バッグや敷物、飾りなどさまざまな用途があり、さらにくり返し使えるため、環境保全にも役立つ。日付は「つ（2）つ（2）み（3）＝包み」の語呂合わせ。

工場夜景の日

全国の工場夜景都市で構成され、工場の夜景を新たな観光資源と捉えて活動する「全国工場夜景都市協議会」が2016年に制定。工場夜景の魅力を発信し、工場夜景観光をさらに発展させることが目的。日付は第1回「全国工場夜景サミット」が2011年2月23日に神奈川県川崎市で開かれたことから。

2/24

銘店伝説誕生の日

㈱アイランド食品（香川県綾川町）が制定。同社の「銘店伝説」シリーズは人気ラーメン店の味を忠実に再現し、家庭でも気軽にその味を楽しんでもらえるチルドラーメン。銘店伝説を多くの人に知ってもらい、その美味しさを味わってもらうのが目的。日付は、銘店伝説をシリーズとして発売を開始した2008年2月24日から。

等伯忌

石川県七尾市で長谷川等伯を顕彰する市民団体「等伯会」（大林重治会長）が制定。長谷川等伯は安土桃山時代から江戸時代にかけて活躍した能登・七尾生まれの絵師。代表作の『松林図屏風』は国宝に指定されている。日付は長谷川等伯の命日（慶長15年2月24日）から。講演会や作品観賞会などを行い、その功績を顕彰し遺徳をしのぶ。

2/25

ヌヌコ記念日

東京2020オリンピック・パラリンピック競技大会の公式マスコットキャラクターなどのデザイナーとして知られる谷口亮氏が制定。ヌヌコは谷口氏のオリジナルの猫のキャラクター。多くの人に親しみやすくクリーンなイメージの「まったりと和風なヌヌコ」を知ってもらうのが目的。日付は「ヌヌコ」の音の響きを「ににご（225）」と連想して2月25日に。この日は「ヌヌコ」の誕生日でもある。

とちぎのいちごの日

⇨「1年間に複数日ある記念日」の項を参照。

ヱビスの日

サッポロビール㈱が自社ブランドのヱビスビールをPRするために制定。ヱビスビールは厳選されたアロマホップをふんだんに使用し、長期熟成によって生まれた、素材と製法にこだわった麦芽100％の「ちょっと贅沢なビール」。日付は1890年2月25日にヱビスビールが初めて発売されたことから。

225の日

個人投資家向けに日経225先物などの情報提供を行っている㈱ゲイターズが、自社の運営サイト「225ラボ」にちなんで制定。日付は多くの個人投資家や投資関連企業に活用してもらえるようにと、2と25で「225の日」とシンプルにした。

ひざ関節の日

機能性表示食品「ひざサポートコラーゲン」を開発・販売するキューサイ㈱（福岡市）が制定。ひざの痛みがなく、自分の足で100歳まで歩けるような身体づくりをすることで、健康寿命を延ばす同社の「100歳まで楽しく歩こうプロジェクト」のPRが目的。日付は「ひざ」を英語で「ニー（knee）（2）」、楽しいことを「ニッコリ（25）」と表現してこの日に。

2/26

ご飯がススムキムチの日

キムチや浅漬などの食品事業を展開する㈱ピックルスコーポレーション（埼玉県所沢市）が制定。国産白菜を100％使用し、りんごの甘味、魚介のうまみ、たっぷりのヤンニョムで作られる同社の人気商品「ご飯がススムキムチ」をキムチ鍋などで需要が高まる時期に多くの人に食べてもらうのが目的。日付は「ススム」の「ス」を数字の「2」に見立て「2（ス）2（ス）6（ム）」として2月26日に。

包む（ラッピング）の日

贈り物などを包むための商品を企画・販売する「㈱包む」が制定。大切な人のことを想い、感謝の気持ちを込めて贈り物や商品を包むことで、楽しさと豊かさを届ける日とするのが目的。日付は「つ（2）つ（2）む（6）」と読む語呂合わせ。

フロリダグレープフルーツの日

世界でいちばんおいしいと言われるフロリダ産のグレープフルーツを日本でもっと知ってもらい、販売促進につなげることを目的にアメリカのフロリダ州政府柑橘局が制定。日付は2月からフロリダ産グレープフルーツが旬になること、26をフロリダの「フロ」と読む語呂合わせから。

2月

2/27

Pokémon Day

「ポケットモンスター」（通称・ポケモン）のブランドマネジメントを行う㈱ポケモンが制定。「ポケモン」の最初のゲームソフト「ポケットモンスター 赤・緑」が発売されたのが1996年2月27日。ポケモンの記念すべき始まりの日から、海外のファンのあいだでは「Pokémon Day」と呼ばれ、大切にされている。日本のファンにもこの日を知ってもらい、末永く愛してもらうのが目的。

2/28

ニューパルサーの日

アミューズメント用機械の開発と製造を手がける山佐㈱（岡山市）が制定。2021年に同社を代表するパチスロ機種である「ニューパルサー」の登場から28周年となることを機に、その認知度の向上と今後リリースされるシリーズ作のプロモーションが目的。日付は「ニューパルサー」が1993年2月に稼働し始めたことと、愛称である「ニューパル」を「28」ともじって2月28日に。

2/29

閏日（うるう）

暦と季節とのずれを調整するために4年に一度、暦に設けられる日。英語では「LEAP DAY」と呼ばれる（通常なら翌年の曜日は1日ずれるだけだが、閏日があるときは2日ずれてひとつ飛び越える（leap）ことになるため）。

にんにくの日

「伝統にんにく卵黄」などの健康補助食品の通信販売で知られる㈱健康家族（鹿児島市）が制定。「にんにく卵黄」は古くから親しまれてきた伝統食品で、同社の商品は農薬を使わないにんにくと、そのにんにくを食べて育った有精卵黄で作られている。日付は2と29で「にんにく」と読む語呂合わせ。

円満離婚の日

1年で離婚の件数が最も多いとされる3月の前日で、4年に1度巡ってくるうるう年の2月29日。この日を夫婦の絆、結婚・離婚の本質や夫婦関係などをあらためて考える日にしようと「離婚式」のプランナー寺井広樹氏が制定。日付は「2人に、福(29)あれ」との語呂合わせ。

富士急の日

2と29の語呂合わせから富士急行㈱(山梨県富士吉田市)が2003年1月1日に制定。4年に1度の「富士急の日」には、富士急ハイランドなどで特別イベントが行われる。

年によって日付が変わる記念日

2月第2月曜日

世界てんかんの日

(公社)日本てんかん協会が制定。てんかんについての正しい知識を広めるのが目的。日付は聖ヴァレンタインがてんかんのある人々を救った聖人とされていることから、ヨーロッパでは国際てんかん協会と国際抗てんかん連盟がバレンタインデー直前の月曜日を「世界てんかんの日」(International Epilepsy Day: IED)としたことにならい、2月の第2月曜日に。

コラム2

日本記念日協会の歩み②

1991年4月1日に正式に発足した「日本記念日協会」は、テレビ局、ラジオ局、新聞社、雑誌社などのメディアをはじめとして、広告代理店、学校などへ向けて記念日についての情報紙『生活情報カレンダー・エブリデータ365』の発行を始めた。

この情報紙は「国民の祝日」や「節分」「バレンタインデー」「母の日」「父の日」など、年中行事になっている記念日をはじめとして、その日の歴史上の出来事、その日に生まれた著名人やその日にまつわるコラムなどを掲載し、さまざまな番組や誌面の企画用に、あるいは校長先生が朝礼で話すときの材料などに役立てていただいた。

しかし、記念日は日付にこだわったデータなので、毎年新しく提供できる情報が限られている。そこで新しく自分たちで記念日を作りたいと思っている人のために記念日の登録制度を始めることにした。

ところが、自分たちの記念日を作れるとはほとんどの人が思っていないので、最初の年は1件も登録申請書が来なかった。

そして翌年、あるラジオ局が日本記念日協会の記念日登録制度のことを番組で紹介したところ、それを聴いていた婦人靴で有名なダイアナ株式会社の役員の人が「9月2日を『ダイアナの靴の日』として記念日登録したい」と申請書を送ってきてくれた。

1992年6月22日付の「記念日登録申請書」第1号は今も日本記念日協会の記念すべき宝物となっている。

その後は毎年10件前後の登録で推移するが、1999年に大きな転機となる申請書が届く。江崎グリコ株式会社からの「ポッキー&プリッツの日」(11月11日)の申請だ。

ポッキーもプリッツも、その棒状の形から11月11日を記念日にしたのだが、この年は平成11年で1が6つ並ぶおめでたい日なので、記念日登録を思いついたという。

この記念日が大きな反響を呼び、記念日をPRに活用したいと多くの企業・団体などから申請書が送られてくるようになる。

3月

MARCH

旧　暦　弥生

語源:草木がいやが上にも生えることを意味する「いやおい」が転じたもの。

英　名　March

語源:ローマ神話の軍神マルス（Mars）に由来する。

異　名　花月／桜月／桃月／染色月／花見月／春惜月／夢見月

誕生石　コーラル（珊瑚）／アクアマリン（藍玉）

誕生花　桜／スイートピー／チューリップ

星　座　魚座（～3/20頃）／牡羊座（3/21頃～）

国民の祝日　春分の日（春分日、20日ごろ）

３月の記念日で人気のあるのは「ひな祭り」。女の子のお祝いの日であるが、古くから奇数が重なる縁起の良い日として「三の日」「春のちらし寿司の日」も。

「ホワイトデー」は２月の「バレンタインデー」のお返しという新しい発想に基づいて制定された記念日。また、11日の「いのちの日」「防災意識を育てる日」は、2011年のこの日に発生した東日本大震災を忘れずに、命の大切さを育む日にとの願いが込められている。

桜

3/1

Pontaの日

㈱ロイヤリティ マーケティングが手がける共通ポイントサービスPonta（ポンタ）の記念日。Ponta会員への感謝の気持ちを伝えるとともに、感謝を還元する気持ちを忘れないことを表明したもの。日付は共通ポイントサービスPontaのサービス開始日（2010年3月1日）およびキャラクターの「Ponta」の誕生日3月1日から。

北海道のソウルフードを食べる日

ベル食品㈱（北海道札幌市）が制定。ジンギスカン、ラーメン、スープカレー、ザンギ、豚丼、ラーメンサラダなどの北海道ソウルフードの魅力や伝統を知ってもらうとともに、北海道の食文化を未来へ継承していくことが目的。日付は北海道のソウルフードを楽しめる調味料を製造販売する同社の設立日（1958年3月1日）から。

冠元顆粒の日

イスクラ産業㈱が制定。「冠元顆粒」（正式名称はイスクラ冠元顆粒）は、同社が日本で初めて許可を取得して発売した漢方薬で、血液の流れが滞ることで汚れたり、粘度が高まり流れにくくなった「瘀血（おけつ）」を改善する働きがある。瘀血状態を解消し血液循環を良くして健康で長生きしてほしいとの願いが込められている。日付は「冠元顆粒」の発売を開始した日（1991年3月1日）から。

Chatworkの日

ビジネスコミュニケーションツールのChatworkの開発・運営を手がける㈱kubellが制定。Chatworkにはビジネスコミュニケーションを効率化する機能が備わっている。記念日を通してChatworkの利用者に感謝を伝えるとともに、さらに多くの人に知ってもらい、中小企業の働き方を一歩先に進めるのが目的。日付はChatworkをリリースした2011年3月1日から。

タイガーボードの日

吉野石膏㈱が制定。1922年に日本で初めての石膏（せっこう）ボートとして製造販売された「タイガーボード」は、火災時に建物の延焼を防ぐことができることから内壁や天井の下地として広く使われ、防火に貢献し続けてきた。「タイガーボード」のさらなる認知度向上と、防災意識に役立てることが目的。日付は防火に寄与してきたことから、春の全国火災予防運動の初日である3月1日に。

「ラブベジ®」の日

味の素㈱が制定。野菜を食べたくなるメニューを届けて人々の野菜摂取量の向上をめざす「ラブベジ®」プロジェクト。その象徴的な日を設けてイベントなどを企画し、野菜をもっと好きになってもらう活動をしていく。日付は3と1で野菜の「菜」と読む語呂合わせ。

宮崎県長距離フェリー航路(周年記念)

宮崎カーフェリー㈱(宮崎市)が制定。同社の前身法人が1971年3月1日に日向と川崎を結ぶ京浜航路を開設。以降も航路の開設は続き、大阪、貝塚、広島など、宮崎県と都市部を結ぶ航路を担う。長距離フェリーは地域経済や観光産業、物流などへの貢献のほか、CO_2排出量削減など環境面でも注目されている。

マヨサラダの日

キユーピーグループに属し、サラダなどの総菜を製造販売するデリア食品㈱制定。幅広い世代に愛される「マヨサラダ」(マヨネーズ類を使用したサラダ)の魅力やおいしさを広めるのが目的。日付はキユーピー㈱が制定した「マヨネーズの日」と同じ3月1日。

切抜の日

1890年のこの日、日本で最初の切り抜き(クリッピング)会社、日本諸新聞切抜通信が設立されたことを記念し、㈱内外切抜通信社が制定。同社は国内外の新聞・雑誌のクリッピング、テレビ、ウェブのモニター調査などを手がける1939年創業の業界の草分け的企業。

デコポンの日

デコポンは柑橘類の果実。1991年のこの日、デコポンが熊本県から初めて出荷され、東京の青果市場で取引されたことを記念して日本園芸農業協同組合連合会が制定したもの。消費者にデコポンのおいしさをPRする日。

未唯mieの日

コンサート、CD、舞台、テレビ、ラジオ、CMなど、多方面で活動するアーティストの「未唯mie」。その記念日を通してファンとの交流を深めることを目的に、元ピンクレディーの「ミー」こと根本美鶴代氏が制定。日付は3と1で「未唯mie」と読む語呂合わせから。

防災用品点検の日

⇨「1年間に複数日ある記念日」の項を参照。

えいようかんの日

⇨「1年間に複数日ある記念日」の項を参照。

未来郵便の日

未来郵便は、5年後、10年後の指定した日に手紙を届ける、未来に向けた郵便制度。同制度を発足させた栄村国際絵手紙タイムカプセル館（長野県下水内郡栄村）と、その運営を手がける絵手紙㈱が制定。日付は3と1で「みらい」と読む語呂合わせから。

オリジナルTシャツの日

（一社）日本オリジナルTシャツ協会が制定。オリジナルTシャツの素晴らしさ、楽しさを知ってもらうのが目的。日付はオリジナルTシャツを制作するときに「Message（メッセージ）」「Memorial（思い出）」「Mind（心・絆）」という「3つのM」を「世界でたった1つのTシャツ」に込めてほしいという協会の思いを数字の3と1にかけて3月1日に。

マヨネーズの日

キユーピー㈱が制定。おいしくて栄養があり、さまざまな料理に活用できるマヨネーズをアピールするのが目的。日付は同社が1925年3月に日本で初めてのマヨネーズを製造販売したことと、日本初（1）にちなんで1日に。初めて発売されたマヨネーズは瓶詰めタイプで、当時からラベルにはキユーピーちゃんが描かれていた。

再石灰化の日

㈱ヤクルト本社が制定。自社製品のハミガキ「薬用アパコートS.E.〈ナノテクノロジー〉」のPRを通じて、歯の大切さや口の中の健康を訴える日とするのが目的。日付は同商品に配合されている薬用ハイドロキシアパタイトが初期むし歯を再石灰化することから、3と1を再石灰化の「再」と読む語呂合わせ。

3/2

春のサニーレタスの日

全国農業協同組合連合会福岡県本部（福岡市）が制定。福岡県は冬春期間（11月～5月）における非結球レタス（サニーレタス、グリーンリーフ）の一大産地で、3月は出荷の最盛期。記念日を活用して量販店やスーパーなどでの販売促進と消費拡大を図る。日付は3と2で「サ（3）ニー（2）」と読む語呂合わせ。また、3月はサラダ用のサニーレタスの需要が活発になってくることもその理由。

meethの日

スキンケア商品などの開発・製造・販売を手がける㈱meeth（ミース）が制定。「美肌は最高のジュエリー」をコンセプトに、アジアのすべての女性の肌を美しくすることをめざす自社ブランド「meeth」をより多くの人に知ってもらうのが目的。日付は「ミー(3)ス(2)」と読む語呂合わせ。

スーツを仕立てる日

カスタムオーダーファッション事業を展開する㈱FABRIC TOKYO(ファブリックトウキョウ)が制定。学生が社会人になるときにスーツを仕立てることで、社会人生活を始める気持ちを高め、働くことに向き合ってもらう日とするのが目的。日付は「スー(3)ツ(2)」の語呂合わせ。

ミニストップの日

コンビニエンスストア「ミニストップ」を展開するミニストップ㈱が制定。ストア名は、ちょっと立ち寄れるところという意味の「Minute Stop(ミニッツストップ)」にちなむ。日付は、ミニストップの「ミ(3)ニ(2)」から。

ご当地レトルトカレーの日

(一社)ご当地レトルトカレー協会が制定。全国各地のレトルトカレーを通して、各地域の魅力をより多くの人に知ってもらうのが目的。日付は「カレーの日」が1月22日、「レトルトカレーの日」が2月12日であることから、1月、2月に続いて3月とし、22日、12日のつながりで2日として3月2日に。

ミニーマウスの日

ウォルト・ディズニー・ジャパン㈱が制定。オシャレで、楽しいことが大好きなミニーマウスの魅力を伝え、ミニーマウスとデイジーダックのように仲良しの女ともだち同士が素敵な時間を過ごすことを応援する日。日付は3と2で「ミニー」と読む語呂合わせと、女の子がオシャレを楽しみ輝く早春であり、女の子の節句「ひな祭り」と同じ時期であることにちなむ。

サニの日

㈱ワコール(京都市)が制定。生理期間をより楽しく、快適に過ごすために必要な機能を付加したサニタリーショーツ(生理用ショーツ)をPRするのが目的。女性たちが自身の体について考える日にとの願いも込められている。日付は「サ(3)ニ(2)タリー」の語呂合わせ。

少額短期保険(ミニ保険)の日

少額短期保険の認知度向上と普及促進を目的に、(一社)日本少額短期保険協会が制定。少額短期保険はミニ保険とも呼ばれ、保険金額が少額で、保険期間が短期の保険のみを扱う。シンプルで加入しやすく、ピンポイントなニーズに応えるバラエティに富んだ商品が多いのが魅力。日付は3と2で「ミニ」と読む語呂合わせ。

3/3

桃の節句

桃の花

五節句のひとつ「上巳(じょうし)」の別名。古代中国では3月上旬の「巳(み)」の日に川で身を清める「上巳の祓(はらえ)」が行われていた。「桃の節句」と呼ぶのは、旧暦3月ごろに桃の花が咲くことから。桃は、日本でも古来邪気を祓うものとされている。

ひな祭り

3月3日の「桃の節句」の行事。紙で作った人形を川や海に流して、汚れを祓う行事がその起こりといわれるが、いまでも「流しびな」として行う地方がある。現在のようなひな人形を飾るようになったのは、江戸時代初期のころからと考えられている。

耳の日

3月3日をミミと読む語呂合わせから、日本耳鼻咽喉科学会が1956年に制定。耳の衛生についての知識の普及、聴覚障害の予防・治療などの理解を深めるのが目的。

キシリクリスタルの日

春日井製菓㈱（愛知県名古屋市）が制定。「キシリクリスタル」はキシリトールのひんやり層をキャンディ層で挟んだ3層キャンディ。「キシリクリスタル」を愛してくれるファンの方々に、感謝と笑顔を届ける日。日付は「キシリクリスタル」独自の3層構造から3月3日を記念日とした。

三択の日

㈱SIGNINGが運営する日本三択協会が制定。3つの選択肢のなかからひとつを選ぶ「三択」が普及すれば、「無駄な選択の時間」を「人生を豊かにする時間」に変えることができるとの思いから、「三択」とその普及をめざす日本三択協会の認知度向上が目的。日付は「三択」の3から3月3日に。

33ガレージの日

ドライバーに車のメンテナンスの重要性を再認識してもらうため、㈱33ガレージ（サンサンガレージ）が制定。3月3日は「耳の日」で、ドライバーからの話をよく聞き、「車からの不調の声」を注意深く聞き分けようという社内啓発と、社名の33にちなむ。また、創業者・三上佳孝氏の「ミ（3）カミ（3）」の語呂合わせでもある。

gimoの日

さまざまなNFTプロジェクトを展開する㈱PBADAO（パパダオ）が制定。同社がマネジメントするキャラクターのgimo（ギーモ）に親しみをもってもらうとともに、NFTという分野の認知度向上を目的とする。日付はgimoが目を3つもつキャラクターなので3月3日とした。

骨の健康デー

「カルピス健康通販」を運営するアサヒグループ食品㈱が制定。同社が扱う「骨こつケア」は、加齢とともに低下する大腿骨の骨密度を高める働きが報告された機能性表示食品。記念日を通して、骨の健康についてより多くの人に関心をもってもらうことが目的。日付は骨の形の左右の輪郭が3に似ていることから3月3日に。

ドンコの日

「驚安の殿堂ドン・キホーテ」などを展開する㈱パン・パシフィック・インターナショナルホールディングスが制定。「ドンコ」はドン・キホーテのマスコットキャラクターで、桃色の体に赤いハートの模様があるおしゃれに敏感なペンギン。記念日を通して世界中の人にドンコのことを知ってもらい、長く愛してもらいたいとの願いが込められている。日付は、ドンコの誕生日の3月3日から。

きもので祝う女性の日

（一社）日本きもの連盟（京都市）が制定。和の生活を進めるひとつとして記念日に着物を着て楽しんでもらうのが目的。また、日本の「きもの文化」がユネスコの無形文化遺産登録をめざしていることを多くの人に知ってもらうことも目的のひとつ。日付は3月3日が女の子の健やかな成長を祝う「桃の節句」であることから。

クレーンゲームの日

（一社）日本クレーンゲーム協会が制定。日本全国のアミューズメント施設で人気のクレーンゲームを、国内はもとより世界中に広めていくことが目的。日付は、2つの「3」を向かい合わせた形が、クレーンゲームの景品をつかみとるアームの形を想起させることから。

mimi no hi（ミミの日）

ファッションジュエリーの企画・デザイン・販売を手がける㈱テイクアップが制定。同社が運営するピアスショップ「TAKE-UP」を「耳まわりのオシャレをもっと自由に楽しんでもらい、その思いを叶えられるブランド」として多くの人に知ってもらうことが目的。日付は3と3で「ミミ＝耳」と読む語呂合わせ。

みよた壱満開の日

長野県御代田（みよた）町にあるケーブルテレビ局、㈱西軽井沢ケーブルテレビ（テレビ西軽（にしかる））が制定。同局が1984年12月12日の放送開始以来行ってきた生放送が1万回を迎えた日（2017年3月3日）を記念したもので、地域密着のケーブルテレビの魅力をあらためて知ってもらうのが目的。

三輪車の日

三輪車の良さを見直してもらうため、幼児用三輪車・自転車や乗り物玩具などを手がけるアイデス㈱が制定。三輪車は座面が低く、安定感があり、ペダルをこぐ動きを習得できるため、子どもが初めて自力で動かす乗り物に適している。日付は3と3で三輪車をイメージしやすいことと、外遊びしやすくなる時期であることから。

ジグソーパズルの日

ジグソーパズル扱う各社で構成された「ジグソーパズルメーカー会」が制定。頭と手を使うジグソーパズルは、遊びながら脳の健康を保ち、集中力を向上させる効果が期待できる。このことを周知し、さらに多くの人に親しんでもらうのが目的。日付は、数字の3は裏表を組み合わせると、ピタリとはまるパズルのピースの形に見えることから。

三の日

日本人は古くから数字の3を好んできた。「三種の神器」「日本三景」など、3つでくくることで物事が安定すると考えたからだ。三について収集・研究をしている日本三大協会が1993年に制定。

ポリンキーの日

スナック菓子「ポリンキー」のおいしさをPRするため、㈱湖池屋が制定。ひとくちサイズの三角形で、サクサクと軽い食感が特徴のポリンキーは1990年発売のロングセラー。日付は商品の形が三角形であることから3が重なる日に。

耳かきの日

耳の衛生の大切さをアピールするため、耳かき具のトップメーカー、㈱レーベン（神奈川県横浜市）が「耳の日」にちなんで制定。耳の衛生に関する知識の普及などの活動を行う。

美熊くん誕生日

パチンコホールなどを運営する㈱ジョイパック（茨城県つくば市）が制定。自社のパチンコホール「ビックマーチ」のキャラクター「美熊（びくま）くん」の誕生日。日付は、屋号のビックマーチの「マーチ」は英語で3月を表すので、その3を重ねた日付に。パチンコ、スロットの魅力を伝え、楽しんでもらうのが目的。

オーディオブックの日

書籍を音声化し、耳を使って読書ができるオーディオブック。いつでもどこでも手軽に読書の時間をもつことが可能なこの文化を広めることを目的に、日本最大のオーディオブック配信サイト「FeBe（フィービー）」を運営する㈱オトバンクが制定。日付は耳で聴くものなので、3と3で「耳」の語呂合わせ。

春のちらし寿司の日

ちらし寿司などの調理用食材の製造販売メーカー、㈱あじかん（広島市）が制定。ひな祭りの定番メニューであるちらし寿司をさらに多くの人に食べてもらうことが目的。日付は3月3日が桃の節句であり、ひな祭りが行われることから。なお同社では6月27日を「ちらし寿司の日」として登録している。

3x3の日

（公財）日本バスケットボール協会とクロススポーツマーケティング㈱が「3x3（スリー・エックス・スリー）」の普及と発展を目的に制定。3x3は、国際バスケットボール連盟（FIBA）がストリートなどで行われている3 on 3（スリー・オン・スリー）に正式なルールを設け、競技種目に発展した。日付は「3x3」と読む語呂合わせ。

ささみの日

各種冷凍食品の製造販売などを手がける、㈱味のちぬや（香川県三豊市）が制定。低脂肪で良質なたんぱく質を含むことで人気の「ささみ」の魅力を多くの人に知ってもらうのが目的。日付は「ささ（3）み（3）」の語呂合わせ。

3/4

HMPAの日

丸善製薬㈱（広島県尾道市）が制定。HMPAとはポリフェノールを摂取したときに生成される代謝産物で、健康に良い効果が期待できる。同社が長年研究を重ね食品原料として規格化に成功したHMPAのことを多くの人に知ってもらい、健康について考えてもらうのが目的。日付はHMPAの正式名称の3-（4-Hydroxy-3-Methoxyphenyl）Propionic Acidの頭の数字から3月4日に。

短鎖脂肪酸の日

江崎グリコ㈱（大阪市）が制定。人の大腸内でビフィズス菌などの腸内細菌が食物繊維を食べることで作られる「短鎖脂肪酸」（たんさしぼうさん）は、太りにくい身体づくりのサポートをはじめ、健康にさまざまな良い働きをする。記念日を活用し、他社とも連携しながら「短鎖脂肪酸」の効果をより多くの人に知ってもらうのが目的。日付は「短鎖(3)脂(4)肪酸」の語呂合わせ。

パチンコ・パチスロメーカー「SANYO」の日

㈱三洋物産(愛知県名古屋市)が制定。「海物語」や「大工の源さん」などのロングセラーコンテンツを数多く生み出しているパチンコ・パチスロメーカーSANYOのさらなるブランドの向上とPRが目的。日付は「SAN(3)YO(4)」の語呂合わせ。

34山陽不動産の日

(有)山陽不動産(広島県福山市)が制定。同社では長年、不動産という観点から地域に根差した事業を展開してきた。記念日を通して、同社と「福山」や「山陽地域」の認知度向上をめざす。日付は社名の「さん(3)よ(4)う=山陽」と読む語呂合わせ。

サジーの日

健康・環境・経済に貢献できる貴重な植物「サジー」について知ってもらうため、日本サジー協会が制定。「サジー」とはユーラシア大陸原産のグミ科の植物で、栄養価の高さから「奇跡の果実」とも呼ばれている。砂漠化防止の緑化活動に役立ち、植林や収穫などの仕事を生み出すことで砂漠地帯に住む人々の収入にもつながっている。日付は「サ(3)ジー(4)」と読む語呂合わせ。

真っ白なそば・更科(さらしな)そばの日

更科そばのおいしさを知ってもらうため、そば処・総本家更科堀井を運営する㈱更科堀井が制定。更科そばは、実の芯の部分だけを用いて打つ真っ白いそばで、ほんのりとした甘みとのど越しの良さが特徴。日付は更科(さらしな)の「さ=3」と「し=4」で3月4日としたもの。

現代作法の日

日本現代作法会(大阪市)が制定。同団体が提唱する「現代作法」とは、日本の伝統的な作法と国際時代にふさわしいマナーの双方を身につけることを指す。記念日を通して、日本の伝統文化、作法の美しさや豊かさを広く伝えることが目的。日付は3月4日を「サ(3)ホウ(4=four)」と読む語呂合わせ。

スカーフの日

スカーフの魅力をさらに多くの人に知ってもらうため、川辺㈱が制定。古来ヨーロッパでは、カトリックのミサの際、女性は三角形や四角形のベールを頭から被るのが礼儀とされ、ベールを忘れないように首に巻いたのがスカーフの始まりとされる。これにちなみ、三角形と四角形の3と4で3月4日とした。また、春先にスカーフを巻く人が多いこともその由来のひとつ。

酸蝕歯(さんしょくし)の日

酸蝕歯とは、食事中の酸により歯のエナメル質が摩耗した状態のこと。酸蝕歯について周知するため、歯磨き製品のブランド「シュミテクト」を展開するグラクソ・スミスクライン・コンシューマー・ヘルスケア・ジャパン㈱が制定。日付は3と4で「さんしょくし」と読む語呂合わせから。

雑誌の日

日本初の雑誌・定期購読専門サイト「fujisan.co.jp」を運営する㈱富士山マガジンサービスが制定。3月、4月は新入学、新年度に向けて雑誌で新しい知識を得ようという時期にあたる。3と4で「雑誌」と読む語呂合わせと、雑誌の「志」(こころ34)を贈るのにふさわしい時期の始まりとの意味合いから。

オーミケンシ・レーヨンの日

オーミケンシ㈱(大阪市)が制定。自社の多彩な機能を付加したレーヨン綿およびその製品の販売促進が目的。レーヨンは石油系を原料とする合成繊維と異なり、木材などの天然原料からできており、地球環境にも優しい繊維として世界から注目を集めている。日付は0304で「オーミレーヨン」と読む語呂合わせ。

三姉妹の日

女性ばかりの姉妹のなかで、ひときわ華やかで絆が強いとされる長女、次女、三女の三姉妹。その調査・研究を行っている三姉妹総合研究所が制定。「ひなまつり」「国際女性デー」など、女性の月ともいえる3月で、3と4で「三姉妹」と読む語呂合わせから。

サンヨーの日

産業廃棄物のリサイクルなどを手がける㈱サンヨー(山口県岩国市)が制定。未来の子どもたちへ「この素晴らしい地球」を遺していくという初心を忘れないようにと、地域の清掃活動などを行う。日付は社名の「サンヨー(3・4)」の語呂合わせ。

バウムクーヘンの日

1919年3月4日に広島県物産陳列館(のちの原爆ドーム)で行われたドイツ俘虜(ふりょ)展示即売会で、ドイツ人のカール・ユーハイム氏がドイツの伝統菓子のバウムクーヘンを出品。これが日本におけるバウムクーヘンの始まりであることから、ユーハイム氏を創業者とする㈱ユーハイム(兵庫県神戸市)が制定。

差し入れの日

日本残業協会が制定。会社で疲れている時にもらうと嬉しい「差し入れ」を啓蒙することにより、社内コミュニケーションの活性化を促し、業務効率のアップやモチベーションアップなどを図ることが目的。日付は多くの会社で決算前の繁忙期であることと、「サ（3）シ（4）入れ」の語呂合わせ。

3/5

3月

Sangoportの日

㈱SAKURUGが制定。Sangoport（サンゴポート）とは同社が運営する人材採用マッチングプラットフォームで、ジェンダーや年齢、境遇を問わず、働く人が最適な仕事と出会えることをめざしている。多様な人々が活躍できる社会づくりのきっかけとすることが目的。日付は3と5で「Sango（サンゴ）」の語呂合わせ。

スリランカカレーの日

㈱アクティブインターナショナル（神奈川県川崎市）が制定。記念日を通してスリランカカレーの認知度を高めるとともに、国としてのスリランカにも興味をもってもらい、交流を深めることが目的。日付は、スリランカカレー作りでよく使われるミックススパイス「トゥナパハ」は主に3つの基本スパイスと5つの応用スパイスをミックスしたものであることから、3月5日を記念日とした。

産後ママスマイルデー

慶應義塾大学SFC研究所健康情報コンソーシアム内に事務局を置く「産後ママSOSプロジェクト」が制定。同プロジェクトでは、SNS上などで叫ばれる産後ママの悩みを分析し、課題の解決方法を「産後ママスマイルアクション=35ママスマ」として提案。産後ママの笑顔のために出来ることに貢献していくのが目的。日付は「産（3）後（5）」と読む語呂合わせ。

常陸牛（ひたちぎゅう）の日

全農茨城県本部内に事務局を置く茨城県常陸牛振興協会が制定。茨城産黒毛和牛の「常陸牛」のさらなる認知度の向上と消費の拡大、ブランディングの確立が目的。日付は同協会が設立された1977年3月5日から。常陸牛は肉質のきめ細やかさと柔らかさ、豊かな風味で人気のブランド牛。

産後ケアの日

尿ケア専用品「ポイズ」を販売する日本製紙クレシア㈱が立ち上げた「産後ケア」の日実行委員会が制定。出産を経験したすべての女性たちが尿もれなどの産後トラブルから解放され、いつまでも内面から美しく、毎日が楽しく、心地よく過ごせるようにとの願いが込められている。日付は3と5で「産後」と読む語呂合わせ。

安藤百福（ももふく）の日

インスタントラーメンやカップめんを発明し、「インスタントラーメンの父」と呼ばれる安藤百福氏の「人間にとって一番大事なのは創造力であり、発明、発見こそが歴史を動かす」との熱い思いを伝えたいと、日清食品ホールディングス㈱が制定。日付は安藤氏の誕生日1910年3月5日から。2010年の生誕百年を機に制定。

三幸（さんこう）の日

「雪の宿」「新潟仕込み」などの米菓で知られる三幸製菓㈱（新潟市）が制定。社名でもあり企業理念の「三つの幸せ」をアピールするのが目的。日付は3と5で「三幸」と読む語呂合わせ。

3/6

啓蟄（けいちつ）

［年によって変わる］二十四節気のひとつ。冬眠をしていた地中の虫が春の陽気に誘われて這い出してくる日とされる。

ミルクの日のミルクの時間〈午前９時〉〈午後９時〉

（一社）中央酪農会議が制定。「ミルク」に関する記念日を制定することで牛乳や乳製品の飲食を促し、酪農家を消費者が支える重要性を訴え、社会的な理解を図るのが目的。日付と時間は3月（ミ）6日（ル）午前9時・午後9時（ク）で「ミルク」と読む語呂合わせ。日付だけでなく時間も制定し、同日に2つの記念時間を制定している。

鎌倉作務衣（さむえ）の日

メーカーズシャツ鎌倉㈱（神奈川県鎌倉市）が制定。同社では僧侶が作業着として身に着ける作務衣を、独自に地元の鎌倉のお寺と共同で開発。日本の伝統的なワークウェアと、日常に馴染む洋服の生地、シルエットが融合したその作務衣の素晴らしさを知ってもらうことが目的。日付は「さ（3）む（6）え」と読む語呂合わせ。

36（サブロク）の日

日本労働組合総連合会（連合）が制定。すべての職場でより良い働き方を実現するため、長時間労働の是正に向け、多くの人に「働き方」や「働くこと」について考えてもらうのが目的。日付は労働基準法第36条に規定されている「時間外・休日労働に関する協定」が「36（サブロク）協定」と呼ばれていることから。

Miru（見る）の日

㈱メニコンが制定。同社のコンタクトレンズ販売店「Miru（ミル）」を多くの人に知ってもらい、コンタクトレンズ選びのパートナーとして活用してもらうのが目的。日付は3と6で「Mi（見）ru（る）」の語呂合わせ。

サンロッカーズの日

日本のプロバスケットボール・リーグ「B. LEAGUE（Bリーグ）」に所属する「サンロッカーズ渋谷」を運営する㈱サンロッカーズが制定。同チームの魅力を広く伝え、バスケットボールをする楽しさ、観る楽しさ、応援する楽しさを伝えるのが目的。日付は「サン（3）ロッカーズ（6）」の語呂合わせ。

ミールタイムの日

「mealtime（ミールタイム）」の名称で健康食の宅配事業を行っている㈱ファンデリーが制定。健康維持には食事が大切であることを認識してもらうためと、健康食の「ミールタイム」のPRが目的。日付は「ミール」が食事を意味することから3と6を「ミー（3）ル（6）」と読む語呂合わせ。

世界リンパ浮腫（ふしゅ）の日

リンパ浮腫の正しい知識と情報を共有し、発信する患者と医療者の会であるNPO法人リンパカフェが制定。リンパ浮腫の啓発や治療環境の発展が目的。日付は2016年にアメリカの上院でリンパ浮腫の認識を高めるために3月6日を「World Lymphedema Day」（世界リンパ浮腫の日）と制定したことから。

ミロの日

ネスレ日本㈱が制定。大麦の発芽期の成長力を取り込んだ同社の人気麦芽飲料「ミロ」をさらに多くの人に飲んでもらうのが目的。日付は「ミ（3）ロ（6）」と読む語呂合わせ。

ダレデモダンスの日

（一社）ダレデモダンスが制定。誰もがダンスに親しみやすい環境を創出し、ダンスの普及と指導者の育成、ダンサーの活躍の場の拡大、高齢者の健康増進や生きがいづくりが目的。日付は3と6を、同法人の代表理事でダンス界のカリスマ的存在、TRFのSAM（サム・丸山正温（まさはる）氏）と読む語呂合わせ。

サロネーゼの日

サロネーゼとは、自宅の部屋をサロンにして、趣味などの教室を主宰する女性のこと。サロネーゼについて知ってもらい、サロネーゼを応援する日にと、サロネーゼに関する企画などを手がける（有）ハッピーキューブスの代表ローズ麻生育子氏が制定。日付は花開く早春であり、ひなまつり（3月3日）と国際女性デー（3月8日）と同時期であることと、3と6でサロンの語呂合わせ。

スリムの日

㈱ワコール（京都市）が制定。薄着になっていく季節を迎え、ボディシルエットを整えるアウターやインナーに注目してもらい、体型の変化による健康増進を意識してもらうことが目的。日付は春からの薄着のシーズンインと、3と6で「スリム」と読む語呂合わせから。

日比谷サローの日

東京の日比谷公園内のガーデンレストラン「日比谷サロー」（Beer Terrace 1949 HIBIYA SAROH）を経営する山口商事㈱が制定。公園内の風景を眺めながら世界各国のビールと洋食などが味わえる同店の魅力を、さらに多くの人に知ってもらうのが目的。日付は3と6を「サロー」と読む語呂合わせ。

リニモの日

日本初の磁気浮上式鉄道リニアモーターカー「リニモ」が走る東部丘陵線の開業10周年を記念して、愛知高速交通㈱（愛知県長久手市）が制定。「リニモ」は藤が丘駅（名古屋市）～八草駅（豊田市）間の9駅を約17分で結ぶ営業距離8.9キロの鉄道。日付は開業日の2005年3月6日から。

3/7

消防記念日

1948年のこの日、消防組織法が施行されたことに由来する。この法律が施行されるまでは、消防は警察の所管となっていたが、この日からは新設された消防庁の所管となった。消防のPR活動などの行事が行われている。

シンガーソングライター・小林未奈の日

シンガーソングライターの小林未奈（こばやしみな）さんが制定。ファンに感謝を伝え、一緒に歩んでいく大切な日とするのが目的。全国の「みな」さんに「同じ名前のアーティストがいる」と親近感をもってもらい、「今日は私の日！」とワクワクするような嬉しい気持ちを共有して、たくさんの人とつながる特別な日にとの願いも込められている。日付は「小林未（3）奈（7）」の語呂合わせ。

ななつのしあわせミックスナッツの日

インターネットショップ「タマチャンショップ」を運営する（有）九南サービス（宮崎県都城市）が制定。同社では７種類のナッツをミックスした「ななつのしあわせミックスナッツ」を販売。それぞれのナッツの栄養素を一度に摂取できるこの商品の魅力をより多くの人に知ってもらい、利用してもらうのが目的。日付は「ミ（３）ックスナ（７）ッツ」と読む語呂合わせ。

みんなの銀行の日

日本初のデジタル銀行、㈱みんなの銀行（福岡市）が制定。気軽に話題にできない「お金」のことや改善点に気がつけない「くらし」のことなどを、みんなでオープンに話し合うことで、生活の質やリテラシーを高めることが目的。みんなの銀行を中心としてみんなで考える機運を高めていきたいという想いが込められている。日付は「み（３）んな（７）」と読む語呂合わせ。

家計の見直しの日

住宅紹介、土地の分譲、生命保険などのライフプランニング事業を展開する㈱みらいコンシェルジュ（熊本市）が制定。人生で一番大きな買い物と言われる住宅を購入する機会に、家計の見直しを行うことで後悔のない住宅購入を広めるのが目的。日付は「み（３）な（７）おし」の語呂合わせ。

さかなの日

SAKANA & JAPAN PROJECT推進協議会が制定。和食の中心となる食材の魚介類をもっとたくさん食べてもらい、魚介類を身近に感じてもらうのが目的。日付は３（さ）と７（な）の付く日は魚を食べることを提案していることから、その二つが合わさる３月７日としたもの。

サウナの日

（公社）日本サウナ・スパ協会が制定。サウナは気持ちよく発汗して、交感神経や副交感神経などに作用することで精神の安定に効果がある。疲れている人々にサウナで健康な生活を送ってもらうことが目的。日付は３と７でサウナと読む語呂合わせ。

十歳（ととせ）の祝いの日

10歳の節目を迎える子どもたちの健全な成長を願い、未来像を描いてもらう日をと、十歳の祝い普及促進協議会（京都市）が制定。「二分の一成人式」「立志式」にならい、通過儀礼のひとつとして和装、洋装の晴れ着を着る機会の提供、親子の絆、地域で子どもを見守る風土の醸成などが目的。日付は３月は対象の子どもの多くが10歳を迎え終わることと、3と7を足すと10になることから。十歳を「ととせ」と読むことで日本らしさ、祝いの日らしさを表現。

メンチカツの日

各種の冷凍食品の製造販売を手がける㈱味のちぬや（香川県三豊市）が制定。日付は、関西ではメンチカツのことをミンチカツと呼ぶところも多く、3と7で「ミンチ」と読む語呂合わせ。また、受験シーズンにメンチカツを食べて受験に勝ってほしいとの願いも込められている。

すたみな太郎の日

ファミリーレストランチェーン店「すたみな太郎」を全国展開する㈱江戸一が制定。豊富なメニューを食べ放題で楽しめる同店をアピールするのが目的。日付は「すたみ（3）な（7）太郎は、老若男女みん（3）な（7）で楽しめるお店」と読む語呂合わせ。

3/8

ギョーザの日

味の素冷凍食品㈱が制定。家庭用や業務用の冷凍餃子などを製造販売する餃子（ギョーザ）のトップメーカーとして、だれからも愛されるおいしい餃子をたくさん食べてもらい、日本中を元気にしたいとの願いが込められている。日付は「み（3）んなでハ（8）ッピーギョーザの日」の語呂合わせ。また、同社の「ギョーザ」が発売された1972年3月8日にもちなんでいる。

プレミアム美肌の日

MTコスメティクス㈱が制定。同社では健康でハリのある肌を「美肌」と表現しており、プレミアムな化粧品で肌をいたわるスキンケアを習慣化して、美肌を保ってもらうのが目的。日付は3で「み（3）んな美しく」、8で「肌（8）・ハッ（8）ピー」の語呂合わせ。全世代のみんながハッピーに美肌になれるようにとの願いも込めて。

日本列島たこせんべいの日

スギ製菓㈱（愛知県碧南市）が制定。「タコ」を使った「たこせんべい」を日本列島の各地から全国に届けてその美味しさを味わってもらい、多くの人に多くの幸（多幸=たこ）が訪れるようにとの願いが込められている。日付は創業の月や幸（さち=3）から3で、タコの足が8本であることや数字の8がつくる2つの円や輪を、縁や和につなげていくことなどから3月8日に。

レモンサワーの日

「こだわり酒場のレモンサワー」ブランドを販売するサントリー㈱が

制定。レモンサワー市場の活性化と、その魅力を多くの人に楽しんでもらうのが目的。同社では、レモンサワーの味わいを「レモンありのままでしっかりお酒」と定義する。日付は3と8でレモンの心地よい酸（3）味と炭酸のパチパチ（8）が爽快に楽しめることから。

スリッパを楽しむ日

インテリアファブリックの企画製造などを行うユニベール㈱（石川県金沢市）が制定。スリッパの履き心地のよさと利便性を広め、友人、家族、恋人同士がスリッパを贈り合い楽しめる日にとの願いが込められている。日付は「スリ（3）ッパ（8）」の語呂合わせから。

ザンパの日

琉球泡盛の製造販売を行う（有）比嘉酒造（沖縄県読谷村（よみたんそん））が制定。同社の主力商品である泡盛「残波（ざんぱ）」をさらに多くの人に飲んでもらうことが目的。日付は「残（ざん＝3）波（ぱ＝8）」と読む語呂合わせと、残波を飲み交わしながら、新たな気持ちで春を迎えてほしいという思いを込めて。

miwaの日

シンガーソングライター、miwa（ミワ）の所属事務所である㈱トライストーン・エンタテイメントが制定。miwaの歌声と楽曲、人柄の魅力をより多くの人に伝えるとともに、ファンとの「結（ゆい）」をむすぶ日。日付は「mi（3）wa（8）」と読むことから。

残薬をへらす日

㈱くすりの窓口が制定。「飲み残し」「飲み忘れ」による残薬の減少が医療費削減につながることを病院・薬局・患者に周知し、残薬を防ぐことが目的。医療機関や患者向けのウェブサイトなどで啓発活動を行う。日付は「残（3）薬（8）」と読む語呂合わせ。

サヴァ缶の日

（一社）東の食の会、岩手缶詰㈱、岩手県産㈱が制定。三者が手がけるサヴァ缶シリーズを多くの人に味わってもらうのが目的。日付は「サ（3）ヴァ（8）」と読む語呂合わせ。サヴァ缶はサバのオリーブオイル漬けの缶詰で、岩手県が東日本大震災の時に全国の人々からもらった元気をお返ししたいとの気持ちを込めてフランス語の「元気？＝Ça va?（サヴァ）」から名付けられた。

紗（さや）の日

ペット食品・用品の製造販売などを手がけるドギーマンハヤシ㈱（大阪市）が制定。ペット用のおやつとして2000年3月に発売された「紗」のPRが目的。ちぎって与えられるやわらかいおやつは、わんちゃんにとって家族の愛情を感じられるものとの思いを込めて。日付は「紗」が発売された月の3月と、「さ（3）や（8）」と読む語呂合わせ。

町家の日

京町家情報センター（京都市）が制定。町家のなかに蓄積された暮らしと建物の知恵や工夫を再評価し、その伝統的価値と素晴らしさを広く伝え、保全と再生を図ることが目的。日付は3月をMarch「まーち」、8日を「や」と読む語呂合わせから。

サワークリームの日

明治初年から、生クリームやサワークリームをはじめとした乳製品などの製造・販売を行う中沢乳業㈱が制定。Nakazawaのサワークリームのおいしさをより多くの人に知ってもらうのが目的。日付は「サ（3）ワー（8）」と読む語呂合わせ。

ケンミン食品株式会社創業日（周年記念）

1950年3月8日に創業したケンミン食品㈱（兵庫県神戸市）は、2020年に70周年を迎えた。創業者の高村健民氏が米から作るビーフンの製めんを手がけて神戸で創業し、日本にビーフン料理という新しい食文化を広めた。現在ではビーフン、フォー、ライスパスタ、ライスペーパー、冷凍食品、烏龍茶などの製造、販売、はるさめ、くずきりなどの販売を手がけ、外食店舗運営事業も展開している。

雅（みやび）の日

1928年の創業以来、婚礼から始まる「お慶びの場」として愛されてきた目黒雅叙園（がじょえん）が制定。名称は目黒雅叙園の「雅」の空間を表し、日付は3と8を「みやび」と見立てたもの。

サンワの日

サンワサプライ㈱（岡山市）が制定。各種コンピュータサプライ商品の企画・製造・販売、デスクなどのオフィス用品、パソコン・周辺機器などを手がける同社のことを、さらに多くの人に知ってもらうのが目的。日付は、サンワサプライの「サン（3）ワ（8）」と読む語呂合わせから。

赤ちゃん＆こども「カット」の日

赤ちゃんと子ども専門の理容室の存在を広くPRしたいと、その事業を行っている赤ちゃん筆センター㈱が1999年に制定。日付の由来は3と8で散髪と読む語呂合わせ。

ビールサーバーの日

ビールがおいしい季節を前に、冬のあいだ眠っていたビールサーバーの点検・掃除をする日にと、「ビールサーバードットコム」の木村栄寿氏が制定。日付の由来は3と8の語呂合わせでサーバーから。

さやえんどうの日

さやえんどうの主産県である和歌山県農業協同組合連合会が制定。和歌山県では３月にハウスのさやえんどうが最盛期となることと、３月８日で「さや」の語呂合わせからこの日に。収穫の恵みを喜び、消費者に和歌山県のさやえんどうをPRするのが目的。

鯖(さば)すしの日

滋賀県木ノ本町の北国街道（第二の鯖街道）沿いにあり、創業100年を数える老舗「すし慶げんさん」が制定。初代より「鯖の棒すし」を作り続け、そのおいしさで全国的に知られている「すし慶げんさん」では鯖のPRにつとめている。日付は３月８日を「サバ」と読む語呂合わせ。

三板（サンバ）の日

琉球楽器のひとつで、すぐれた奏法と表現力をもつ三板（サンバ）は三枚の板を紐でつなぎ、指の間に挟んで打つ軽打楽器。世界に誇る名楽器の素晴らしさを多くの人に知ってもらおうと、沖縄三板協会（沖縄市）が制定。日付は３と８を「サンバ」と読む語呂合わせから。

サぱの日

全国の高速道路のサービスエリア、パーキングエリア、ハイウェイオアシスをこよなく愛する日本サぱ協会（愛知県名古屋市）が制定。これらの場所を積極的に利用して、その土地の文化や風土を愛する日。日付は３と８で「サぱ」と読む語呂合わせ。「日本サぱ協会」の「サ」はサービスエリア「ぱ」は「パーキングエリア」を表す。

散髪の日

ヘアサロンsaloon hair（愛知県犬山市）が制定。記念日を通して広く業界の活性化をはかり、散髪を通して身も心もすっきり、さっぱりして、精神衛生の向上を図ってもらうことが目的。日付は「散（３）髪（８）」と読む語呂合わせから。

サバの日

サバを専門に取り扱う㈱鯖や（大阪府豊中市）が制定。多くの人にサバについて興味・関心をもってもらい、日本人が昔から恩恵を受けているサバへの感謝を示すとともに、サバについて深く考える日とすることが目的。日付は３と８で「サバ」と読む語呂合わせ。

3/9

さけるチーズの日

雪印メグミルク㈱が制定。手で簡単に裂ける「雪印北海道100 さけるチーズ」は1980年の発売以来、人気のロングセラー商品。クセのない味わいで、小さな子どもから大人まで家族全員で楽しめるこの商品のおいしさと楽しさを多くの人に知ってもらうことが目的。日付はチーズを裂く動作から「さ（3）く（9）」の語呂合わせ。

ビックマーチの日

パチンコホール「ビックマーチ」などを運営する㈱ジョイパック（茨城県つくば市）が制定。同社が掲げる企業イズム「『ありがとう』を“ひと”から“ひと”へ。……そして日本中へ。」のスローガンをもとに、「ビックマーチ」を通じてお客様と従業員との「ありがとう」の連鎖をさらに広げていくことが目的。日付は「サン（3）キュー（9）＝ありがとう」の語呂合わせ。

サクレの日

人気氷菓「サクレ」をより多くの人に楽しんでもらうため、フタバ食品㈱（栃木県宇都宮市）が制定。スライスしたレモンが入っていることで有名な「サクレ レモン」などの「サクレ」シリーズは、サクサクな食感が楽しめるカップ入りのかき氷。日付の3月9日は「サ（3）ク（9）レ」の語呂合わせと、春夏に向けてサクレの需要が高まることから、サクレシーズンの始まりの日と捉えて。

さくらさくみらいの日

子育て支援事業を展開する㈱さくらさくプラスが制定。同社では「さくらさく」という言葉から連想される子どもが成長して花開いていく喜びや嬉しさを、子ども、保護者、職員の三者が笑顔に包まれたなかで共有できることが最も重要と考えている。その想いを多くの人に伝え、子どもたちの未来を明るくすることが目的。日付は3と9を「さ（3）く（9）らさ（3）く（9）」と読む語呂合わせ。

アライドテレシス・ネットワークの日

ITソリューション、ネットワーク関連サービス事業などを手がけるアライドテレシス㈱が制定。情報ネットワークは電気・ガス・水道に次ぐ第4のインフラと言われ、安全安心にいつでもどこからでも使えるものであることが求められている。信頼性の高いネットワークインフラを便利で安心に利用するための啓蒙活動が目的。日付は同社の創立記念日（1987年3月9日）から。

SACの日

備前化成㈱（岡山県赤磐市）が制定。SAC（サック）はニンニクに含まれる機能性成分のひとつで、強い抗酸化作用があり、抗疲労などさまざまな効果が認められている。より多くの人にSACを取り入れて健やかに過ごしてもらいたいとの思いと、現代人のさまざまな疲れなどの社会的課題の改善に貢献したいという思いが込められている。日付は「サッ（3）ク（9）」の語呂合わせ。

さくさくポテトスナックの日

㈱かとう製菓（愛知県西尾市）が制定。さくさくとした食感とコンソメ、コーンポタージュ、カレーなど、さまざまな風味が楽しめることで人気の同社の「ポテトスナック」を多くの人に知ってもらい、愛され続けていくことが目的。日付はポテトスナックの特徴の食感から、3と9で「さ（3）く（9）さ（3）く（9）」の語呂合わせ。

QUOカードで「ありがとう」を贈る日

㈱クオカードが制定。ギフトカードとして有名な「QUOカード」と、低額からスマホで気軽に贈れるデジタルギフト「QUOカードPay」を、多くの人に「ありがとうの気持ちを贈れるギフト」として知ってもらうのが目的。日付は「サン（3）キュー（9）＝ありがとう」と読む語呂合わせ。贈る人・贈られる人・使えるお店の「三（3）者をつなぐク（9）オカード」という意味もある。

さく乳の日

ピジョン㈱が制定。母乳を保存しておくことで母乳育児をさまざまなシーンでアシストする「さく乳器」。母乳育児をもっと自由にして、ママたちの生活がもっとフレキシブルになるように「さく乳器」について広く適切な情報を発信して広める日。日付は「さ（3）く（9）乳」の語呂合わせ。

サクナの日

農産物や薬草の栽培と販売などを行う㈱喜界島薬草農園（鹿児島県喜界町）が制定。喜界島では、青汁の原料として使われるボタンボウフウ（長命草）を「サクナ」と呼び、一株食べると1日長生きできるという言い伝えがある。サクナを使った製品を開発し、島の活性化に寄与するのが目的。日付はサクナの旬が春であることと、3と9で「サ（3）ク（9）ナ」と読む語呂合わせ。

3.9サキュレントデー

サボテン・多肉植物の生産からデザイン、販売を手がけるサボテン相談室（群馬県館林市）が制定。癒しと幸せを与えてくれるサキュレント（多肉植物）に感謝の気持ちを伝える日。記念日名は「サンキューサキュレントデー」と読み、日付はサキュレントに感謝を伝えることから3と9で「サンキュー＝3.9」と「サ（3）キュ（9）レント」の語呂合わせを組み合わせたもの。

ざっくぅの日

JCOM㈱が制定。「ざっくぅ」とは同社が運営するケーブルインターネットサービス「ZAQ（ザック）」のキャラクターで、ケーブルテレビのある地域に棲息し、人々が安全・安心・快適・便利にインターネットを利用できるように、いつもそばで見守っている。その「ざっくぅ」をさらに多くの人に知ってもらうのが目的。日付は「ざ（3）っくぅ（9）」と読む語呂合わせ。

松本山賊焼の日

郷土料理の松本山賊焼を愛する市民や事業所によって設立された、松本山賊焼応援団（長野県松本市）が制定。松本山賊焼は、鶏肉をにんにくなどが入ったタレに漬け込んで片栗粉をつけて揚げたもの。松本の地元グルメ、名物として多くの人に松本山賊焼のおいしさを知ってもらい、同市の魅力のひとつとして広めるのが目的。日付は「さん（3）ぞく（9）」の語呂合わせ。

西京漬（さいきょうづけ）の日

京都の食文化を伝える商品を手がける㈱京都一の傳（でん）（京都市）が制定。西京漬とは西京味噌で漬けられた魚や肉などのことで、そのおいしさを多くの人に味わってもらうことが目的。日付は同社では魚を二昼夜以上漬け込む「本漬け」と呼ばれる昔ながらの製法でつくり、素材の旨味を引き出していることから、3と7で「サ（3）カナ（7）」と読む3月7日の二昼夜後の3月9日とした。

サンクスサポーターズデー

日本生命保険相互会社が制定。日頃、支えてくれている人に感謝の気持ちを伝える日。日付は「サン（3）キュー（9）＝ありがとう」の語呂合わせ。

さくさくぱんだの日

カバヤ食品㈱（岡山市）が制定。自社の人気商品のチョコビスケット「さくさくぱんだ」のおいしさ、かわいらしさをさらに多くの人に知ってもらうのが目的。日付は「さ（3）く（9）さ（3）く（9）ぱんだ」の語呂合わせと、3月9日は「3.9デイ（ありがとうを届ける日）」であることから「さくさくぱんだ」を贈ることで「ありがとう（サンキュー）」を伝える日にとの思いから。

ミックスジュースの日

おおきにコーヒー㈱（大阪市）が制定。大阪のエナジードリンク、ミックスジュースを世界に広め、みんなで笑顔になろうという「おおきに！ ミックスジュースプロジェクト」の推進を目的とする。日付は

「ミ（3）ック（9）ス」の語呂合わせ。「おおきに＝ありがとう＝thank you＝39」にも掛かっている。

ザグザグの日

中国・四国地方でドラッグストアと調剤薬局を展開する㈱ザグザグ（岡山市）が制定。店舗名でもあるザグザグ（ZAG ZAG）をより多くの人にPRするのが目的。日付は「ZAG（ザ＝3とグ＝9）」と読む語呂合わせ。

3月

試薬の日

（一社）日本試薬協会が制定。試薬は試験研究用として、化学、生物、材料、臨床検査、環境分析など広い分野において用いられ、科学技術の振興などに役立っていることを広く知らせるのが目的。日付は日本で初めて「試薬」という言葉を使った津山藩医で幕末の蘭学者、宇田川（うだがわ）榕菴（ようあん）の生誕日、1798（寛政10）年の旧暦3月9日にちなんで。

雑穀の日

日本古来の主食の原点ともいえる雑穀の素晴らしさについて、より多くの人に知ってもらおうと（一社）日本雑穀協会が制定。日付は3と9で「ざっこく」と読む語呂合わせから。雑穀料理のコンテスト、会員企業による店頭PR、雑穀産地でのイベントなどを行う。

感謝の日

「父の日」「母の日」など身内に対する感謝の日はあるが、人生を重ねていくうえで、いろいろな形で感謝したい人や出来事に出会う。そんな今までの人生でめぐりあったものに思いを寄せる日をと、愛媛県の横山重子氏が制定。日付は3と9でサンキューの語呂合わせから。

佐久の日・ケーキ記念日

日本三大ケーキのまちのひとつ、長野県佐久市の「信州佐久・ケーキ職人の会」が制定。日付は3と9で「佐久」と読む語呂合わせから。

脈の日

（公社）日本脳卒中協会（大阪市）が制定。不整脈の一種である心房細動が原因で起こる脳梗塞は死亡率が高く、重い後遺症を残すことが多い。しかし、適切な管理をすることで脳梗塞の6割は予防できることから、その予防法のひとつとして脈のチェックを呼びかけるのが目的。日付は「みゃ（3）く（9）」の語呂合わせ。

子宮体がんの日

子宮の内側の粘膜にできる悪性腫瘍の「子宮体がん」の認知度を高め、早期の発見につながる検診や予防の啓発を目的に活動する「子宮体がんの会 ももとうふ」（茨城県神栖市）が制定。日付は「子宮頸がんを予防する日」が4月9日であることから、頸部よりも体の上にできるがんなので、その1ヵ月前の3月9日とした。

3/10

農山漁村女性の日

1988年に農林水産省が制定した日で、農林漁業で働いている女性の地位向上を目的とする。3月10日となったのは農閑期であることや、女性だけの休息日とされる女人講などが10日に開かれていたことによる。

東京都平和の日

1945年3月10日深夜0時8分、アメリカ空軍のB29爆撃機が東京上空に飛来して大空襲が行われ、最大級の被害をもたらした。東京都ではこの日を「東京都平和の日」と定め、都民一人ひとりが平和を考える日として、さまざまな行事を行っている。

安全安心砂場の日

子ども施設の砂場消毒、遊具の安全点検や修理などを手がける㈱ヒサミツセンター（福岡県久留米市）が制定。同社は子どもたちが遊ぶ砂場を定期的に消毒することで、いつも清潔で安全安心な砂場を提供している。記念日を通して砂場で遊ぶこどもたちの五感の発達と、健やかな成長を願うことが目的。日付は砂が英語でsand（サンド）なので、サン（3）ド（10）の語呂合わせ。

ゼロミートの日

大塚食品㈱（大阪市）が制定。同社が販売するゼロミートは、大豆を原料とした大豆ミートを用いてハンバーグやソーセージ、ハムなどを提供する商品。脂質やカロリーが抑えられたヘルシーなゼロミートをより多くの人に知ってもらうのが目的。日付は3月10日を0310として「ゼロ（0）ミー（3）ト（10）」と読む語呂合わせ。

サイマ(310)の日

ねじの開発や製造、販売などを手がける㈱サイマコーポレーション（神奈川県藤沢市）が制定。記念日を通して自社を広く世の中に知ってもらい、ねじをもっと身近なものとして感じてもらうのが目的。日付は310で「サ（3）イ（1）マ（0＝マル）」と読む語呂合わせ。

水通しの日

ピジョン㈱が制定。「水通し」とは、赤ちゃんが生まれる前の準備として行うベビー服の水洗いのことで、ホルムアルデヒドなどの化学物質を除去し、汗を吸収しやすくする。「水通し」を通じてより多くの人に赤ちゃんの誕生を楽しみに思い、ワクワクとした幸せな気持ちになってもらうのが目的。日付は3と10で「み（3）ずとお（10）し」と読む語呂合わせ。

ミートソースの日

ミートソースパスタの魅力をより多くの人々に伝えるため、カゴメ㈱が制定。ミートソースパスタは性別や年代に関係なく人気の洋食で、多忙な現代社会においてワンプレートで食べられる便利なバランス食としても知られる。日付は3と10で「ミ（3）ート（10）」と読む語呂合わせから。また、3月は春休みなどもあり年間で最もミートソースが消費される月であることもその理由。

サンドブラスト彫刻の日

オリジナルギフト工房ハッピースマイル（富山県射水市）が制定。サンドブラストとは表面に砂などの研磨剤を吹き付ける加工法で、この技法を使いガラスなどに彫刻することで世界に一つだけの作品が生まれる。サンドブラスト彫刻の認知度を高め、業界の活性化が目的。また、作家活動及び生業とする人への後援をとの願いも込められている。日付は3と10で「サンド」と読む語呂合わせ。

見合いの日

オンライン上での婚活サービスを展開するエン婚活エージェント㈱が制定。同社は「ふさわしい相手と巡り会えない」という問題を解決して「幸せが続く結婚をすべての人に」というビジョンを掲げている。出会いの機会を提供し、幸せな結婚を推奨していくことが目的。日付は3と1と0で「み（3）あい（1）＝見合い」「ミー（3）ト（10）＝meet」「0＝円＝縁」の語呂合わせ。

サトウ記念日

テレビアニメ「キャプテン翼」の日向小次郎、「ジョジョの奇妙な冒険」のシーザー・アントニオ・ツェペリ、「アイドリッシュセブン」の十龍之介などを演じる声優・俳優・ラジオパーソナリティーの佐藤拓也氏の活躍を記念して、声優コンテンツを企画する㈱セカンドラインが制定。日付は3と10で「サトウ」と読む語呂合わせ。

ミードの日

（一社）日本ミード協会（京都府宇治市）が制定。人類最古のお酒とも言われる蜂蜜を原料とする醸造酒「ミード」（蜂蜜酒）の認知度を高め、そのおいしさを味わってもらうのが目的。日付は3と10で「ミー（3）ド（10）」と読む語呂合わせ。

たけのこの里の日

㈱明治が制定。1979年の発売以来、チョコレートとクッキーを組み合わせた絶妙な食感とおいしさで愛されてきた「たけのこの里」から、多くのファンに感謝の気持ちを伝える日。日付はたけのこの旬が3月からで、3と10で「里（さと）」と読む語呂合わせから3月10日に。

名古屋コーチンの日

愛知県と（一社）名古屋コーチン協会が制定。ブランド地鶏である名古屋コーチンのより一層の消費拡大を図るのが目的。日付は尾張藩士の海部壮平（かいふそうへい）・正秀（まさひで）兄弟によって手がけられた地鶏の名古屋コーチンが、その優れた肉質や産卵能力が評価されて1905年3月10日に日本初の実用品種として日本家禽（かきん）協会から認定された史実から。

クラシアンの日

㈱クラシアンが制定。1991年6月に創業した同社は「水のトラブルはクラシアン」を掲げ、水まわりの緊急メンテナンス業を中心に活動している。2016年の創業25年の節目に「水のトラブルを解決する会社」であることをPRするのが目的。日付は「水（3）トラブル（10）」と読む語呂合わせ。

マルヨのほたるいかの日

⇨「1年間に複数日ある記念日」の項を参照。

ミントの日

ミントを使った商品のPRするため、クラシエ㈱が制定。日付は3月10日をミントと読む語呂合わせから。同社ではクールでさわやかなミント風味のタブレット菓子「FRISK（フリスク）」を販売している。

サボテンの日

サボテン類の生産額日本一を誇る岐阜県本巣郡巣南町にある「さぼてん村」を経営する㈱岐孝園が制定。日付の由来は3と10でサボテンの語呂合わせから。また、サボテンは3月に花を咲かすためという意味合いも。

ミルトンの日

ママたちが赤ちゃんの衛生管理について考えるきっかけの日をと、哺乳瓶用の消毒剤として有名な「ミルトン」を販売する杏林製薬㈱が制定。日付は3と10で「ミルトン」と読む語呂合わせから。

3/11

防災意識を育てる日

防災士の江﨑洋幸氏が制定。全国的な防災訓練が行われるのは関東大震災（1923年9月1日）を日付の由来とする「防災の日」。しかし、台風シーズンなので防災訓練が中止となることもある。そこで記憶に新しい2011年３月11日に発生した東日本大震災の日に、その経験を風化させないためにも、震災で得た教訓をつぎの世代につなぎ、家族や職場などで防災について話し合い、行動してもらうのが目的。

おくる防災の日（防災用品を贈る日・送る日）

エールマーケット（LINEヤフー㈱運営）が制定。2011年３月11日に発生した東日本大震災の記憶を忘れずに「防災用品や防災食を大切な人に贈る・送る」という「おくる防災」という習慣を社会に根付かせるのが目的。防災用品の備蓄保有率が向上するように、多くの企業・団体などに記念日を自由に活かしてほしいとの思いがある。

いのちの日

2011年３月11日に発生した東日本大震災では多くの命が失われた。震災で学んだことを風化させることなく災害に備えようと「災害時医療を考える会（Team Esteem）」が制定。災害時医療の改善を図るとともに、９月１日に防災訓練が行われるように、３月11日には健康、医療、災害時の体制などを考える機会を設けたいとの思いから。

3/12

マルサン豆乳の日

マルサンアイ㈱（愛知県岡崎市）が制定。同社の基幹事業である豆乳についての知識を深めてもらうとともに、「マルサン豆乳」シリーズをPRする日。良質な植物性たんぱく質やミネラルなどがバランス良く含まれている豆乳を、普段の食生活に取り入れることで健康づくりに役立ててほしいという願いも込められている。日付は３月12日を03（マルサン）12（トウニュウ）と読む語呂合わせ。

unisizeの日

㈱メイキップが制定。同社が提供するunisize（ユニサイズ）はECサイトで欲しい洋服の最適サイズを最短１分で推奨してくれるサービス。ECサイトを利用したときの服のサイズの悩みを払拭するとともに、ECサイトでのショッピングの促進が目的。日付は３と12で「サ（３）イ（１）ズ（２）」と読む語呂合わせ。

だがしの日

駄菓子メーカーなどで結成された、（一社）DAGASHIで世界を笑顔にする会（岡山県瀬戸内市）が制定。日本の精神・文化が凝縮された駄菓子業界の活性化と、DAGASIを世界平和のキーワードとして世界中の人に知ってもらうのが目的。日付はお菓子の神様、菓祖として知られる田道間守（たじまもり）公の命日とされる３月12日。

サイズの日

㈱ワコール（京都市）が制定。３月は新生活に向けて服や靴、インナーなどさまざまなものを買い替える時期。この日をきっかけにサイズの大切さをより多くの人が知り、自分の体形にフィットするものを選んでもらうのが目的。日付は３と12で「サ（３）イズ（12）」の語呂合わせ。

サイフの日

バッグ、サイフなどのライセンスブランド商品の企画・販売を手がけ、「Good Style, Good Life～スタイルが人生を豊かにする～」を企業理念に掲げるスタイル㈱が制定。買い換え需要の多い時期である３月にサイフ売り場の活性化を図るのが目的。日付には３と12で「サイフ」と読む語呂合わせの意味も。

3月

3/13

里見の日

千葉県館山市の（一社）館山市観光協会内に事務局を置く「里見のまちづくり実行委員会」が制定。有名な「八犬伝」のモデルとなった房総里見氏ゆかりの地である館山市でまちづくりイベントを行う。全国の里見さんの子孫の方々との連携も。日付は「さ（３）と（10）み（３）」の語呂合わせ。

ペヤングソースやきそばの日

まるか食品㈱（群馬県伊勢崎市）が制定。同社の代表的な商品「ペヤングソースやきそば」をより多くの人に知ってもらい、そのおいしさを味わってもらうのが目的。日付は1975年３月13日に発売されたことから。当時はカップ麺が高価であったため、若いカップルに二人でひとつのものを仲良く食べてほしいとの思いから「ペア」と「ヤング」をあわせて「ペヤング」という名前を付けたという。

新選組の日

新選組ゆかりのNPO法人日野市観光協会（東京都日野市）が制定。1863（文久３）年の３月13日、京都・壬生に屯所を置いていた近藤勇などの浪士隊のもとに会津藩公用方から会津藩御預りとする連絡が入ったことにちなむ。

近藤勇

崔（さい）さんの日

㈱崔さんのお店（大阪府泉佐野市）が制定。生春巻きを中心に、サラダ、韓国と日本の味をコラボレートしたドレッシングなどの同社商品をPRする。日付は３と13で「さいさん」と読む語呂合わせ。

3/14

採用担当者へありがとうを伝える日

採用業務や経理業務などのオンラインアシスタント事業などを行う㈱キャスター（宮崎県西都市）が制定。採用の繁忙期に、日々の業務に追われている採用・人事担当者に「ありがとう」の気持ちを伝えるのが目的。日付は3と14で「さいよう」と読む語呂合わせ。

不二家パイの日

㈱不二家が制定。3月14日の「ホワイトデー」に不二家のパイを食べてもらいその品質の良さを知ってもらうのが目的。ホワイトデーはバレンタインデーのお返しの日ということで、生地を何度も折り返し層を重ねて作るパイは贈り物にふさわしいことと、円周率の記号π（パイ）が3.14であることにちなむ。

オキシクリーンの日

化粧品、日用雑貨、健康食品、医薬品などの企画製造販売を手がける㈱グラフィコが制定。同社が日本の正規販売代理店である衣料用漂白剤の「オキシクリーン」をより多くの人に知ってもらうのが目的。日付は漂白の「白」と、ホワイトデーの「ホワイト＝白」を掛けて3月14日としたもの。

オキシ漬けの日

㈱グラフィコが制定。同社が日本の正規販売代理店である衣料用漂白剤の「オキシクリーン」を使用する漬け置き洗いを「オキシ漬け」と呼ぶ。その愛称と利便性をより多くの人に知ってもらうのが目的。日付は漂白の「白」と、ホワイトデーの「ホワイト＝白」を掛けて3月14日としたもの。

ホワイト・デー

㈱石村萬盛堂（福岡市）が制定。1977年に同社の当時の石村善悟社長がバレンタインデーのお返しの日を作ろうと発案、1978年に自社のマシュマロから「バレンタインデーに君からもらったチョコレートを、僕の心（白いマシュマロ）で包んでお返しするよ」のコンセプトで「マシュマロデー」としてスタートさせたもの。日付はバレンタインデーのお返しの意味から1ヵ月後の3月14日に。

数学の日

円周率の3.14……にちなみ、3月14日を数学の日としたのは（公財）日本数学検定協会。数学を生涯学習として、子どもから大人まで楽しめるものに発展させようと制定したもの。

美白デー

紫外線量が多くなる季節を前に、美白についてもっと知ってほしいとの願いから㈱ポーラが制定。日付は美白にちなみ「もうひとつのホワイトデー」と呼ばれるようにとこの日に。

さーたーあんだぎーの日

「さーたーあんだぎー」は、砂糖・小麦粉などを使い、油で揚げた沖縄を代表するお菓子。「さーたーあんだぎーのうた」を2004年３月14日に発表した沖縄出身のミュージシャン「シューベルトまつだ」が制定した。全国に沖縄の家庭の味を普及させるため、「ホワイトデーには『さーたーあんだぎー』をお返しに贈ろう」と呼びかける。

切腹最中(せっぷくもなか)の日

「忠臣蔵」にまつわる数々の事柄を人々に語り継いでほしいと、「切腹最中」をつくる東京新橋の和菓子店・新正堂（大正元年創業）が制定。1701（元禄14）年３月14日、吉良上野介(きらこうずけのすけ)への刃傷沙汰(にんじょうざた)により浅野内匠頭(あさのたくみのかみ)が即日切腹、赤穂(あこう)藩は取り潰しとなり、「忠臣蔵」として知られる敵討(かたきう)ちへとつながる。新正堂は浅野内匠頭が切腹した田村右京太夫屋敷跡地に在する。

ホームインスペクションの日

ホームインスペクション（住宅診断）とは、住宅に精通したホームインスペクター（住宅診断士）が、住宅の劣化状況、修繕すべき箇所やその時期、費用の概算などを見きわめ、アドバイスを行う専門業務のこと。NPO法人日本ホームインスペクターズ協会が制定。日付は一般的な住宅１軒を診断する時間が平均３時間14分であることから。

3/15

ロングセラーブランドの日

SNSマーケティング支援サービスを手がける㈱ホットリンクが制定。発売から20年以上の商品やサービスを「ロングセラーブランド」として、利用した人がその思い出や愛を語る機会を提供するのが目的。日付は、ロングセラーブランドは時代を超えて愛されてきた「最高」な商品・サービスであり、さらなる発展のために「再考」し、未来に向かって「さぁ行こう」の語呂合わせになる３月15日。

冠婚葬祭互助会の日

（一社）全日本冠婚葬祭互助協会が制定。同会は相互扶助の精神に立ち、日本の伝統と儀式文化を継承しつつ、多様化する社会に応じて新たな儀礼文化の創造をめざす。2023年に同会が設立50周年を迎えたことを機に、多くの人に冠婚葬祭互助会のことを理解してもらうために記念日を設けた。日付は冠婚葬祭互助会が対象事業となった割賦販売法の施行日（1973年3月15日）から。

ランドセルリメイクの日

ランドセルリメイクとは、小学校卒業後にランドセルを財布やキーホルダーなどの革小物に作り変え、思い出とともに使い続けられるようにすること。その普及のため、㈱Askalカバン工房（愛知県一宮市）が制定した。日付は小学校の卒業式が行われる3月で、ランドセルとの最後の思い出になるので315で「さ（3）い（1）ご（5）」と読む語呂合わせ。

SideMサイコーの日

㈱バンダイナムコエンターテインメントが制定。同社が配信する「アイドルマスター SideM」はプレイヤーが「315プロダクション」のプロデューサーとなってアイドルの卵をトップアイドルへと育てていくソーシャルゲーム。「sideM」の魅力を多くの人に知ってもらうのが目的。日付はゲームに登場する「315プロダクション」と、最高（サイコー＝315）のゲームとの意味を込めて。

ドメインの日

インターネットのドメインの取得サービスを行う㈱インターリンクが制定。新しいドメインや世界各国に割り当てられているドメインの認知度の向上が目的。日付はドメインネーム「symbolics.com」が正式なDNS（Domain Name System）管理手順に沿って、世界で初めて登録されたドメインとなった1985年3月15日から。

最硬の盾の記念日

㈱KADOKAWAのアニメ事業局が制定。同社出版の『盾の勇者の成り上がり』と『痛いのは嫌なので防御力に極振りしたいと思います。』のテレビアニメのPRが目的。両作品では「盾」が最も防御力の高い（最硬）アイテムとしてフィーチャーされている。日付は3と15で「さ（3）い（1）こ（5）＝最硬」と読む語呂合わせ。

温泉むすめの日

地域活性クロスメディアプロジェクト「温泉むすめ」の運営を行う㈱エンバウンドが制定。アニメや漫画、キャラクターや声優などがもつ創造的な価値を通じて、全国の温泉地や地方都市の魅力を国内外に発信する「温泉むすめ」を広め、愛してもらうことが目的。日付はプロジェクトが本格的に活動を始めた2017年3月15日から。

折りたたみ傘の日

折りたたみ傘がドイツ発祥であり、「Knirps（クニルプス）」は折りたたみ傘の代名詞であることを多くの人に知ってもらうため、㈱イマオコーポレーション（岐阜県関市）が制定。同社はドイツのハンス・ハウプト氏が発明した折りたたみ傘Knirpsを輸入販売している。日付はハンス・ハウプト氏が特許を取得した日（1928年3月16日）から。

ステンレス316Ｌジュエリーの日

金属アレルギー対応のアクセサリーなどの販売を手がける㈱瀧田（京都市）が制定。金属アレルギーの人でも安心して身に着けることができる素材「ステンレス316Ｌ」の素材名を多くの人に知ってもらうのが目的。日付は「ステンレス316Ｌ」から3月16日に。

ネゴツィエットが金属アレルギーの事を知って欲しい日

金属アレルギー対応のアクセサリーの販売ショップ「ネゴツィエット」を運営する㈱瀧田（京都市）が制定。記念日を通して多くの人に金属アレルギーのことを知ってもらい、より良い対応をして欲しいとの願いが込められている。日付は、同社の商品は低金属アレルギー素材の「ステンレス316L」で製造されていることから。

赤いサイロの日

㈱清月（北海道北見市）が、同社のチーズケーキ「赤いサイロ」をPRするために制定。「赤いサイロ」はスフレのような口どけとしっとりとした食感で人気を集め、2018年の平昌オリンピックではカーリング女子日本代表「LOCO SOLARE（LS北見）」の「もぐもぐタイム」に登場し、大きな話題となった。日付は3と16を「サ（3）イ（1）ロ（6）」と読む語呂合わせ。

おかでんチャギントンの日

運輸事業などを手がける両備ホールディングス㈱（岡山市）が制定。「チャギントン」はイギリス生まれの鉄道アニメで、作品に登場するウィルソンとブルースターを、同社グループ企業の岡山電気軌道㈱（通称・おかでん）が実車化。日付は、2019年3月16日に初めて岡山市内の路面電車に観光電車として走り出したことによる。

ミールオンデマンドの給食サービスの日

⇨「1年間に複数日ある記念日」の項を参照。

ミドルの日

㈱マンダム（大阪市）が制定。自社製品の無香料整髪料「ルシード」のリニューアルを記念して、日本を支えるミドル世代の男性の活き活きとした若々しい生き方を応援する日。日付は３と16で「ミドル」と読む語呂合わせ。

3/17

ミユキ野球教室の日

御幸毛織㈱（愛知県名古屋市）が制定。同社の一社提供により日本テレビ系列で1957年から1990年までの30年以上放映されていた「ミユキ野球教室」。愛され続けていた歴史的な同番組の存在を後世に残していくことが目的。日付は、ミユキ野球教室の第１回放映日1957年３月17日から。

みんなで考えるSDGsの日

共同ピーアール㈱の総合研究所（PR総研）が制定。国連が定めた持続可能な開発目標のSDGs（Sustainable Development Goals）へのさまざまな企業の取り組みを多くの人に伝えるのが目的。一人ひとりがSDGsについて考える日にとの思いも込められている。日付はSDGsの「17のゴール」から「みんな（３）」で「17」のゴールを実現しようとの意気込みで。

3/18

高校生パーラメンタリーディベートの日

（一社）日本高校生パーラメンタリーディベート連盟が制定。グローバル社会に対応する人材の輩出をめざし、高校に即興型のパーラメンタリーディベートを普及させるのが目的。パーラメンタリーディベートは、与えられた論題を肯定側と否定側に分かれて英語で立論と反論を繰り返し、審判にいかに納得してもらうかを競うもの。日付は初の全国大会が開催された2012年３月18日から。

点字ブロックの日

視覚障害者の安全な歩行を助ける点字ブロック。この点字ブロックが世界で初めて岡山県立岡山盲学校に近い交差点に敷設されたのが1967年３月18日。これを記念し、点字ブロックの安全性の確保と発展をめざして（福）岡山県視覚障害者協会が制定。

家族と終活を話し合う日

[春の彼岸の入り、年によって変わる] ⇨「１年間に複数日ある記念日」の項を参照。

3/19

銀座コージーコーナー・ミルクレープの日

㈱銀座コージーコーナーの人気商品ミルクレープをPRするため、同社が制定。薄いクレープ生地と、マスカルポーネを使用した何層ものクリームの絶妙なバランスが好評を博している。日付は３と９で「ミ（３）ルク（９）レープ」と読み、ミルクレープはたくさんの生地を「重ねる」ことから、「重＝10」を３と９の間に挟んで３月19日としたもの。

眠育の日

繊維製品や健康寝具などの製造販売を手がける西川㈱が制定。発育における子どもたちの睡眠の大切さ、成長とその関係性などを知ってもらい「眠育®」を幅広い世代に知ってもらうのが目的。日付は３と１と９で「みん（３）い（１）く（９）」と読む語呂合わせ。

ミックの日

不動産などを手がける㈱三春情報センターが制定。同社の英語表記Miharu Information Centerの頭文字からMic（ミック）と呼ばれる。ホームページのURLもMicにちなんで319.jpであり、創業30周年を記念して制定。

3/20

ミニオンの日

世界中で愛されるアニメキャラクター「ミニオン」にさらに親しんでもらうため、NBCユニバーサル・エンターテイメントジャパン合同会社が制定。欠点だらけで親しみやすく、愛らしくも破壊的な「ミニオン」たちは、アニメ映画「怪盗グルーシリーズ」に初登場すると、たちまち大人気となった。2022年夏の『ミニオンズ フィーバー』の公開を機に記念日が制定された。日付は３と20で「ミ（３）ニ（２）オ（０）ン」と読む語呂合わせ。

さつま揚げ（つけあげ）の日

食品の製造販売を手がける㈱シュウエイ（鹿児島県指宿市、屋号：小田口屋）が制定。鹿児島の特産品「さつま揚げ（つけあげ）」の認知度向上と、その食文化を後世まで伝えていくことが目的。日付は３と20で「さ（３）つ（２）まる（０）」から「さつま」の語呂合わせで。また節目となるイベントが多いこの時期に、さつま揚げで運気を揚げ（上げ）てほしいとの想いも込められている。

未病の日

㈱ブルックスホールディングス（神奈川県横浜市）が制定。未病とは東洋医学において「明確な病気ではないが体調がすぐれない状態」のこと。同社が神奈川県と連携し、神奈川県大井町と協働しながら運営する「未病バレービオトピア」を多くの人に知ってもらうのが目的。日付は3月20日は体調を崩しやすい季節の変わり目の春分の日となることが多く、生活習慣に目を向けてもらいたいとの願いから。3と20で「未（3）病（20）」と読む語呂合わせも。

サブレの日

クッキーの一種で、バター風味とサクッとした食感が特徴のサブレ。ココナッツサブレやセサミサブレ、バターサブレなどを製造販売する日清シスコ㈱が制定。日付は3と20で「サブレ」と読む語呂合わせ。

日やけ止めの日

資生堂ジャパン㈱が制定。春分の日を境に日照時間が長くなり、日にやける機会が増えることから、その前に日やけ防止の意識をもってもらい、大切な肌を日やけから守ってもらうのが目的。日付は春分の日となることが多い3月20日とした。3と20で「サニー・ゼロ」の語呂合わせも。

3/21

春分（しゅんぶん）

[年によって変わる] 二十四節気のひとつ。この日は、太陽が真東から昇って真西に沈み、昼と夜の長さが同じになる日。

春分の日（国民の祝日）

[年によって変わる] 国民の祝日としての「春分の日」は、「自然をたたえ、生物をいつくしむ」日とされる。国民の祝日に関する法律によって現在の名称になった。

自動販売機の日

（一社）日本自動販売協会と㈱サン・ベンディング東北が制定。安心・安全な飲料や食品などを提供する自動販売機の業者団体や企業にとって業界の歴史を記憶し、社会的価値を高める取り組み。自動販売機の社会的な信用度のさらなる向上をめざす。日付は日本最古とされる自動販売機（1888年・木製煙草自動販売機）を発明・製作した俵谷高七氏の誕生日（1854年3月21日）から。

バルブの日

バルブ業界および会員企業の認知度向上とバルブ産業の地位向上のため、(一社) 日本バルブ工業会が制定。バルブとは流体を「流す」「止める」「絞る」機器で、社会全体の産業・インフラに関わり、配管の中を通る液体や気体の制御を行うことで人々の生活を縁の下で支えている。日付は同工業会の設立日 (1954年3月21日) から。

日南一本釣りかつおの日

日南かつお一本釣り漁業保全推進協議会 (宮崎県日南市) が制定。日本農業遺産の日南市のかつお一本釣り漁業の認知度向上と、初かつおのおいしさと販売促進が目的。伝統漁法の一本釣りは水産資源への負担が小さく、次世代に資源を残すことができ、一本一本釣り上げられるため傷つきにくい。日付は日南市に初かつおが水揚げされる最盛期の3月と、「に (2) ちなん」と「一 (1) 本釣りかつお」の語呂合わせで21日。

ベイブレードの日

㈱タカラトミーの人気玩具「ベイブレード」のブランド力向上のため、その象徴的な日として同社が制定。ベイブレードはバトル専用のコマで、パーツを組み替えることで攻撃力・持続力・防御力などを強化できる。日付はベイブレードで遊ぶ際の掛け声「3・2・1 Goシュート！」から3月21日を記念日に。

アジフライの日

㈱角屋食品 (鳥取県境港市) が制定。真アジの美味しさ、衣との相性、揚げたての食感など、「アジフライ」の美味しさをより多くの人に味わってもらうのが目的で、海洋資源の保護に対する関心拡大への願いも込められている。日付は、漢字の「鯵」が「魚へんに参＝三」であることと、21を「フ (2) ライ (1)」と読む語呂合わせ。

プリの日

プリントシール機で撮影する楽しさを知ってもらうため、プリントシール機 (プリ) の企画開発・製造販売を手がけるフリュー㈱が制定。日付はプリントシール機で撮影するときに「3・2・1」と掛け声をかけることから。

木挽(こびき)BLUEの日

焼酎を中心に酒類の製造販売を行う雲海酒造㈱ (宮崎市) が制定。独自開発した酵母「日向灘黒潮酵母」で製造した、すっきりとしてキレがありロックでも飲みやすい本格芋焼酎「木挽BLUE (こびきブルー)」を、より多くの人に楽しんでもらうことが目的。日付は「木挽BLUE」が全国発売された2017年3月21日から。

はじめようの日

春に何かを新しく始める人を応援する日として、㈱大丸松坂屋百貨店が制定。「さぁ、始めよう」という気持ちを思い起こしてもらい、それを応援するのが目的の「行動応援型」の記念日。日付はチャレンジを始めるためのカウントダウン「3、2、1」を表す3月21日に。

酒風呂の日

［春分、年によって変わる］⇨「1年間に複数日ある記念日」の項を参照。

3月

アクションスポーツの日

［春分の日、年によって変わる］アクションスポーツメーカー、小売店、関連企業などで設立された（一社）JASA（日本アクションスポーツ連盟）が制定。サーフィン、スケートボーディング、スノーボーディングなどに代表されるアクションスポーツの普及・促進が目的。日付は雪上スポーツができ、サーフィンもできる春分の日とした。

昔 ピュアな乙女達の同窓会の日

［春分の日、年によって変わる］大阪府羽曳野市で中学時代をともに過ごした佳代子・あっちゃん・チャーミ・マミの4人組が制定。「久しぶり」のひと言で「あの頃」に戻れる同窓会で、青春の日々が蘇る日を楽しんでもらうことが目的。日付は青春をイメージし、卒業式のシーズンであり、みんなが集まりやすい祝日の「春分の日」に。

ランドセルの日

6年間の思い出をいっぱい詰めこんだランドセルに感謝の気持ちをと、ミニランドセルの制作者らが制定。3月21日は卒業式の頃、そして3＋2＋1＝6で6年間ありがとうの意味もこめられている。ちなみに、ランドセルはオランダ語の「ランセル（背嚢）」がなまったもの。

日本手ぬぐいの日

注染（ちゅうせん）手ぬぐいなどの製造販売を手がける㈱ナカニ（大阪府堺市）が制定。地場産業の発信と手ぬぐい文化の発展と継承が目的。日付は生産が増え始める頃で「春分の日」となることが多い3月21日。同社では注染の技法を活かした新たな個性的な手ぬぐいのブランドを展開し、幅広い業界から注目を集めている。

3/22

放送記念日

1925年のこの日、東京・芝浦に設けられた東京放送局仮スタジオから日本初のラジオ仮放送が行われたことを記念して、NHKが1943年に制定。仮放送当日の第一声は、「アー、アー、アー聞こえますか」だったとされる。

工場扇の日

業務用扇風機のパイオニアとして知られる㈱スイデン（大阪市）が制定。「工場扇」をさらに普及させて職場の熱中症対策など、快適な職場環境の創造をめざす。日付は同社の創業者である川合雄三氏が工業用扇風機を「工場扇」と命名して世に広めたことから、創業日の1947年3月22日を記念日に。

面発光レーザーの日

（公社）応用物理学会微小光学研究会が制定。面発光レーザーは基板と垂直にレーザービームを放射する半導体レーザーのことで、東京工業大学名誉教授の伊賀健一氏が発明した。現在ではLレーザープリンター、顔認証など多くの分野で使われ世界的に知られている。日本発の技術の面発光レーザーの貢献度、実用性をアピールし、さらなる研究開発、応用開発の促進が目的。日付は伊賀健一氏が面発光レーザーを発案し、研究ノートに記載した1977年3月22日から。

さくらねこの日

（公財）どうぶつ基金（兵庫県芦屋市）が制定。「さくらねこ」とは、不妊手術済みの印として、耳先を桜の花びらの形に切った「さくら耳」をもつ猫のこと。「TNR活動」（トラップ＝捕獲、ニューター＝不妊手術、リターン＝元の場所に戻す）を知ってもらうのが目的。日付は桜の季節の3月と猫の鳴き声を掛けた「さくら（3）ねこ＝にゃんにゃん（22）」の語呂合わせ。

3/23

裏旬ぶどうの日

㈱GREENCOLLARが制定。同社では日本品種のクラフトぶどう「極旬」を山梨県とニュージーランドで栽培しており、ニュージーランドでは日本のぶどうの旬とは真逆の冬から春にかけてが旬なので「裏旬」と名付けている。「裏旬」を多くの人に知ってもらうのが目的。日付は3月が裏旬ぶどうの出荷のピークであり、ぶどうの房「ふ（2）さ（3）」の語呂合わせから3月23日に。

スジャータの日

スジャータめいらくグループ（愛知県名古屋市）が制定。同社を代表する商品である「スジャータ」はコーヒーのおいしさを引き立てるコーヒーフレッシュ。記念日を通してさまざまなスジャータ製品をPRしていくのが目的。日付は1976年3月23日に「褐色の恋人 スジャータ」として初めて発売されたことから。

ホットサンドを楽しむ日

「K & K "CAN" Pの達人 ホットサンドの具」を販売する国分グループ本社㈱が制定。屋外でのキャンプや「おうちキャンプ」などで人気のホットサンドを、より一層楽しく美味しく味わってもらうのが目的。日付は1が3で挟まれていることから「サンドイッチの日」とされる3月13日から、サンドイッチを焼く音「ジュウ(10)」を足して3月23日としたもの。

世界気象デー

1950年のこの日、世界気象機関条約が発効し、国連の専門機関(WMO)が正式に発足したことを記念して1960年に制定。自然災害の防止や地域の気象観測にも、国際的な気象観測の協力体制はますます必要不可欠なものとなっている。

3/24

人力車発祥の日(日本橋人力車の日)

1870年のこの日、人力車の発明グループの3人(鈴木徳次郎、高山幸助、和泉要助)に、東京府から人力車の製造と営業の許可がおり、日本橋で営業を始めたことにちなみ、「くるま屋日本橋」が制定。人力車は観光地やイベントなどで人気が高く、また環境を考える乗り物として評価する声もある。

ホスピタリティ・デー

NPO法人日本ホスピタリティ推進協会が1994年に制定した、日常生活のなかで他人に対して思いやる心を少しでも表す実践の日。「3」は新しいものを創り出すエネルギーと自己表現を表し、「2」は思いやりと協力を意味し、「4」は全体を作りあげる基礎の数字とされることから3月24日に。

恩師の日(「仰げば尊し」の日)

学校時代の先生はもちろん、人生のなかで恩師と呼べる人に、唱歌『仰げば尊し』のような感謝の気持ちを込めて、お礼の手紙を書く日にと、京都府の山中宗一氏が制定。恩師への感謝の思いを忘れることなく生きて行こうとの願いが込められている。日付はこの頃に卒業式が各学校などで行われることから。

3/25

電気記念日

1878年のこの日、東京・虎ノ門で行われた電信中央局の開業パーティーで50個のアーク灯が点灯された。この日本初の電灯の点灯を記念して、日本電気協会が1955年に制定。

ぷろぽりす幸子の日

バーチャルタレント（Vtuber）のぷろぽりす幸子氏が制定。動画配信や歌の投稿、企画、朗読、執筆、イラストなどに挑戦するマルチクリエイターぷろぽりす幸子の活動をさらに多くの人に知ってもらうのが目的。日付はぷろぽりす幸子の名前の「幸子」から３と25で「さ（３）ち（２）こ（５）」と読む語呂合わせから。

みつこの日

2021年にデビュー35周年を迎えた、演歌歌手の中村美律子氏が制定。日本全国のみつこさんに同じ「みつこ」と言う名前に親しみをもっていただき、歌手・中村美律子をより身近に感じていただきたいとの思いが込められている。日付は３と25で「み（３）つ（２）こ（５）」と読む語呂合わせから。

笑顔表情筋の日

笑顔表情筋トレーニングを指導する笑顔表情筋®協会が制定。同協会では、表情筋・歯科衛生士・脳科学を組み合わせた笑顔表情筋メソッドで、日本中に笑顔美人を増やす活動を行っている。自分の笑顔に自信をもって健康な人生を楽しんでもらうことが目的。日付は３と25で「みんな（３）でニコニコ（25）」の語呂合わせ。

みんなでニッコリみんなで健康長寿の日

キューサイ㈱（福岡市）が制定。健康長寿には運動・食事・交流が重要として、２月25日の「ひざ関節の日」（運動）、４月25日の「しあわせニッコリ食で健康長寿の日」（食事）とともに、交流の大切さを多くの人に知ってもらうのが目的。日付は３と25で「みんなで（３）ニッコリ（25）」の語呂合わせ。

EGSスリースマイルの日

㈱ENEOSジェネレーションズ（神奈川県横浜市）が制定。同社は2017年から「お客様を笑顔に」「従業員を笑顔に」「地域から愛されるお店に」の「３つのスマイル」を企業ブランドの誓いに掲げて行動指針として社内に浸透させている。記念日を設けることで社員の心をひとつにするのが目的。日付は「３つのスマイル」を「３つのニッコリ（25）」と読み替えて３月25日に。

とちぎのいちごの日

⇨「１年間に複数日ある記念日」の項を参照。

サガミのみそ煮込の日

和食麺類のファミリーレストランチェーンを展開する㈱サガミホールディングス（愛知県名古屋市）が制定。みそ煮込のおいしさを全国に知ってもらうことが目的。同社はみそ煮込を年間175万食販売。日付は３と25で「み（３）そ煮込（25）」の語呂合わせ。

3/26

カチューシャの唄の日

日本初の新劇女優・松井須磨子と日本近代演劇の父・島村抱月の顕彰活動を行う（一社）松井須磨子協会が制定。「カチューシャの唄」はトルストイ原作の「復活」を島村抱月が書き下ろした芸術座の公演の中で、ヒロイン役の松井須磨子が歌い大ヒットした曲で、多くの人にこの曲とともに二人の功績に関心をもってもらうのが目的。日付は芸術座が帝国劇場で「復活」を初演した1914年３月26日から。

食品サンプルの日

食品サンプルのパイオニアとして知られるいわさきグループの３社、㈱いわさき、㈱岩崎、岩崎模型製造㈱が制定。日本で独自に発展した食品サンプルの魅力や販促効果を周知するとともに、さらなる普及と発展をめざす。日付は３と26で「サン（３）プ（２）ル（６）」と読む語呂合わせ。

サク山チョコ次郎の日

菓子類の製造販売を行う㈱正栄デリシィ（茨城県筑西市）が制定。「一緒ならもっと楽しい。もっとおいしい」をテーマに、サクサクビスケットとミルクチョコレート、ミルククリームを組み合わせた一口チョコビスケット「サク山チョコ次郎」。そのおいしさとコミュニケーションチョコビスケットの魅力を楽しんでもらうのが目的。日付は３と26で「サ（３）ク山チョコ次郎（26）」の語呂合わせ。

3/27

さくらの日

（公財）日本さくらの会が1992年に制定。日本を代表する花である桜への関心を高め、花と緑の豊かな国土を作ろうというのがその目的。七十二候の「桜始開（さくらはじめてひらく）」の時期であり、「咲く」の語呂合わせ３×９＝27であることから３月27日となった。

京鼎樓（ジンディンロウ）の小籠包（しょうろんぽう）の日

台湾で行列ができる小籠包専門店「京鼎樓」を日本で展開する㈱JIN

DIN ROUが制定。熟練した点心師が餡・皮ともに一から店舗で手作りする京鼎樓の小籠包の認知度を高め、より多くの人に愛されるようになるのが目的。日付は、日本第一号店が東京恵比寿に開店した2005年3月27日に由来する。

オンライン花見の日

ドローンレースやドローンを活用した企画・撮影・編集などを行う㈱ドローンエンターテインメントが制定。オンラインによるお花見により、お花見文化を広く共有し、世界中の人にも親しんでもらうのが目的。日付は「さくらの日」とされる3月27日。

祈りの日

宗教用具を通じて「祈りの文化」を幅広い世代に伝えるため、全日本宗教用具協同組合が制定。日付は『日本書紀』に詔(みことのり)として「諸国の家ごとに佛舎(ほとけのみや)を作り、即ち佛像と経とを置きて礼拝供養せよ」とあり、その日が当時の暦で3月27日であったことにちなむ。

3/28

ナッツのミツヤの日

豆菓子・ナッツを製造する㈱ミツヤ（福岡市）が制定。2023年で同社が創業75周年を迎えたことを記念するとともに、豆やナッツがもつ素材の素晴らしさと、同社の歴史が培った確かな技術を融合させ、これまで誰も経験したことがないような「驚き」を届けることが目的。日付は「ミ（3）ツ（2）ヤ（8）」の語呂合わせ。

刀剣乱舞・審神者の日

2015年以来人気のオンラインゲーム「刀剣乱舞 ONLINE」を企画・開発する㈱ニトロプラスが制定。同ゲームのプレーヤーキャラクターの「審神者（さにわ）」の記念日を制定することで、利用者の方に感謝と健勝への想いを伝えるとともに、ゲームのさらなる発展を願う。日付は「さ（3）に（2）わ（8）」の語呂合わせ。

八幡浜(やわたはま)ちゃんぽん記念日

愛媛県の八幡浜市民のソウルフード「八幡浜ちゃんぽん」でまちを元気にするため、八幡浜市が制定。同市では「ちゃんぽん係長」の配置や、「八幡浜ちゃんぽん振興条例」の制定など、その知名度向上に取り組んでいる。日付は旧八幡浜市と旧保内町が合併した2005年3月28日から。

酵水素328選の日

ヘルスケア関連事業などを行うジェイフロンティア㈱が制定。同社の「酵水素328選」は328種類の原材料を使用した植物発酵エキスを使って作られた栄養機能食品。多くの人に「酵水素328選」を知って健康的な体作りの一助としてもらうことが目的。日付は商品名から3月28日としたもの。

三ツ矢サイダーの日

1884年に「三ツ矢平野水」として販売が開始された、日本を代表する清涼飲料水三ツ矢サイダー。その製造販売元であるアサヒ飲料㈱が制定。日付は3月28日を三ツ矢（ミツヤ）と読む語呂合わせ。

三ツ矢の日

「三ツ矢サイダー」の製造販売元アサヒ飲料㈱が制定。「三ツ矢サイダー」は磨かれた水、果実などの香料のみを使い、非加熱製法の爽やかな味わいで、保存料を一切使わない安心安全な透明炭酸飲料。日付は3と28で「三ツ矢」（ミツヤ）と読む語呂合わせ。

グリーンツーリズムの日

NPO法人大分県グリーンツーリズム研究会（宇佐市）が制定。グリーンツーリズムとは、農山漁村地域において、自然や文化、人々との交流を楽しむ滞在型の余暇活動のことで、その振興と発展が目的。日付は、日本におけるグリーンツーリズムの先駆けとなる大分県安心院町グリーンツーリズム研究会が発足した1996年3月28日から。

3/29

「ラヴィット！」の日

日本でいちばん明るい朝番組のTBSテレビ「ラヴィット！」が制定。平日の朝8時からTBSテレビで放送のバラエティ番組「ラヴィット！」の放送開始1周年を記念するとともに、さらに多くに人に「ラヴィット！」に親しんでもらうのが目的。日付は「ラヴィット！」の初回が放送された2021年3月29日から。

ヴァイスシュヴァルツの日

トレーディングカードゲーム「ヴァイスシュヴァルツ」の魅力を世界中に発信するため、㈱ブシロードが制定。「ヴァイスシュヴァルツ」では、120種類以上のアニメやゲームのキャラクターが作品の垣根を越えて集結している。日付は「ヴァイスシュヴァルツ」が最初に発売された2008年3月29日から。

作業服の日

ものづくり大国の日本では、多くの労働者が第二次産業に従事している。日本の屋台骨を支えている作業服姿の人々に感謝し、新年度のはじめから新しい作業服を着て頑張ってもらいたいとの願いを込めて、作業服の販売などを手がける、まいど屋㈱（埼玉県川口市）が制定。日付は3と29で「作業服」の語呂合わせ。

みんつくの日

「つなぐ、つたえる、シェアをする」をキーワードに、社会の課題解決をめざす（公財）「みんなでつくる財団おかやま（通称・みんつく）」（岡山市）が制定。一人ひとりが自分の未来に対して、意志をもってお金や時間を使い、社会をより良くするために行動する日。日付は「みん（3）つく（29）」と読む語呂合わせ。

サニクリーンの日

清掃で安心や健康をサポートする㈱サニクリーンが制定。同社では地域社会の一員として環境保全、社会貢献活動に取り組んでいることから、一人ひとりが「子どもたちの未来」について考え、行動を起こすきっかけの日になってほしいとの願いが込められている。日付は「サ（3）ニクリーン（29）」の語呂合わせ。

3/30

白黒猫さんの日

白黒猫のコンテンツ「白黒さんいらっしゃい」を運営する㈱築地ファクトリー（千葉県船橋市）が制定。「白黒さんいらっしゃい」とは、イラストレーターのさかざきちはるさん、ハヤカワケンゾーさんによる白黒の猫だけの画像サイト。白黒猫さんたちとのコミュニケーションをいっそう広げることが目的。日付はサイトが立ち上げられた日（2017年3月30日）から3月30日を記念日とした。

サラサーティの日

小林製薬㈱（大阪市）が制定。同社が発売するおりものシート「サラサーティ」で多くの女性が不快に感じているおりものの悩みを解消してもらうのが目的。日付は「サラ＝3」「サーティ＝30」の語呂合わせと、生理日以外の毎日のデリケートゾーンがサラサラで快適に過ごせるようにとの願いから。

信長の野望の日

1983年3月30日に発売された歴史シミュレーションゲームソフト「信長の野望」。その発売30周年を記念して、開発・販売元の㈱コーエーテクモゲームス（神奈川県横浜市）が制定。「信長の野望」は多くのファンから愛され、今もシリーズ化されている人気のゲームソフト。日付は「信長の野望」シリーズ第一作が発売された日。

アラ！の日

1961年発売の海苔の佃煮「アラ！」を製造販売するブンセン㈱（兵庫県たつの市）が制定。「アラ！」ブランドの商品および同社のファンを増やすことが目的。日付は「アラ！」の文字と形が似ている「3（ア）3（ラ）1（！）」から3月31日とした。

サミーの日

パチンコ・パチスロの開発・製造・販売を手がけるサミー㈱が制定。「新しいことはサミーから」という開発方針のもと、パチンコ・パチスロ業界で新しいチャレンジを続ける同社の企業認知度をさらに向上させることが目的。日付は3と31で「サ（3）ミー(31)」と読む語呂合わせ。

カワマニの日

皮革製品に対する知識を広め、革の魅力とその価値を知ってもらうため、㈱ポームが制定（大阪市）。「カワマニ」は、革製品を愛する「カワマニア」のカワウソのキャラクター名。日付は3月31日を「0331」と見立て「レザー（03）サイ（31）コー」と読む語呂合わせ。

サンミーの日

大阪のソウルパンとも言われる「サンミー」は、幅広い年齢層から愛される菓子パンで、クリーム、ケーキ、チョコの三味（さんみ）を一度に味わえる。㈱神戸屋が制定した記念日をYKベーキングカンパニー（大阪市）が継承している。日付は3と31で「サン（3）ミイ(31)」と読む語呂合わせ。

サザンイエローパインの日

屋外での耐久性に優れたアメリカ産木材のサザンイエローパイン。これを輸入し、大阪のユニバーサルスタジオジャパン（USJ）の屋外施設を建設した中川木材産業㈱（大阪府堺市）が制定。日付は3（サ）3（ザン）1（イエロー）の語呂合わせと、USJのオープンの日から。

山菜の日

山菜料理の出羽屋（山形県西川町）が制定。山菜のおいしい食べ方、保存方法、加工食品などについて知ってもらうのが目的。日付は雪の多い同町では春の山菜が待ち遠しいこともあり、3月の最終日に「春ですよ」との合図を込めるとともに、3と3と1で「山菜（さんさい）」と読む語呂合わせ。

経理の日

経理・会計ソフト「弥生会計」を手がける弥生㈱が制定。多くの企業が

3月31日に年度末を迎えることから、経理の重要性を再確認してもらうことが目的。また、経理に関わる人が翌日から新たな気持ちで新年度を迎えられるようにとの願いも込められている。

菜の日

⇨「1年間に複数日ある記念日」の項を参照。

年度末

学校の学年、役所などの会計年度は4月1日から翌年の3月31日までを1年としている。つまり、この日はその年度の最後の日。

年によって日付が変わる記念日

3月第4土曜日

焼肉開きの日

調味料食品の製造販売を行うエバラ食品工業㈱（神奈川県横浜市）が制定。お祝いの機会が多い春休みに、焼肉を囲んで新たな門出を祝ってほしいとの思いが込められている。日付は春休みの最初の土曜日となることが多い3月の第4土曜日に。

コラム3

日本記念日協会の歩み③

11月11日の「ポッキー&プリッツの日」が、毎年その日に向けてさまざまな記念日企画を仕掛けることで売り上げを伸ばすようになると、同業の菓子メーカーや他業種メーカーなどから次々と記念日登録申請が届いた。

「バレンタインデー」も「ホワイトデー」も、菓子メーカーがその記念日のためのルールを発案したことで、今では年中行事のひとつとなり、他の業種も含めると、その推計市場規模は数百億円から１千億円を超えるまでにふくらんでいる。

年間を通じてよく購入される食品、飲み物、生活関連の商品は、記念日があることで話題性が付与されるだけでなく、スーパーマーケットやコンビニエンスストアで商品陳列の機会やスペースが増え、結果として売り上げがアップした。

こうしたある商品や業界を対象とした記念日は、あくまでも多くの人にその存在を知ってもらうためのきっかけに過ぎないのだが、さまざまな競合商品があふれる時代には、そのひとつのきっかけが大きな意味を持ち、無視できない効果を生む。

そこで日本記念日協会では、主な記念日の推計市場規模を算出して「記念日マーケット」の検証を行うとともに、今まで蓄積してきたデータと合わせて企業向けに記念日情報を作成し、要望に応じて提供している。

提供先はテレビ局、新聞社、家電メーカー、文具メーカー、印刷会社、気象関連企業、デザイン会社などで、いずれもその日ごとの記念日情報を商品やサービスに活かせるところだ。

このほか、記念日を使ったビジネス手法の講座、あるいは記念日による地域社会の活性化や社会貢献の考え方を伝える講演なども手がける。依頼主は新聞社や銀行系のシンクタンク、上場企業の役員会、中小企業のPR部門もあれば、社会貢献をめざすNPO団体、地方の自治体、商工会議所や商店街などさまざまで、依頼があれば、できるだけ時間をつくって出張することにしている。

よく扱うテーマは「記念日は毎年やってくるビジネスチャンス」「記念日は日付のある文化」で、この二つは日本記念日協会のキャッチフレーズでもある。

APRIL

旧　暦　卯月

語源：卯の花が咲く季節であり、卯花月の略といわれている。

英　名　April

語源：ローマ神話の美と愛の女神ウェヌス（ヴィーナス Venus）に由来する。

異　名　卯花月／乾月／首夏／初夏／清和月／鳥月／夏端月

誕生石　ダイヤモンド（金剛石）

誕生花　忘れな草／藤／かすみ草

星　座　牡羊座（～4/19頃）、牡牛座（4/20頃～）

国民の祝日　昭和の日（29日）

４月は新年度の始まりの月。そこで「夢中でトレーニングの日」「お弁当始めの日」「出発の日」など、スタートすることについての記念日が目立つ。「ガッツポーズの日」は人の姿勢を記念日とするユニークなところが話題性を呼び、「オレンジデー」は３月の「ホワイトデー」に続く恋愛記念日として注目されている。
また、４月の語呂合わせから「よいお肌の日」「よい風呂の日」など、頭に「よい」を付けた記念日も多い。

忘れな草

エイプリル・フール

16世紀の西欧では3月25日からが新年と決められ、4月1日まで春の祭りを行っていた。しかし、1564年にフランスのシャルル9世が1月1日からを新年とする暦を採用。これに反発した人々が4月1日をウソの新年の始まりとして馬鹿騒ぎをするようになったという。

パチンコ＆スロット喜久家創立記念日

全国でパチンコ・スロットなどの施設を運営する㈱喜久家（岐阜市）が制定。同社は「家族のような会社であり、強い会社」を経営理念に、従業員やその家族、地域社会とも信頼関係を築き、地域に愛される店舗づくりをめざしている。記念日を通して「喜久家」の魅力を多くの人に知ってもらうことが目的。日付は、同社の創立記念日であり、初めて出店した1952年4月1日から。

的矢かきの日

1925年創業の（有）佐藤養殖場（三重県志摩市）が制定。「的矢かき」は同養殖場が生産する牡蠣（かき）で、初代社長の佐藤忠勇氏が牡蠣垂下式養殖法の技術を確立させた三重ブランド認定第一号の牡蠣。的矢かきの名を高めるとともに、養殖牡蠣の先駆者の佐藤氏の功績を称え、高品質の牡蠣づくりの志を後世につなぐのが目的。日付は人生をかけて的矢かきを生み出した佐藤氏の命日（1984年4月1日）から。

うそつきマスカラの日

化粧品などの開発・販売を手がける㈱pdcが制定。自分のまつ毛が伸びたように、まつ毛が盛れる商品の特性から命名した「うそつきマスカラ」。その販売促進とマスカラや関連シリーズ商品を使い、理想の自分になってもらうのが目的。日付は可愛い「ウソ」をつける日として、エイプリル・フールと同じ4月1日。

建設業DX推進の日

建設現場などでの情報共有ツール「SITE」を運営する㈱CONITが制定。記念日を通じて建設業界の生産性向上のためのDXに対する理解を深め、デジタル技術の活用推進を図る。日付は、2001年4月1日に建設業法の改正・施行により、工事請負契約書を電子化し、電子契約を結ぶことが可能になったことから。

サーチファンド誕生の日

Growthix Investment㈱が制定。サーチファンドとはアメリカ発祥の投資モデルで「譲渡企業」「後継者となる経営者候補」「出資者」の三者間でM&Aを行うこと。サーチファンドの社会的認知度を高め、経営者不足による廃業と雇用の喪失を止めるのが目的。日付は世界で初めてジム・サザン氏によりサーチファンド「ノヴァ・キャピタル」が組成された1984年４月１日から。

東スポの日

独特の見出しと独自の視点の記事で知られるエンターテインメント紙の「東京スポーツ新聞（東スポ）」を発行する㈱東京スポーツ新聞社が制定。オリジナリティあふれる紙面展開だけでなく「東スポブランド」を多面的に高めるのが目的。日付は創刊日の1960年４月１日から。また、４月１日はエイプリル・フールであり、エンターテインメント紙の「東スポ」と親和性が高いことによる。

ほぼカニの日

カネテツデリカフーズ㈱（兵庫県神戸市）が制定。同社の「ほぼカニ」は本物のカニではなく、限りなく本物のズワイガニに近づけたカニ風味のかまぼこ。エイプリル・フールの４月１日に本物のカニと「ほぼカニ」を食べ比べ、楽しい嘘をついて食卓を盛り上げてもらうのが目的。

タクシーサイネージの日

広告事業を展開する㈱ニューステクノロジーが制定。同社はタクシーの車内に設置されたタブレットを通して動画広告・オリジナルコンテンツを配信するモビリティメディア「THE TOKYO TAXI VISION GROWTH」を展開しており、このタクシーサイネージ事業を多くの広告主や代理店関係者に活用してもらうのが目的。日付はサービスを開始した2019年４月１日から。

ジャパニーズウイスキーの日

ジャパニーズウイスキーの日実行委員会（ウイスキー文化研究所内）が制定。世界中で高く評価されるジャパニーズウイスキーを多くの人に飲んでもらうのが目的。ジャパニーズウイスキーの礎を築いた先人の偉業を讃え、生産者を応援する思いも込められている。日付は1929年４月１日に日本初の本格国産ウイスキー「サントリーウヰスキー」（通称“白札”）が発売されたことにちなむ。

こころのヘルスケアの日

電話による健康相談や医療関連サービスなどを手がけるティーペック㈱が制定。自分の心の状態と向き合い、ひとりで悩まずに専門家に相談するなど、適切な支援にたどり着ける社会をめざす。日付は４月１日の新年度は忙しく変化が多く、こころのヘルスケアに意識して欲しいとの思いから。また同社のメンタルヘルス相談サービスが開始されたのが1993年4月であることもその理由。

エイプリルドリームの日

プレスリリース配信サービス「PR TIMES」などを手がける㈱PR TIMESが制定。「エイプリルフール」の反対にウソではなく実現をめざす大きな夢を配信するプロジェクト「エイプリルドリーム」を展開し、人々が夢を語れる日とする。日付はエイプリル・フールと同じ4月1日で、新しい発信文化を提唱していく。

居酒屋で乾杯の日

居酒屋から日本を元気にと、日本一の居酒屋の店舗を決める「居酒屋甲子園」を運営するNPO法人居酒屋甲子園が制定。日本独自の居酒屋文化の継承と業界の発展、乾杯文化を後世に伝えるのが目的。日付は「良い居酒屋」「良い乾杯」の「良（4）い（1）」と「酔（4）い（1）」にかけ、飲み会や乾杯の機会も増える4月1日。

日本記念日協会創立記念日

1991年4月1日に日本記念日協会が創立されたことから。以来、日本記念日協会では「記念日の認定登録制度」「周年記念登録制度」を中心に、記念日カレンダー、記念日事典など、記念日関連のものを多数製作。日本で唯一の記念日の総合情報機関として、記念日文化の向上を目的に活動を行っており、「記念日の聖地」の選定、「誕生日の丘」の設置、2011年には「記念日文化研究所」を開設。

黒ラベルの日

サッポロビール㈱が制定。「黒ラベル」は1977年4月1日に発売された「サッポロびん生」に多くのファンがつけた愛称。ファンへの感謝の気持ちと1989年に正式なブランド名となった「黒ラベル」を今後も愛され続けるブランドにとの同社の決意が込められている。日付は「黒ラベル」の原点の「サッポロびん生」の誕生日から。

グッドスーツの日

スーツ販売数世界一の青山商事㈱（広島県福山市）が制定。自分に合った「グッドなスーツ」を着こなして、見た目も気持ちも晴れやかにスタートを切ってもらうのが目的。同社の「スーツによって日本のビジネスマンを見た目と気持ちの両面から応援したい」との願いが込められている。日付は新年度で新たな生活が始まる4月1日で、「グッドスーツ」から「よ（4）い（1）＝グッド」の語呂合わせ。

サントリー赤玉の日

サントリー㈱が制定。サントリーの酒造りの原点の「赤玉ポートワイン」の発売110周年を記念し、その魅力を広めるのが目的。日付は「赤玉ポートワイン」が発売された1907年４月１日から。

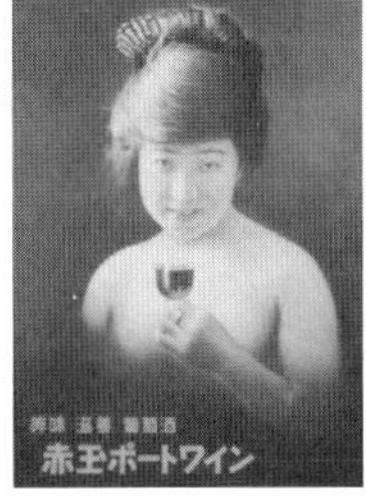

1922年のポスター

はがねの日

（一社）全日本特殊鋼流通協会が制定。人々の暮らしや産業の発展に欠かすことのできない素材である鋼の価値と、その流通の大切さをより多くの人に知ってもらうのが目的。日付は同協会の前身の全日本特殊鋼販売組合連合会から現在の全日本特殊鋼流通協会に改組した1994年４月１日に由来する。

熊本甘夏の日

熊本甘夏が熊本市場に出荷されてから2006年で50年となったことを記念して、熊本県果実農業協同組合連合会が制定。日付は４月になると熊本甘夏の販売量が増加し、本格的な需要期を迎えるため。

オンライントレードの日

1996年４月１日、日本で初めて大和証券㈱がインターネットでの株式の取り扱い（オンライントレード）を開始したことにちなみ、同社が制定。同年の４月１日にミニ株式を、６月24日には単元株の取り扱いを開始した。

携帯ストラップの日

1991年４月１日に日本で初めてストラップ用の通し穴をもつ携帯電話「ムーバTZ-804」が発売。この日を記念してモバイルアクセサリーの代表的メーカー、Hamee（ハミイ）㈱が制定。

ビックリマンの日

「ビックリマンプロジェクト」が制定。1977年に発売開始のビックリマンチョコシリーズは、おまけシールのビックリする仕掛け作りで子どもたちに人気。日付はビックリマンのコンセプトである「人をビックリさせる」ことにこだわり、エイプリル・フールの４月１日にビックリマンチョコを広くPRすることが目的。

不動産鑑定評価の日

（公社）日本不動産鑑定士協会連合会が制定。社会に不動産を鑑定する業務と不動産鑑定士の社会的な役割を周知することが目的。日付は不動産鑑定評価に関する法律が施行された1964年４月１日から。

国際子どもの本の日

児童文学の図書館としては世界最大の規模を誇るミュンヘン国際児童図書館の創設者イエラ・レップマンが1966年に提唱。子どもの本に対する一般の関心を喚起することを目的に、アンデルセンの誕生日であるこの日を記念日とした。

ガチャピン・ムックみんなともだちの日

㈱フジテレビジョンが制定。幼児教育番組「ひらけ！ポンキッキ」に初登場以来50年以上にわたり愛され続けているガチャピンとムック。ふたりの大切なブランドイメージの「みんなともだち」を広く伝えるのが目的。日付は、「ひらけ！ポンキッキ」の初回放送日が1973年4月2日で、ふたりの誕生日も4月2日なので。

April Trueの日

（一社）横浜青年会議所（神奈川県横浜市）が制定。April True（エイプリルトゥルー）とは4月1日のエイプリル・フールが相手を傷つけない嘘をついてもよいとされる風習に対して、翌日の4月2日には普段は言えない素直な本当の（True＝トゥルー）気持ちを伝え、ハッピーな1日をと同会議所が提案しているもので、多くの人にこの社会活動を知ってもらうのが目的。

エクエルの日

大塚製薬㈱が制定。同社の「エクエル」は、大豆を乳酸菌で発酵させてつくる基礎サプリメントで、女性の健やかさと美しさを保つ成分のエクオールを多く含む。誰もが女性の健康を考える日とすることが目的。すべての女性に明るく前向きで自分らしく生きて欲しいという願いも込められている。日付は「エクエル」が発売された日（2014年4月2日）から。

巻き爪ケアの日

㈱メディカルケア（埼玉県さいたま市）が制定。同社は巻き爪の補正器具「CLIP-ON」の販売や巻き爪ケアのセミナーを開催。巻き爪の根本的なケアは、歩き方と足の機能低下を防ぐのが大切なことを知ってもらうのが目的。巻き爪を改善して健康寿命の延伸をとの願いも。日付は「良い（4）爪（2）」と読む語呂合わせ。

リーブ21・シャンプーの日

㈱毛髪クリニックリーブ21（大阪市）が制定。シャンプーには髪の汚れを落として清潔に保つとともに、頭皮の健康を維持する効果があり、頭皮のことを考えて良いシャンプーをすることの大切さを理解してもらうのが目的。日付は「シャン（4）プー（2）」と読む語呂合わせから。

木曽路「しゃぶしゃぶの日」

飲食料理店を全国で展開する㈱木曽路（愛知県名古屋市）が制定。同社の「しゃぶしゃぶ・日本料理 木曽路」では、厳選された上質な牛肉を秘伝のごまだれでいただく「しゃぶしゃぶ」をお値打ち価格で提供。この「しゃぶしゃぶ」のおいしさを多くの人に知ってもらうのが目的。日付は入学、就職などのお祝いごとの多い4月と、4と2で「しゃ（4）ぶ（2）しゃぶ」と読む語呂合わせで。

CO_2削減の日

CO_2削減に取り組む富士金属興業㈱（静岡県浜松市、サービス名：ドラゴンパーツ）が制定。リサイクル部品（リビルト品、中古品）による自動車修理は、新品を使用するよりもCO_2の排出を大幅に削減ができることをアピールするのが目的。日付は4月2日（402）で「シー（4）オー（0）ツー（2）」と読む語呂合わせから。

4/3

しるこサンドの日

ビスケット専業メーカーの松永製菓㈱（愛知県小牧市）が制定。同社のロングセラー商品「しるこサンド」は、北海道産あずきを使用したほんのり甘いあんを、塩味の効いた香ばしいビスケット生地で挟んで焼き上げた和洋折衷のお菓子。名古屋のソウルフードと呼ばれ、海外にまで人気の「しるこサンド」ファンに感謝するのが目的。日付は「し（4）るこサ（3）ンド」の語呂合わせで4月3日に。

シェアサイクルの日

（一社）日本シェアサイクル協会が制定。シェアサイクルは、任意のポート（駐輪場）で自転車を借り、使用後にエリア内の任意のポートに返却する利便性の高い交通システム。電車やバス、タクシーなどの機能を補完し、観光振興や地域の活性化などの役割を担う。「シェアサイクル」を知って、安心安全に利用してもらうことが目的。日付は「シェ（4）アサ（3）イクル」の語呂合わせと、新生活が始まる時期から。

輸入洋酒の日

輸入酒類の普及宣伝、国内外事業の調査など、輸入酒類に関する活動を行う日本洋酒輸入協会（1959年4月3日発足）が制定。輸入酒類の専門業者として消費者、同業者に対してその存在感を高め、輸入洋酒の良さをさらに多くの人に知ってもらうのが目的。日付は同協会が発足した日から。

ドモホルンリンクル「しみキレイ」の日

㈱再春館製薬所（熊本県益城町）が制定。人生100年時代、さまざまな年代の肌に寄り添うスキンケアで、一人ひとりの「100年キレイ」を応援。代表的な肌の悩みの「しみ」に打ち克ち、日々の適切なスキンケアで自分の肌に向き合うことの大切さをとの願いが込められている。日付は４と３で「しみ」の語呂合わせから。

資産形成を考える日

くらしとお金の経済メディア「LIMO（リーモ）」を運営する㈱モニクルリサーチが制定。将来の資産形成の必要性について知り、自分に適した方法を考える日とするのが目的。日付は「資（４）産（３）」と読む語呂合わせから。

4月

プラズマレーザーの日

（一社）プラズマレーザー研究会が制定。プラズマレーザーを用いた最先端の歯科診療について、歯科医師はもちろん広く一般の人にも口腔疾患の治療法・予防法として普及させるのが目的。日付はプラズマが固体・液体・気体に続く物質の第「４」の状態であることと、「レーザー＝03」と読めること。また、同研究会の第１回設立記念臨床報告会が2016年４月３日に行われたことから。

シーザーの日

ペットフードなどの輸入・販売を行うマース ジャパン リミテッドが制定。自社の世界的な犬用フードブランド「シーザー」のさらなる知名度向上と、愛犬とドッグオーナーを幸せにすることが目的。日付は「シー（４）ザー（３）」と読む語呂合わせから。

マルヨのほたるいかの日

⇨「１年間に複数日ある記念日」の項を参照。

葉酸（ようさん）の日

葉酸の認知度を高め、妊婦や女性にその摂取を呼びかけようと、葉酸の学術研究者や管理栄養士らによる（一社）葉酸と母子の健康を考える会が制定。日付は４と３で「葉酸」と読む語呂合わせから。

シミ対策の日

女性の肌の悩みの「シミ」に対して「しっかりと手入れをして美しくなりましょう！」と、素肌美研究家で㈱クリスタルジェミーの中島香里氏が制定。シミをなくして美肌への意識を高めるきっかけの日とするのが目的。日付は４と３で「シミ」と読む語呂合わせ。

みずの日

清く静かに澄んだ水は平和の象徴で、畏敬の念をもたれるものとの思いから、環境の浄化、心の浄化をめざす日として全国清水寺ネットワーク会議が制定。日付は4と3で「しみず」と読む語呂合わせから。

フォーサイトの日

行政書士、社会保険労務士などの資格取得の通信講座で知られる㈱フォーサイトが制定。自社のモットー「楽しく学べ、わかりやすく効果的に勉強ができ、教育効果の高い通信教育」をアピールするのが目的。日付は4と3で「フォーサイト」と読む語呂合わせから。

ケシミンの日

小林製薬㈱が制定。シミの無い健やかで若々しい肌を保つために、自社製品「薬用ケシミン」でシミ対策をしてもらうのが目的。日付は紫外線が強くなる季節の前であることと、「シ（4）ミ（3）」の語呂合わせから。

4/4

日本女性医師デー

1902年に創立され、医学に関する調査研究、医療の普及、女性医師の連携などの活動を行う（公社）日本女医会が制定。女性医師のこれまでの功績を讃え、さらなる活動を奨励するとともに、医療界における男女平等を推進するのが目的。日付は、日本で初めて女性として医師国家試験に合格した荻野吟子（おぎのぎんこ）医師の誕生日の西暦1851年4月4日（旧暦・嘉永4年3月3日）から。

歯科治療法EZ4の日

（一社）ザイゴマインプラント協会（福岡市）が制定。EZ4（イージーフォー）とは頬骨（ザイゴマ）に4本のインプラントを埋め込む施術で、上顎の骨が少なくても人工歯を支えることが可能。オールオン4ザイゴマインプラントクリニック院長の大多和徳人氏が2017年に開発した。この治療法を多くの人に知ってもらうのが目的。日付は、EZ4が4本のザイゴマインプラントのみで行う治療法なので4月4日とした。

推し推しの日

推し活の調査研究を目的として㈱CDGと㈱Oshicocoの2社が共同で運営する「推し活総研」が制定。「推し（推されている人）」と「推している人」の両者が、大好きな気持ちと日頃の感謝の気持ちを届け合うことで、推し活を幸せに満ちたものにしてほしいとの想いが込められている。日付は4月4日を04（オシ＝推し）04（オシ＝推し）と読む語呂合わせから。

4カット写真の日

プリント写真ブランドPhotoismを提供する㈱Photoism Japan（フォトイズムジャパン）が制定。友だちや家族などと専用のフォトブースで撮影体験ができ、大げさに加工や修正をするのではなく、被写体がもつ本来の魅力を高画質の４カット写真で残す新しいプリント写真文化「４カット写真」を浸透させるのが目的。日付は４カットの４を並べて４月４日を記念日としたもの。

まぁるい幸せチョコパイの日

㈱ロッテが制定。しっとりとした食感の生地と優しい甘さのクリームをはさんだパイを、コクのあるチョコレートで包みこんだ「チョコパイ」。1983年発売の「チョコパイ」がこれからも多くの人に「まぁるい幸せ」を届ける存在であり続けたいとの思いが込められている。日付は４月４日が「幸せの日」で「まぁるい心でつながり幸せを提供する」というブランドコンセプトと重なることから。

C.C.レモンの日

サントリー食品インターナショナル㈱が制定。1994年の発売以来、幅広い世代に愛されているC.C.レモンは、スッキリとした甘酸っぱさとレモンの香りが特徴の人気商品。記念日を通してC.C.レモンのおいしさを多くの人に知ってもらうのが目的。日付は「シー（４）シー（４）レモン」と読む語呂合わせから。

4℃の日

ジュエリー・服飾雑貨などを手がける㈱エフ・ディ・シィ・プロダクツが制定。同社のジュエリーブランド「４℃」には「すべての女性に美しさとときめきを」との思いが込められ、女性の毎日をより豊かにするのが目的。日付は「４℃」の４から４が重なる４月４日としたもの。４℃は氷が張った水の底の温度を表し、魚が唯一生息できる「安息の場」であり、きびしい環境下での潤いを意味する。

ピンクデー

出会った人が幸せになるようにと、毎日ピンク色の服を着る「ピンク社長」こと多田多延子氏が制定。ピンク色の紙に手紙を書くなどして、幸せを分かち合う日とするのが目的。日付は４と４を合わせて「し（４）合わせ＝しあわせ」、Present for youなどの「for you」が「４you」と聞こえること、四つ葉のクローバーのように４が幸運を意味する数字を連想させることから。

しあわせ写真の日

（一社）全日本福祉写真協会が制定。新年度を迎え春爛漫のスタートの時期にフォトレターを渡し合うことで、お互いに感謝と愛情と友情の気持ちを感じて「HAPPY」になるのが目的。また、写真を通じてしあわせを表現するイベントを推進する。日付は４と４が合わさることで「し（４）あわせ」と読む語呂合わせから。

幸せの日

３月３日の女の子の日とされる「桃の節句」と、５月５日の男の子の日とされる「端午の節句」。そのほぼ中間にあり月日が同じ数字のゾロ目の日となる４月４日は、女の子の子（し）と男の子の子（し）が合わさり「しあわせ」と連想できることから、すべての子どものしあわせを願う日とされている。

あんぱんの日

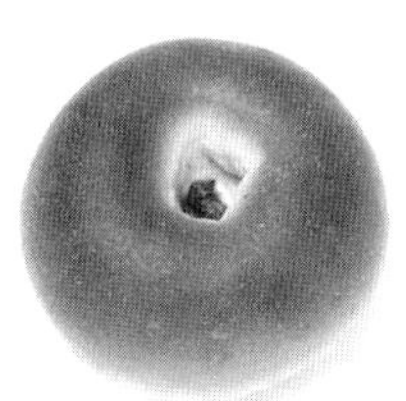

1875年のこの日、木村屋の初代・安兵衛が明治天皇に初めてあんぱんを献上した史実にちなんで、㈱木村屋總本店が制定。この時に桜の花びらの塩漬けを埋め込んだあんぱんが誕生した。

脂肪０％ヨーグルトの日

脂肪０％ヨーグルトのリーディングカンパニーである日本ルナ㈱（京都府八幡市）が制定。脂肪分がなくてもおいしく健康的な脂肪０％ヨーグルトのPRと普及が目的。日付は４月４日を404として「脂肪（４）０％（０）ヨーグルト（４）」の語呂合わせから。

ピアノ調律の日

ピアノ調律に対する理解と認識を深めてもらうため、国際ピアノ製造技師調律師協会が1993年５月15日に制定。ピアノの調律は基準音中央のA＝440ヘルツを採用するのが一般的なため、AをApril、440を４月４日にあてはめて記念日に。日本でも（一社）日本ピアノ調律師協会がその定着に努めている。

どらやきの日

３月３日の「桃の節句」と５月５日の「端午の節句」にはさまれた日を、あんこを間にはさむ「どらやき」の日としたのは、どらやきの製造販売を手がける丸京製菓㈱（鳥取県米子市）。日付には４と４で「みんなで食べて、みんなで幸せ（４合わせ）」との意味もあり、この日にどらやきを食べようと提唱している。

歯周病予防デー

歯周病罹患率80％という現状を改善しようと、全国の歯科衛生士が立ち上げた歯周病予防法（歯肉のプラークコントロール）の普及活動を行う「Goodbye Perio プロジェクト」が制定。日付は「歯（4＝シ）周病予（4＝ヨ）防」の語呂合わせと、プロジェクトが活動を開始した2012年4月4日にちなんで。

コメッ子記念日・米粉の日

米粉王国として知られる新潟県で、米粉の用途や需要の拡大をめざす新潟米粉研究会が制定。日付は「米」という漢字は分解すると八十八になること、米粉は米の子ども＝米の半分と解釈して八十八の半分の四十四から4月4日を記念日とした。「コメッ子」とは米粉食品を食べて元気に育つ子どものこと。

シシリアンライスの日

佐賀市のご当地グルメ「シシリアンライス」を全国的にPRするため、(一社) 佐賀観光協会が制定。シシリアンライスは1枚の皿に温かいライスを敷き、その上に炒めた肉と生野菜を盛り合わせてマヨネーズをかけたもので、1975年頃に佐賀市内の喫茶店で誕生。日付は4と4をシシリアンの「シシ」と読む語呂合わせから。

養子の日

さまざまな社会問題の解決に取り組む (公財) 日本財団が制定。子どもの福祉の観点から永続的な家庭を提供する仕組みである養子縁組の普及と啓発が目的。日本財団では特別養子縁組の普及をめざして「ハッピーゆりかごプロジェクト」を展開している。日付は4と4で「養子(よーし)」と読む語呂合わせから。

KOBE JAZZ DAY 4/4

さまざまな芸術文化事業を展開する（公財）神戸市民文化振興財団 (兵庫県神戸市) が制定。1923年の4月、日本で初めてプロバンドによるジャズの演奏が行われた神戸市は日本のジャズ発祥の地とされる。日付はジャズと言えば4ビート（4/4拍子）であることから4月4日に。4/4はエイプリル・フォースと読む。

フォーの日

エースコック㈱ (大阪府吹田市) が制定。米から作られたベトナムを代表する麺のフォー。そのなめらかな食感と、味わい深いスープに具材を加えた自社の即席めんのフォーのおいしさを広めるのが目的。日付は数字の4が英語で「フォー」と読むことから、4が重なる4月4日とした。

猪肉（ししにく）の日

長野県飯田市南信濃の遠山郷と呼ばれる地で、猪肉・鹿肉・熊肉などのジビエ肉を扱う (有) 肉の鈴木屋が制定。昔から「イのいちばん」と呼ばれるほどおいしい猪肉は、疲れを取り、体内の活性化にも効果があるとされる。野性食肉のシンボルとしてその歴史や文化を大切にし、多くの人に猪肉を味わってもらうのが目的。日付は4と4で「シシ」の語呂合わせから。

男前豆腐の日

京都府南丹市の男前豆腐店㈱が制定。「男前豆腐」「風に吹かれて豆腐屋ジョニー」など、斬新なネーミングや個性的な味で人気の自社の豆腐の魅力を多くの人に伝えるのが目的。日付は「男前」という言葉は女性にも使われるので、女性の日の桃の節句（3月3日）と男性の日の端午の節句（5月5日）の真ん中の4月4日に。

四輪駆動の日

1907年に世界初となる四輪駆動システム乗用車を開発したのは、現在のダイムラー社。その子会社のメルセデス・ベンツ日本合同会社が制定。優れたトラクションと安全・安心な走りを実現する技術で多くのモデルに採用されてきた四輪駆動システムをアピールするのが目的。日付は四輪駆動車の世界共通の呼称の「4×4」から4月4日に。

4/5

清明（せいめい）

［年によって変わる］二十四節気のひとつ。「草木清明にして東南風の心地よい季節」という意味。中国ではこの日を清明節と呼び、日本の彼岸のように先祖の墓参りをする。

横引シャッターの日

横に軽く引くだけで動かせ、有効スペースを最大限に使え、曲線スペースにも設置できるなどのメリットのある横引シャッターを製造販売する㈱横引シャッターが制定。シャッターは上下に開閉するという先入観を変えて、横引シャッターの機能性・利便性・意匠性・使い勝手などの良さを多くの人に知ってもらうのが目的。日付は横引の「横（よ＝4・こ＝5）」と読む語呂合わせから。

よごそうデー

衣料用洗たく洗剤「アタック」が2017年で誕生から30周年を迎えたことを記念して花王㈱が制定。子どもから大人まで、よごれを気にせず夢中になって思いっきり楽しんだり、挑戦したりすることで成長してほしいという願いが込められている。日付は「よ（4）ご（5）そう」と読む語呂合わせから。

新子焼きの日

「旭川名物“新子焼き”の会」(北海道旭川市)が新子焼きのおいしさを多くの人に知ってもらうことを目的に制定。若鶏の半身を焼いてタレなどで味付けをした新子焼きは戦後まもなく誕生し、長く愛されてきた旭川のソウルフード。当地では出世魚のコハダの稚魚シンコにちなみ若鶏を新子(しんこ)と呼ぶ風習があり、そこから名付けられたという。日付は4と5で「新子」と読む語呂合わせから。

4/6

あなたの進路を考える日

高校生が確かな進路選択ができるようにと、一人ひとりの生徒にあった進路サポートを提供する㈱ライセンスアカデミーが制定。高校生が将来について考えたり、情報収集をするきっかけの日とするのが目的。日付は高校の新年度のスタートの日がこの頃に多いことと、4と6で「進路=し(4)んろ(6)」と読む語呂合わせから。

ソラコム・SIMの日

IoTプラットフォーム SORACOMを展開する㈱ソラコムが制定。スマートフォンやタブレット、ウェアラブル製品など、さまざまなデバイスで活用されるSIM。快適な生活や効率的なビジネスを支えるSIMについて、多くの人に知ってもらうのが目的。日付は4と6で「SI(シ=4)M(ム=6)」と読む語呂合わせから。

マシュマロの日

マシュマロを中心とした菓子類の製造販売を手がける㈱エイワ(長野県安曇野市)が制定。マシュマロを朝食やデザートに取り入れるなど楽しく活用してもらうのが目的。日付は4月6日を0406と見立てて「ま(0)し(4)ま(0)ろ(6」と読む語呂合わせと、この日は「白の日」で同社の主力製品「ホワイトマシュマロ」と親和性があることなどから。

さつま島美人の日

蔵元の長島研醸(有)(鹿児島県長島町)が制定。白麹が原材料の同社の芋焼酎「さつま島美人」が1967年の誕生から2017年で50周年を迎えたことを記念し、白麹特有の優しい口当たりとすっきりとした芋焼酎のおいしさを多くの人に味わってもらうのが目的。日付は白麹の「し(4)ろ(6)」と読む語呂合わせから。

事務の日

(一社)事務職啓発普及協会(鹿児島市)が制定。日頃、縁の下の力持ちとして裏方に徹し、表舞台の営業職や広報、企画職などを支える事務職の労をねぎらうのが目的。この日にお気に入りの文具を贈る（サンキュー ステーショナリー）企画なども。日付は「事（4）務（6）」と読む語呂合わせから。

白の日

「しっかりと手入れをして白く美しい、美白の肌になりましょう！」と、素肌美研究家で㈱クリスタルジェミーの中島香里氏が制定。美肌への意識を生むきっかけの日とするのが目的。日付は「シロ（白）」と読む語呂合わせから。

シールの日

シールがもつ魅力や可能性を広くアピールしようとシール・ラベルの印刷加工メーカーのシーレックス㈱が制定。日付は4と6で「シール」と読む語呂合わせから。シールを使ったキャンペーン、イベントなどでさらなる普及と発展をめざす。

天塩（あましお） 塩むすびの日

「赤穂（あこう）の天塩」を販売する㈱天塩が制定。天塩は、赤穂浪士で有名な赤穂の地、東浜塩田（1612年開業）で江戸時代から続く、にがりを戻す（差す）塩づくりで仕上げられたおいしい塩。伝統ある天塩で和食文化の象徴「塩むすび」を作り、多くの人に味わってもらうのが目的。日付は「塩（4）むすび（6）」と読む語呂合わせから。

アバの日

「S.O.S.」や「ダンシング・クイーン」など数々のヒット曲を生み出したスウェーデンの世界的なポップミュージックグループ「アバ」。所属先のユニバーサルミュージック合同会社が「アバ」の世界デビュー40周年を記念して制定。日付は1974年4月6日にイギリスのブライトンで行われたユーロヴィジョン・ソング・コンテストで「恋のウォータールー」で優勝したことから。

4/7

世界保健デー

1948年4月7日に世界保健機関（WHO）が設立されたことを記念して制定。日本WHO協会では毎年、WHOの標語にちなんだテーマで作文を募集し、健康への関心を高めてもらう活動を行っている。

音健の日

（一社）日本音楽健康協会が制定。「音健」とは「音楽で健康になる」ということで、歌と音楽のもつ本質的な楽しさは趣味や娯楽にとどまらず、健康や心身の機能の改善にも大きな効果が見込まれる。この「うたと音楽」のチカラですべての世代に楽しみながら元気に生活してもらうのが目的。日付は世界保健機関（WHO）の設立された日で、同機関が定めた「世界保健デー」から4月7日としたもの。

おなかと腸活の日

ビオフェルミン製薬㈱（兵庫県神戸市）が制定。同社では、乳酸菌やビフィズス菌などの善玉菌が入った整腸薬や、発酵食品などの腸に良い食事で腸内環境を整える活動のことを腸活と呼ぶ。新年度が始まる時期に腸活を始めて、よいおなかをめざして健康になってもらうのが目的。日付は407で「よい（4）おなか（07）」と読む語呂合わせ。

セルフケアの日

㈱プラスプが制定。同社が運営する自分で健康を管理する意識を高めるヘルスケアサイト「ヘルスリテ」の認知度を高め、多くの人に健康になってもらうのが目的。日付は国連の世界保健機関（WHO）が定めた国際デーの「世界保健デー」に合わせて4月7日に。

歯垢（しこう）なしの日

オーラルケア製品の製造、販売を手がけるアイオニック㈱（千葉県流山市）が制定。同社の電子イオン歯ブラシ「KISS YOU®（キスユー）」を使い、歯周病などの原因となる歯垢をなくし、多くの人に健康で一生笑顔で過ごしてもらうのが目的。日付は「歯（4）垢な（7）し」の語呂合わせから。

夜泣き改善の日

樋屋製薬㈱（大阪市）が制定。同社の樋屋奇応丸（ひや・きおーがん）は厳選された生薬から作られた小児薬で、高ぶった神経を鎮め、心と身体のバランスを整えることで赤ちゃんの夜泣きを改善する。樋屋奇応丸で赤ちゃんと親の健康を守るのが目的。日付は「夜＝よ（4）泣＝な（7）き」の語呂合わせから。

タイヤゲージの日

車の安全走行に欠かせないタイヤの圧力を計測するタイヤゲージ。管理されたタイヤの圧力の重要性と、正確なタイヤゲージを使用することをPRしようと、タイヤゲージを製造する旭産業㈱が制定。日付は4月8日が「タイヤの日」であり、その前日をタイヤの圧力を計測する日として関心をもってもらうため。

プリン体と戦う記念日

乳製品・菓子・加工食品などを製造販売する㈱明治が「PA-3乳酸菌」を使用したヨーグルト「明治プロビオヨーグルトPA-3」の発売を記

念して制定。キャッチコピーは「プリン体と戦う乳酸菌」。記念日をきっかけにプリン体への理解を深め、健康的な食生活を送ってもらうことが目的。日付は発売日の2015年4月7日から。

4/8

Get Wildの日

㈱ソニー・ミュージックレーベルズが制定。『Get Wild』は、小室哲哉氏、宇都宮隆氏、木根尚登氏による音楽ユニットTM NETWORKの代表曲で、アニメ「シティーハンター」のエンディングテーマ曲。2023年のTM NETWORK結成40周年、2024年のデビュー40周年を記念し、『Get Wild』を愛するファンへの感謝の気持ちが込められている。日付は『Get Wild』オリジナル盤の発売日（1987年4月8日）から。

高級食パン文化の日

高級食パン専門店「銀座に志かわ」を全国に展開する㈱銀座仁志川が制定。より多くの人にさまざまな専門店の高級食パンを味わってもらい、高級食パンという新しい食文化とその美味しさを知ってもらうのが目的。日付は「食パン=し（4）ょくパ（8）ン」の語呂合わせから。

おからの日

（一社）日本乾燥おから協会（愛知県半田市）が制定。新年度が始まる時期に栄養豊かなおからを食べて体調管理と無病息災を祈り、食べ物のありがたみや日本古来の「もったいない」の心を思い起こしてもらうのが目的。日付は、おからは卯の花とも呼ばれること、4月の異称が卯花月であること、さらに卯の花は釈迦の生誕を祝う「花まつり」に縁があることから、「花まつり」と同じ4月8日に。

シーバの日

ペットフードなどの輸入・販売を行うマース ジャパン リミテッドが制定。自社の世界的な猫用フードブランド「シーバ」のさらなる知名度向上と、愛猫とキャットオーナーを幸せにするのが目的。日付は「シー（4）バ（8）」と読む語呂合わせから。

柴犬とおっさんの日

映像作品を制作・供給するAMGエンタテインメント㈱が制定。2019年6月14日公開の映画「柴公園」を多くの人に観てもらい、柴犬の魅力を広めることが目的。綾部真弥監督の同作品は、渋川清彦氏、大西信満氏、ドロンズ石本氏、佐藤二朗氏らが共演し街の公園で柴犬連れのおっさんがダラダラとしゃべるだけの会話劇。日付は「し（4）ば（8）」の語呂合わせから。

清流の日・小川の日

京都府八幡市の山中宗一氏が制定。小学生から大学生までの学年ごとの成長を清流に例え、その流れは小川であってもたゆまぬ努力により進んでいくことをたたえ、社会が彼らを快く迎える日とするのが目的。日付はこの時期が入学や新学年の始まりとなることが多いため。

ドモホルンリンクル「しわキレイ」の日

㈱再春館製薬所（熊本県益城町）が制定。人生100年時代、さまざまな年代の肌に寄り添うスキンケアで、一人ひとりの「100年キレイ」を応援。代表的な肌の悩みの「しわ」に打ち克ち、日々の適切なスキンケアで自分の肌に向き合うことの大切さをとの願いが込められている。日付は４と８で「しわ」の語呂合わせから。

木曽路「すきやきの日」

「しゃぶしゃぶ・日本料理 木曽路」のすきやきをPRするため、㈱木曽路（愛知県名古屋市）が制定。同店では、厳選された上質な牛肉をこくのある割下でいただく「すきやき」を求めやすい価格で提供している。日付は、入学・就職などのお祝いごとが４月に多いことと、４と８で「す（４）きや（８）き」の語呂合わせから。

シャボン（せっけん）の香りの日

コスメティックブランド「AQUA SAVON（アクア シャボン）」を発売する㈱ウエニ貿易が制定。日本人にとって、シャボン（せっけん）は身近な香りとして愛され続けてきた。日本人に寄り添う香りとして多くの人に親しんでもらうのが目的。日付は「シャボン（４）」「泡（８）」と読む語呂合わせから。

ホヤの日

ホヤ料理を提供する、まぼ屋（宮城県仙台市）が制定。ゴツゴツしたボディに２つの角を持ち、オレンジ色をした海洋生物ホヤ。甘味、塩味、苦味、酸味、旨味の五つの味をもつホヤのおいしさを多くの人に味わってもらうのが目的。日付は多く出回る４月で、４と８で「ホ＝フォー（４）ヤ（８）」の語呂合わせから。

タイヤの日

タイヤの正しい使い方をアピールし、交通安全に寄与するため、（一社）日本自動車タイヤ協会が制定。日付は春の全国交通安全運動が行われる４月と、輪（タイヤ）をイメージした８を組み合わせて。

指圧の日

正しい指圧の普及を通して人々の健康に貢献するため、（一社）日本指圧協会が制定。４月８日は釈迦生誕の日で、釈迦の慈悲の心は指圧の母心に通じるものがあることからこの日に。また、4と8が指（4）圧（8）の語呂に似ていることから。

出発の日

味の素㈱が制定。新生活のスタートの時期に合わせ、忙しく乱れがちな生活のリズムを整えるために朝食を摂ることを提案。日付は新年度の始まりの時期と、4と8で「出発」と読む語呂合わせから。

シワ対策の日

女性の肌の悩みの「シワ」に対して「しっかりと手入れをして美しくなりましょう！」と、素肌美研究家で㈱クリスタルジェミーの中島香里氏が制定。シワをなくして美肌への意識を高めるきっかけの日とするのが目的。日付は4と8で「シワ」と読む語呂合わせ。

貝の日

太平洋と三河湾の内海に接し、アワビ、サザエ、赤貝など多様な貝が採れ、日本一の貝の半島と呼ばれる渥美半島の渥美商工会（愛知県田原市）が制定。自慢の貝料理を食べてもらうのが目的。日付は貝類のおいしい季節が春で、「貝」の字を上下に分けると「目」と「八」、「目」を横にすると「四」と似ており「八」を合わせて4月8日。

美容鍼灸の日

しわ、肌荒れなどは体調とも関連があり、アンチエイジングには体と顔のケアが大切。その両面を整える美容鍼灸を多くの人に知ってもらうため（一財）日本美容鍼灸マッサージ協会が制定。日付は4月に装い新たに美容鍼灸で魅力的になってもらいたいことと、8を「ハリ」と読む語呂合わせから。

炭酸水の日

純水で作り、スッキリした飲み口で人気の「おいしい炭酸水」などを製造販売するポッカサッポロフード＆ビバレッジ㈱が制定。炭酸水はそのまま飲んだり、好きな飲み物と割ったりして飲む飲料。日付は4と8を炭酸の飲み口である「シュワ」と読む語呂合わせから。

小ネタの日

地域のビジネスやカルチャーニュースなどを配信する情報サイト「みんなの経済新聞ネットワーク」が制定。国内外の各エリアの編集部が「街の小ネタ」を配信しており、小ネタをひとつの文化としてその魅力を広めていくのが目的。日付は、小ネタはあとから「じわじわ」と心にくるので、4と8を「じわ」と読む語呂合わせで。

ベビーリーフ記念日

ベビーリーフを日本に初めて輸入をしたエム・ヴイ・エム商事㈱（兵

庫県神戸市）が制定。ベビーリーフは栄養価が高い野菜の幼葉。その魅力をアピールするのが目的。日付は4と8で「幼葉（ようば）」の語呂合わせと、サラダの需要期の春であり、その名が入学式や新学期にふさわしいことから。ちなみにベビーリーフと名付けたのも同社。

芝の日

校庭や園庭、市街地の公園などの芝生化を進めている（一社）長野県造園建設業協会が制定。外遊びのできる元気な子どもたちを育み、ヒートアイランド現象や地球温暖化を緩和し、砂塵やほこりの被害を防ぐなど、さまざまな効果のある芝生化で、緑あふれるまちづくりをすることが目的。日付は4と8で「芝」と読む語呂合わせから。

4/9

予祝（よしゅく）の日

セミナーや会員制の講演会などを企画・運営する㈱プロセミが制定。予祝とは前祝いのことで、春のお花見は満開の桜を見て秋の豊作をイメージして皆で祝う意味が込められているという。日本古来の伝統文化、予祝を広めるのが目的。日付は「よ（4）しゅく（9）」と読む語呂合わせから。

丸亀市×サン・セバスティアン市「チャコリの日」

1991年からスペインのサン・セバスティアン市と姉妹都市提携をしている香川県丸亀市が制定。サン・セバスティアン市のあるバスク地方で作られる白ワインの「チャコリ」を「美食の街」をめざす丸亀市でも普及させ、国際交流の機運の醸成を図ることが目的。日付は両市が姉妹都市提携の調印をした1991年4月9日から。

鍼灸（しんきゅう）の日

（一社）日本鍼灸協会が制定。鍼灸をもっと身近に、もっと手軽に、もっと安心にとの思いから、鍼灸の啓発活動を行う日とするのが目的。日付は4と9を「鍼（4）灸（9）」と読む語呂合わせから。

食と野菜ソムリエの日

野菜や果物のある豊かな食生活を提起する日として、（一社）日本野菜ソムリエ協会が制定。野菜や果物の魅力を伝える人材（野菜ソムリエなど）を通じて、食を楽しむ社会の実現が目的。

子宮頸（しきゅうけい）がんを予防する日

子宮頸がんは、前がん状態で発見すれば、がんになる前に治すことができ、予防できるがん。このことを広く知らせ、検診率を上げる啓発活動を行っている東京の「子宮頸がんを考える市民の会」が制定。日付は４と９で「子宮」と読む語呂合わせから。

よいPマンの日

冬春期のピーマンの主産地の茨城県、高知県、鹿児島県、宮崎県の４県のJAグループ（JA全農いばらき、高知県園芸連、JA鹿児島県経済連、JA宮崎経済連）で組織する「がんばる国産ピーマン」プロジェクトが制定。出荷量が増える４月に多くの人においしいピーマンを食べてもらうのが目的。日付にはPと９の形が似ており「よい（４）P（９）マン」「４県のPマン（９マン）」の語呂合わせから。

フォークソングの日

日本のフォークソング、ニューミュージック界を代表する数々の名曲を送り出してきた日本クラウン㈱のPANAM（パナム）レーベルが制定。フォークソングをさらに広め、フォークソング文化の発展に寄与するのが目的。日付は「英語のフォー（４）と音読みのク（９）」の語呂合わせから。

4/10

駅弁の日

（一社）日本鉄道構内営業中央会が1993年に制定。日本独自の「駅弁」のおいしさと楽しさをアピールし、駅弁文化の継承を図るのが目的。日付は春の行楽シーズンに駅弁を楽しんでと４月、弁当の「弁」の字が４と十の組み合わせに見え、「当」が「とう＝10」と読めることから４月10日を記念日としたもの。

「汽車弁当」（水了軒）

フォトフェイシャルの日

ルミナス・ビー・ジャパン㈱が制定。「フォトフェイシャル」とは医師の診断のもと、専用のIPL治療器で特殊な光を照射して肌を治療する医療機関でしか受けられない美容治療のこと。IPL治療の正しい情報を伝え、安全な治療が行われるようにするのが目的。日付は「フォトフェイシャル」は短縮して「フォト」と表現するので４と10で「フォ（４）ト（10）」と読むことから。

四万十鶏（しまんとどり）の日

高知県に直営工場を持ち、四万十鶏などの銘柄鶏の販売を手がける三栄ブロイラー販売㈱（香川県高松市）が制定。高知県の豊かな自然と水、栄養豊富な上質な餌、熟練の飼育技術が生み出す四万十鶏の美味しさを知ってもらい、販売促進を図るのが目的。日付は四万十鶏の「四（し）」と「十（と）」から４月10日に。

ジルコニウムの日

ジルコニウム化合物のトップメーカーの第一稀元素化学工業㈱（大阪市）が制定。ジルコニウム化合物は多様な特性から自動車部品や燃料電池など、多くの製品の原料・添加物として利用されている。ジルコニウム化合物の認知度を高め、経営理念の「世に価値あるものを供給し続ける」を実践するのが目的。日付はジルコニウムの原子番号の40から「４×10＝40」で４月10日に。

よいトマトの日

カゴメ㈱が制定。トマトの味の旬は春、収穫量の旬は夏とも言われていることから、新生活、新学期が始まる春においしいトマトをたくさん食べて健康的な生活を送ってもらうことが目的。日付は４と10で「よい（４）トマト（10）」の語呂合わせから。

きょうだいの日（シブリングデー）

NPO法人しぶたね（大阪府大東市）が制定。病気や障がいをもつ子どもの「きょうだい」への支援の輪を広げるのが目的。日付はアメリカで兄弟姉妹の関係をたたえる「Siblings Day」が誕生したきっかけとなった女性のお姉さんの誕生日から。

ACアダプターの日

ACアダプター、スイッチ電源の総合メーカーの㈱ユニファイブが制定。身のまわりの電化製品などに付随するACアダプターの種類や正しい使い方、メンテナンスなどについて知ってもらうのが目的。日付はアルファベットでAは１番目、Cは３番目なので足して４月。スイッチングのONを数字の１、OFFを０に見立てて10日に。

フォントの日

世界的なコンピュータ・ソフトウェア企業のアドビ㈱が制定。デザインの重要な要素となっている「フォント」にあらためて注目してもらうことが目的。日付は４と10で「フォン（４）ト（10）」と読む語呂合わせから。

ほうとうの日

山梨県中央市に事務局を置く、たべるじゃんほうとう推進協議会が制定。山梨県の郷土料理である「ほうとう」のおいしさをより多くの人に知ってもらい、消費の拡大を図るのが目的。日付は４と10で「ほう（４＝フォー）とう（10）」と読む語呂合わせから。

お弁当始めの日

冷凍食品やレトルト食品などを製造販売する㈱ニチレイフーズが制定。新年度、新学期になりお弁当を作り始める人を、同社の豊富な冷凍食品で応援するのが目的。日付は４月10日前後が一般的にお弁当を作る人が増える時期であること、「弁」が数字の４に似ていて、10を「当」と読む語呂合わせなどから。

フォトの日

フォトの日推進委員会の㈱ビックカメラ、㈱キタムラ、㈱コイデカメラ、㈱プラザクリエイト、㈱ヨドバシカメラが制定。写真を撮る文化に加えて、写真を贈る、飾る文化を広めて、写真の力や素晴らしさを多くの人に伝えるのが目的。日付は４と10を「フォ（４）ト（10）」と読む語呂合わせから。

月のうさぎの日

「こんにゃくパーク」の運営で知られる、こんにゃくメーカーの㈱ヨコオデイリーフーズ（群馬県甘楽町）が制定。同社のブランドのひとつ「月のうさぎ」シリーズをPRするのが目的。日付は「月のうさぎ」のキャラクターのマナンちゃんの命名日が2004年４月10日であることから。

スポーツシートの日

自動車レーシングスポーツのスペシャルカーシートメーカーのブリッド㈱（愛知県東海市）が制定。快適で安全なドライビングのための自動車用スポーツシートのPRが目的。日付は４と10で「シー（４）ト（10）」と読む語呂合わせと、４月はドライブに最適な季節であり、10を「10（ド）ライブ」と読んで。

ステンレスボトルの日

保温も保冷もできるステンレスボトルを持ち歩く生活のきっかけの日にと、象印マホービン㈱（大阪市）が制定。日付は４（スー・中国語）と10（テン・英語）でステンレスの「ステン」と読む語呂合わせ。

笛吹市桃源郷の日

桃の生産量と耕作面積で日本一を誇る山梨県笛吹市が制定。「日本一の桃源郷」や笛吹市の知名度を高めて観光振興を図るのが目的。日付は桃の花が満開になるころで、元日から数えて100日目にあたり、100を「百（もも）」と書き表せること、４と10で「し（４）あわせになる桃花（とうか）（10日）」と読む語呂合わせから。

酒盗の日

酒盗の販売、製造を手がける㈱しいの食品（神奈川県小田原市）が制定。カツオの胃腸やマグロの胃を長期熟成させて作る酒盗は「酒を盗んででも飲みたくなる」ほど酒がすすむことからその名がついたとされる塩辛で、その発酵食品の伝統の味をいまに伝えたいとの願いが込められている。日付は「4（しゅ）10（とう）」の語呂合わせから。

愛知の新たまねぎの日

全国有数のたまねぎの産地である愛知県のJAあいち経済連が制定。愛知の新たまねぎはみずみずしく、辛みが少なくサラダなどに適している。日付は410で「41（良い）」「0（たまねぎ）」と読む語呂合わせと、出荷のピークを迎える時期から。

辛（シン）ラーメンの日

じっくりと煮込んだビーフスープの旨味と厳選された唐辛子の辛さが調和した韓国を代表するインスタント麺「辛ラーメン」をさらに多くの人に味わってもらおうと、辛ラーメンを製造する㈱農心ジャパンが制定。日付は「辛い」は英語で「ホット」なので、4と10を4（フォー）と10（トウ）と読む語呂合わせから。

ヨード卵の日

日本のブランド卵のさきがけの「ヨード卵・光」を販売する日本農産工業㈱が制定。日付は4と10で「ヨード」と読む語呂合わせと、新年度、新学期が始まるこの時期にヨード卵を食べて栄養を摂り、元気に過ごしてもらいたいとの願いが込められている。

しろえびせんべいの日

あられ、かきもち、せんべいなどの米菓を製造販売する日の出屋製菓産業㈱（富山県南砺市）が制定。同社の代表的商品「しろえびせんべい」のおいしさをより多くの人に味わってもらうのが目的。日付は「しろえびせんべい」が世に出た日（1999年4月10日）であり、4月はしろえび漁の解禁の月であることから。しろえびは「富山湾の宝石」とも呼ばれ、上品な甘さと香りが特徴の貴重な食材。

シートの日

ブルーシートをはじめ、多種多様なポリエチレンシートを製造販売する萩原工業㈱（岡山県倉敷市）が制定。工事現場や建築現場、運動会、お花見、災害時の防護用など幅広い用途で使われるブルーシートを、より多くの人にPRするのが目的。日付は4と10で「シー（4）ト（10）」の語呂合わせと、新年度の節目となることから。

社長の日

ブランディングの向上が目的のオリジナルお菓子を手がける社長チップスエンタテイメント㈱が制定。同社は「社長チップス」を企画、社長がほめられたい日としている。日付は4と10の410をシーイーオーと読むと、最高経営責任者を意味するCEOと語感が似ていることから。

酔い止めの日

水なしで服用できるドロップタイプの酔い止め薬「トラベロップQQ」のPRのため、㈱浅田飴が制定。のりもの酔いの心配をせずにみんなで楽しく旅行をしてもらいたいとの願いも込められている。日付はゴールデンウィークなどの行楽シーズンの前であることと、「酔(4)い止(10)め」と読む語呂合わせから。

4月

4/11

しっかりいい朝食の日

グラノーラの日本トップシェアブランド「フルグラ®」を国内で展開するカルビー㈱が制定。新学期のスタートや入園、入学といった新しい生活が始まる忙しい4月にしっかりといい朝食をとってもらうのが目的。日付は「し(4)っかりいい(11)朝食」の語呂合わせから。4月11日は「ガッツポーズの日」でもあり、しっかりいい朝食で元気にガッツポーズをという意味も込められている。

ガッツポーズの日

1974年4月11日、ボクシングの世界ライト級タイトルマッチで、挑戦者のガッツ石松選手が逆転KO勝ち。このときの喜びのポーズが「ガッツポーズ」と呼ばれ、広まっていったことから生まれた記念日。

4/12

パンの記念日

日本で初めてパンのようなものを焼いたのは、砲術研究家の江川太郎左右衛門で、1842(天保13)年4月12日に伊豆韮山(にらやま)の自宅の庭で作ったとされている。これを記念してパン食普及協議会が1983年3月に、毎年4月12日を「パンの記念日」と制定、毎月12日を「パンの日」と設定した。

豊橋「つまもの」の日

豊橋温室園芸農業協同組合(愛知県豊橋市)が制定。同協組は「つまもの」専業の組合で、大葉、菊花、菊葉、花穂・穂じそ、ハーブ、エディブルフラワーなどの生産を中心に、「つまもの」の出荷シェア全国1

位を誇る。食卓を彩る名脇役の「つまもの」を普及させるのが目的。日付は、春は「つまもの」の生産・出荷量が増えるのと、「良い（41）つ（2）まもの」の語呂合わせ。

タイルの日

全国タイル工業組合（愛知県名古屋市）が制定。マンションや商業ビルなどの外壁、風呂場などに使われる「タイル」。「化粧煉瓦」「貼付煉瓦」「敷瓦」と呼ばれていた名称をタイルに統一してから2022年で100周年となり、タイルの魅力を多くの人に感じてもらうのが目的。日付は1922年4月12日に東京・上野で全国タイル業者大会が開催され、タイルの名称を使う宣言をしたため。

シャイニーカラーズの日

㈱バンダイナムコエンターテインメントが制定。スマートフォン向けブラウザゲーム「アイドルマスター シャイニーカラーズ」が2018年4月にサービスを開始したことを記念したもので、多くの人にゲームを楽しみ、キャラクターアイドルとの交流を深めてもらうのが目的。日付は4と12でシャイニーカラーズの公式の略称「シャ（4）イ（1）ニー（2）」と読む語呂合わせから。

補綴（ほてつ）の日

（公社）日本補綴歯科学会が制定。歯の一部が欠けたり失われたりした場合、冠（クラウン）、入れ歯（義歯）やインプラントなどにより食べる力を向上させ、人々の健康長寿に貢献する補綴歯科治療。補綴という用語を含めて、その大切さを多くに人に知ってもらうのが目的。日付は4を「ほ＝フォー」、12を「て＝テン、つ＝ツー」と読む語呂合わせから4月12日に。

国分寺ペンシルロケット記念日

東京都国分寺市が制定。1955年4月12日に東京大学生産技術研究所の糸川英夫博士らにより、国分寺町（現在の国分寺市）で日本で初めてペンシルロケットの水平発射実験が行われたことから「日本の宇宙開発発祥の地・国分寺市」をアピールするのが目的。日付は発射実験が行われた日から4月12日に。

子どもを紫外線から守る日

子どもを有害な紫外線から守る日をと、UVカット化粧品製造の㈱ルバンシュ（石川県能美市）が制定。日付は4と12で「良い皮膚」の語呂合わせと、紫外線が強くなる時期で予防を呼びかける。

徳島県にんじんの日

徳島県産のにんじんをPRしようと、徳島県にんじん振興協議会（JA全農とくしま内）が制定。徳島県の「新にんじん」（春にんじん）は大型のトンネルで栽培され甘くてやわらかい。日付は４月が出荷のピークで、４と12で「よいにんじん」の語呂合わせから。

4/13

花キューピットの日

（一社）JFTDが制定。同団体が展開する「花キューピット」は、全国どこからでも届け先近くの加盟店を通じて新鮮な花を贈ることができるサービス。「手軽に花を贈る」ことを世の中に広め、1953年のサービス開始から70年以上、「花を贈る」癒しや感動があふれる社会をめざしてきた。日付は前身の「日本生花商通信配達協会（JFTD）」の設立日（1953年４月13日）から。

ブルダック炒め麺の日

即席麺などを製造販売する韓国の三養食品の日本法人、㈱三養（サムヤン）ジャパンが制定。同社の「ブルダック炒め麺」は強烈な辛さが特徴の即席麺。さらに多くの人にブルダック炒め麺を食べてもらい、ブルダッカーと呼ばれるファンの人に喜んでもらうのが目的。日付は発売開始が2012年４月13日であることから。また同ブランドの公式キャラクター「ホチ」の誕生日でもある。

浄水器の日

浄水器を信頼のおける家庭用品として定着させるため、（一社）浄水器協会が制定。同協会は「安心でおいしい水」を提供することをコンセプトに活動する協会。日付は初心にかえって行動しようと創立月である４月で、４と13で「良い水」と読む語呂合わせから。

新型インフルエンザ対策の日

2009年４月13日にメキシコで最初の新型インフルエンザの患者が確認され、のちに死亡したことから、個室での透析などインフルエンザ対策を積極的に行っている練馬桜台クリニック（東京都練馬区）の永野正史理事長が制定。世界的に流行し、多くの感染者や患者を発生させるパンデミックへの備えをとの思いが込められている。

4/14

ピロリ菌検査の日

（一社）日本プロバイオティクス学会（神奈川県伊勢原市）が制定。ピロリ菌の検査を促し、ピロリ菌の除菌により胃がんの発生や死亡率を減らす効果を啓発する。また、ピロリ菌の感染予防、除菌が成功したあとも胃がんを早期発見するための定期的な検診を再認識してもらうなどが目的。日付は1982年の４月14日にオーストラリアの消化器病医の二人によって胃粘膜からピロリ菌が発見されたことから。

家具の町東川町・椅子の日

北海道東川町が制定。東川町は全国的にも名高い「旭川家具」を数多く生産する家具の町で、新生児の誕生祝いに町内の業者が作った木製の椅子を贈る事業を行っている。同町でのくらしを育む文化「東川スタイル」を通じ、ライフスタイルや未来の社会のあり方を考えるきっかけに、家具や椅子に感謝する習慣と文化を創造するのが目的。日付は４と14で「良い（４）椅子（14）」と読む語呂合わせ。

4月

ブラックチョコレートの日

㈱明治が制定。2021年の「明治ブラックチョコレート」の発売60周年を記念し、ブラックチョコレートとその名前にちなんだ黒を楽しむ日。日付はバレンタインデー（２月14日）、ホワイトデーに（３月14日）に続き、４月14日をブラックデーと呼び、恋人がいない人が黒い服を着て黒いものを食べて新たな出会いを求める韓国のイベントからブラック（黒）つながりで４月14日としたもの。

ロスゼロの日

食品ロス削減事業などを手がける㈱ロスゼロ（大阪市）が制定。大量に製造され売れ残った食品を同社の通販サイト「ロスゼロ」を活用して地球環境とお財布に優しい日としてもらうのが目的。日付は食品が大量に製造されるバレンタインデー（２月14日）、ホワイトデー（３月14日）に続く一ヵ月後として覚えやすい４月14日に。

柔道整復の日

1970年４月14日に柔道整復師法が公布されたことから、NPO法人全国柔整鍼灸協会が2003年に制定。柔道整復を東洋医学に基づく医療として広く認識してもらうのが目的。

フレンドリーデー

新学期、新入学、新社会人など、新しくスタートを切る４月。友人との絆を深め、新たな友人づくりの日にと㈱スーパープランニングが制定。日付は４と14で「友達ってよいよね！」の意味も。

オレンジデー

愛し合う二人がオレンジやオレンジ色のものを贈り合い愛を深める日。オレンジは樹にたくさんの実を成らせる「繁栄」「多産」のシンボルであり、「花嫁の喜び」という花言葉をもつことから、日本を代表する柑橘類の産地であるJA全農えひめ（全国農業協同組合連合会愛媛県本部）が制定。日付は２月14日の「バレンタインデー」、３月14日の「ホワイトデー」に続く意味から。

4/15

スクフェスの日

スマートフォン向けのゲームアプリ「ラブライブ！スクールアイドルフェスティバル」（略称スクフェス）のプロモーションのため、㈱ブシロードが制定。日付は「スクフェス」が初めてリリースされた2013年４月15日から。

宮崎カーフェリーの日

宮崎港と神戸港をフェリーで結ぶ、宮崎カーフェリー㈱（宮崎市）が制定。宮崎県の長距離フェリー航路は1971年に京浜航路が開設。フェリーの運航で人流・物流を進め、宮崎県唯一の長距離フェリー航路を次の時代につなぐことが目的。日付は同社の新船「フェリーたかちほ」の就航日の2022年４月15日と、４と15で「よ（４）い（１）こ（５）うろ＝良い航路」と読む語呂合わせ。

いちご大福の日

早稲田大学いちご大福研究会が制定。いちご大福の魅力を多くの人に知ってもらい、味わってもらうのが目的。日付は４と15で「よ（４）いいち（１）ご（５）」と読む語呂合わせと、いちご大福の旬の時期との思いから。

日本巡礼文化の日

西国三十三所札所会（滋賀県大津市）が制定。日本最古の巡礼路、西国三十三所巡礼が2018年に草創1300年を迎えたことから、日本の巡礼文化への関心を高めてもらうのが目的。日付は巡礼が「良いご縁」をつなぐことから４と15を「良（４）い（１）ご（５）縁」と読む語呂合わせで。

からあげクン誕生日

㈱ニチレイフーズと㈱ローソンが制定。㈱ニチレイフーズが製造し、㈱ローソンが販売する人気のからあげ「からあげクン」の誕生日を記念し、そのおいしさを多くの人に知ってもらうのが目的。日付は「からあげクン」が誕生した1986年４月15日から。

京和装小物の日

京和装小物の需要振興を目的に、京都半襟風呂敷和装卸協同組合が制定。４月は桜が咲き、最も華やかな時期となる京都では、桜柄などを採り入れた京和装小物の商品づくりと新作発表会が行われる。１月15日の「半襟の日」との関連からその15日を記念日としたもの。

よい酵母の日

酵母を摂取することの大切さを広くアピールしようと、酵母の製品を扱う㈱日健協サービス（埼玉県鴻巣市）が制定。日付は4と15を「よい酵母」と読む語呂合わせから。同社では11月5日を「いい酵母の日」に制定している。

良いコラーゲンの日

「美しい生活文化」の創造のために、化粧品事業、ヘルスケア事業などを展開する資生堂ジャパン㈱が制定。いつまでも体の内側からはりと潤いのある美しさを維持し、さらに磨きをかけてもらうため、良質な（良い）コラーゲンを保ってもらうことが目的。日付は「良（4）い（1）コ（5）ラーゲン」と読む語呂合わせから。

4/16

SWEET SIXTEEN文化の日

フォトスタジオのA_Creation合同会社（愛知県豊橋市）、レンタルドレス事業の㈱micia luxury（大阪市）、SWEET16委員会（大阪市）が制定。SWEET SIXTEENは欧米で行われる大人としての自覚と責任をもつ16歳の誕生日を祝うイベント。日本にもこの文化を普及させ思い出を作ることが目的。日付はSweetが英語で「シー（4）」と聞こえることと草木が芽吹く4月で、16歳の16を合わせて4月16日としたもの。

えのすいの日

新江ノ島水族館（通称：えのすい、神奈川県藤沢市）が制定。この日に開催する、館の基本テーマである「つながる命」に感謝するイベントをより多くの人に知ってもらうことが目的。日付は館がグランドオープンした2004年4月16日から。

ヴィラデスト・田園記念日

『田園の快楽』などの著作で知られるエッセイスト、画家、農園主の玉村豊男氏が長野県東御市にヴィラデストワイナリーを2004年4月16日に開設したことから制定。ブドウ畑の風景を見ながら、そのブドウからつくられたワインを飲む。まさに「田園の快楽」の時間。

エスプレッソの日

コーヒーマシンなどを手がけるデロンギ・ジャパン㈱が制定。イタリアのカフェ文化のひとつエスプレッソの普及が目的。エスプレッソは1906年のミラノ万博でBezzera（ベゼラ）社がCaffe Espressoと表記したのが始まりとされ、日付はイタリア国際カフェテイスティング協会が定めた「イタリア エスプレッソ デー」を日本で最初に行った日から。

4/17

まいどなの日

「神戸新聞」や「デイリースポーツ」などを発行する㈱神戸新聞社（兵庫県神戸市）が制定。関西からの情報発信にこだわるニュースサイト「まいどなニュース」を多くの人に知ってもらい、多様性のある地方発のニュースの重要性を感じてもらうのが目的。関西弁の気軽な挨拶の「まいど」と「なるほど」を組み合わせた「まいどなニュース」。日付は開設日である2019年4月17日から。

なすび記念日

冬春なす主産県協議会が制定。日付は冬春なすの最盛期であり、4月17日を「よいなす」と読む語呂合わせから。なすへの関心を高めてもらうのが目的。また、同協議会は毎月17日を「国産なす消費拡大の日」として販売促進をしている。

クイーンの日（QUEENの日）

「ボヘミアン・ラプソディ」「キラー・クイーン」「伝説のチャンピオン」「ウィ・ウィル・ロック・ユー」など、数々の名曲を生み出したイギリスのロックバンド「クイーン」。彼らの来日40年を記念してユニバーサルミュージック合同会社が制定。日付は初来日のために羽田空港に到着した1975年4月17日から。

4/18

発明の日

現在の特許法のもとの「専売特許条例」が1885年のこの日に公布されたことを記念して、1954年に通商産業省（現在の経済産業省）が制定。特許制度などの産業財産権制度の普及、啓発が目的。

ニューギンのよいパチンコの日

パチンコ、パチスロメーカーの㈱ニューギン（愛知県名古屋市）が制定。「あそびにマジメ」という方針のもと、よりよいパチンコ機、パチスロ機の開発を続け、企業としての認知度をさらに向上させることが目的。日付は4と18で「ニューギンのよ（4）い（1）パチ（8）ンコ」と読む語呂合わせから。

米粉を使った四角いシュークリーム「myblock」の日

障害のある人の自立支援を行う㈱ライフデザイン（新潟市）が制定。同社が製造販売する「myblock（マイブロック）」は新潟産の米粉を使った四角いシュークリームで、もちもちの生地にクリームがたっぷりと入っている。その美味しさを多くの人に味わってもらうのが目的。日付は４と18で四角の中に幸せ（４）がいっぱい（18）詰まったシュークリームの意味から。

ウッドデッキの日

ウッドデッキの設計・施工、キットデッキの開発・販売を手がける中川木材産業㈱（大阪府堺市）がウッドデッキの魅力を伝えるために制定。日付は、４月が販売台数が増える月であり、ウッド＝木は分解すると「十」と「八」になることから18日とされた。

お香の日

『日本書紀』に日本のお香についての最初の記録として「595年の夏４月、淡路島に沈水（香木）が漂着した」という記述があることと、「香」の字は一十八日と読み分けることから、日本薫物線香工業会が制定。香文化の普及などが目的。

よいお肌の日

コラーゲンが多く含まれるグミキャンデーを食べて、よいお肌になってもらいたいと、「果汁グミ」の製造販売を手がける㈱明治が制定。日付は４と18で「よいお肌」の語呂合わせから。

4/19

飼育の日

（公財）東京動物園協会が管理運営する多摩動物公園が発案。その後、日本動物園水族館協会の加盟施設などに広がり全国的な取り組みとなっている記念日。飼育係をはじめとして動物園、水族館で働く人のさまざまな仕事を紹介し、その仕事への理解を深めてもらうとともに、施設への関心を高めてもらうのが目的。日付は４と19で「し（４）い（１）く（９）＝飼育」の語呂合わせから。

養育費を知る日

実効性のある養育費保証の確立をめざす㈱イントラストと、ひとり親家庭および子連れ再婚家庭の支援を行うNPO法人M-STEP（エムステップ）が共同で制定。ひとり親の多くが受け取れていない養育費問題の重要性と、養育費の大切さを広めるのが目的。日付は４と19で「養（４）育（19）」と読む語呂合わせから。

食育の日

食を通した教育「食育」をより深く考え実践する機会にと、栄養補助食品のミキプルーンなどを販売する三基商事㈱が制定。日付は４と19で食育（しょくいく）の語呂合わせから。

良いきゅうりの日

JAあいち経済連の西三河冬春きゅうり部会が制定。冬でも温暖な気候と豊富な日射量、そして高い栽培技術を生かして生産されたこの地域のおいしいきゅうりをアピールするのが目的。日付は4と19で「良いきゅうり」と読む語呂合わせから。

みんなの保育の日

保育や子育てに役立つ遊び情報サイト「ほいくる♪」を運営する子ども法人キッズカラーが制定。子どもたちの育ちにとって大切な乳幼児期に、近くにいる大人が子どもへの理解を深め、保育を楽しみ、そのあり方を見つめ直し、自身が育つきっかけの日とするのが目的。日付は4を「保＝フォー」、19を「育＝いく」と読む語呂合わせから。

収育の日

収納検定を運営する（一社）日本収納検定協会が制定。「収育」とは収納と育児・教育・育成を組み合わせた言葉。片付けを通して子どもたちに幸せに生きる力と知恵を育む「収育」と、その考えを多くの人に知ってもらうのが目的。日付は「収（4）育（19）」と読む語呂合わせから。

4/20

穀雨（こくう）

［年によって変わる］二十四節気のひとつ。この頃の春雨は、田畑を潤し、穀物の生長を助けるところからこう呼ばれる。

郵政記念日

1871年のこの日、それまでの飛脚制度にかわって郵便制度が実施されたことを記念して、1934年に逓信省が「逓信記念日」として制定。1949年の逓信省の郵政省・電気通信省への分割にともない、「郵政記念日」に改称された。この日から1週間が「切手趣味週間」に設定されている。

泉州阪南さわらの日

（一社）阪南市観光協会（大阪府阪南市）が制定。阪南市の泉州地区が面する大阪湾は海産物が豊富に水揚げされる。春告魚（はるつげうお）とも呼ばれる鰆（さわら）は、阪南市で最も多く獲れる魚介。出世魚でもある「さわら」の魅力をより多くの人に知ってもらい、阪南市の認知度向上を図ることが目的。日付は4月1日の解禁日から少し経って漁獲量が多くなる頃の4月20日。

リラクゼーションドリンク「CHILL OUT」の日

「CHILL OUT」の販売を手がける日本コカ・コーラ㈱が制定。CHILL OUTは、冷静になる、落ち着くといった意味で、略してCHILL。目まぐるしい日々を生きる現代人に、心地よいチルタイムを過ごしてもらいたいとの想いが込められている。日付は「CHILL OUT」の誕生日の2016年4月20日から。

四川(しせん)料理の日

四川フェス実行委員会（長野県富士見町）が制定。本場の四川料理を日本に広めるのが目的。日付は四川の「四」で4月、中国語で80をbā shí（バーシー）と読み、四川語の「すごくおいしい」の意味と同じ音になることから80÷4で20日に。

「聴く」の日

大切な人の話を聴き、自分の話も聴いてもらう。この「聴く」ことの大切さを社会に広めようと、個人のゴール・目標を支援するコーチングのプロの藤田潮氏が制定。日付は藤田氏の著書『「聴く」の本』（幻冬舎ルネッサンス）の発売日2007年4月20日から。

腰痛ゼロの日

腰痛で悩んでいる人をゼロにとの思いから、日本カイロプラクティックドクター専門学院名古屋校の卒業生などの「420の会（ヨーツーゼロのかい）」代表の本坊隆博氏が制定。腰痛に対する対処法、予防法を指導する日。日付は4と20で「腰痛ゼロ」と読む語呂合わせ。

珈琲牛乳の日

日本で初めて珈琲牛乳（コーヒー牛乳）を製造販売した守山乳業㈱（神奈川県平塚市）が制定。珈琲牛乳は1920年に同社創業者の守山謙氏が開発したもので、王冠で栓をした瓶入りの珈琲牛乳が1923年4月20日に東海道線国府津(こうづ)駅で販売を開始。

肌には知る権利がある記念日

化粧品の開発・製造・販売などを手がける「ちふれホールディングス㈱」が制定。同社は「肌には知る権利がある」をスローガンに、化粧品に配合される全成分と分量、配合目的、製造年月を業界に先駆けて公開してきた。食べ物を選ぶときのように、肌に直接つける化粧品も何から作られているのかを知って選んでとの思いが込められている。日付は4と20で社名の「ちふれ」の語呂合わせ。

ジャムの日

ジャムの消費拡大を目的として、日本ジャム工業組合が制定。日付は1910年4月20日に長野県北佐久郡三岡村（現在の小諸市）の塩川伊一郎氏が「苺ジャム」を明治天皇に献上したとの記録があり、ジャムが皇室献上品として認められたことがジャム産業の発展に大いに貢献したと思われることから。

4/21

民放の日（放送広告の日）

1951年のこの日、日本で初めて民間放送16社に放送の予備免許が与えられたことを記念して、1968年に日本民間放送連盟が「放送広告の日」として制定。1993年に「民放の日」に改称された。

「小岩井 生乳（なまにゅう）100％ヨーグルト」の日

小岩井乳業㈱が制定。同ヨーグルトは、日本で初めて生乳を100％使用し、長時間前発酵で製造したやさしい酸味のなめらかなヨーグルト。2024年で発売40周年を迎えたことを機に、感謝の気持ちを伝えるのが目的。日付は同商品の発売日（1984年４月21日）から。

川根茶の日

日本屈指の銘茶の静岡県の川根茶を多くの人に知ってもらおうと、生産者などで結成された川根お茶街道推進協議会が制定。新茶のシーズンの直前で、立春から数えて七十七夜となることの多いこの日を記念日とした。香りが高く甘みと渋みのバランスのとれた川根茶の歴史や文化を思い、新茶シーズンを迎えるスタートの日。

錦通り・ニッキーの日

小田原錦通り商店街協同組合（神奈川県小田原市）が制定。2012年４月21日、商店街に隣接する公園の木に、動物のぬいぐるみの忘れ物がかけられていた。その愛らしさから錦通りにちなんで「ニッキー」と命名。2014年、組合設立50周年を迎えるにあたって、商店街のシンボルキャラクターとして、発見された日を記念日に。

4/22

成吉思汗（ジンギスカン）たれの日

日本初の家庭用焼肉のたれであり、北海道のソウルフードのジンギスカン普及に貢献した「成吉思汗たれ」を1956年に製造販売したベル食品㈱（北海道札幌市）が制定。ジンギスカンの美味しさを全国に知らせ、さまざまな料理にも使える「成吉思汗たれ」をPRするのが目的。日付はたれをかけるので週間カレンダーの「羊肉の日」の４月29日の真上にくる４月22日に。

肩コリを労わる日

ヘルスケア用品などを手がけるピップ㈱（大阪市）が制定。コリをケアするきっかけをつくるのが目的。日付は夏目漱石の朝日新聞の連載小説『門』の1910年４月22日掲載の一節に「指で圧してみると、頸（くび）と肩の継目の少し背中へ寄った局部が、石のように凝っていた」とコリに関する記述があることと、「しんどい（4）コリつらい（2）つらい（2）」と読む語呂合わせから4月22日に。

道の駅の日

道の駅の質とサービス向上に努める（一社）全国道の駅連絡会が制定。全国の道の駅は1200駅を超え、地域の窓口として活性化の拠点となっている。道の駅間の連携強化や各駅の販売促進、さらなる活気を呼び込むのが目的。日付は建設省（現・国土交通省）により103ヵ所の道の駅が初めて登録された1993年4月22日から。

バーバパパの日

㈱スタイリングライフ・ホールディングスのプラザスタイルカンパニーが制定。同社はフランス生まれの絵本のキャラクター「バーバパパ」の日本におけるエージェントで、2020年の「バーバパパ」誕生50周年を記念したもの。日付は、バーバパパが春生まれで、アースデー（4月22日）が自然保護や動物愛護など、バーバパパの理念と通じることから。

ミス日本の日

（一社）ミス日本協会が制定。身体のプロポーションや美貌などの外見、理性や知性などの内面、社会を良くするための行動力の3つの美を兼ね備えた「真の美しさ」をもつ女性を選出する「ミス日本コンテスト」の意義を広めるのが目的。日付は1950年4月22日に初の「ミス日本コンテスト」が読売新聞社主催で開かれたことから。「ミス日本」は「ミスニッポン」と読む。

カーペンターズの日

「スーパースター」「トップ・オブ・ザ・ワールド」「イエスタデイ・ワンス・モア」など数々のヒット曲をもち、世界的な人気を誇るポップス・グループのカーペンターズ。所属するユニバーサルミュージック合同会社が制定。日付は正式にカーペンターズのグループ名で活動を開始した1969年4月22日から。

地球の日（アースデー）

地球全体の環境を守るために一人ひとりが行動を起こす日。1970年にアメリカで始められたもので、アメリカの環境保護庁設立のきっかけになるなど、市民運動として大きな成果を上げた。日本でも共鳴する市民グループが環境問題をテーマにした催しを企画している。

ダイヤモンド原石の日

世界的なジュエリーブランド、TASAKI（TASAKI㈱）が制定。ダイヤモンドの原石からその輝きを生み出すように、女性の人生を輝かせることを提唱する日。日付は４月の誕生石がダイヤモンドであり、業界ではひとつのダイヤモンド原石を対に分けて磨く（ツインダイヤモンド）ことが通例のため、調和を意味する「２」の双子（ツイン）にした「22」を組み合わせて４月22日とした。

大人の日

⇨「１年間に複数日ある記念日」の項を参照。

4/23

クラフトビールの日

全国地ビール醸造者協議会、日本地ビール協会、日本ビアジャーナリスト協会などによる日本クラフトビール業界団体連絡協議会が制定。クラフトビールの普及、ビール文化の向上発展、ビールの愛飲家、製造者、販売者、原料・機器生産者など、生産から消費に関わるすべての人が一体となるのが目的。日付は、ビールとは一体何かを世界で最初に定めたとされる、ドイツの「ビール純粋令」が施行された日（1516年４月23日）から。

明治おいしい牛乳の日

㈱明治が制定。同社の「明治おいしい牛乳」は新鮮な生乳本来のおいしさを実現するナチュラルテイスト製法を取り入れ、ほのかな甘みとまろやかなコク、すっきりとした後味で仕上げられている。「明治おいしい牛乳」を多くの人に味わってもらうのが目的。日付は「明治おいしい牛乳」が全国発売を開始した2002年４月23日から。

サン・ジョルディの日

スペイン・カタルーニャ地方のバルセロナなどでは、古くから守護聖人であるサン・ジョルディをたたえ、４月23日に男性は女性にバラを、女性は男性に本を贈る習わしがあった。この伝統行事をヒントに、出版業界などが本を贈る日として活動している。

消防車の日

消防車のトップメーカーの㈱モリタホールディングスが制定。日付は1907年に㈱モリタが創立した日から。安全な社会を築くために欠くことのできない消防車を生産し続けてきた誇りと信頼のひとつの証となる日。

シジミの日

食品として優れ、水質浄化にも役立つシジミの有用性をアピールするために、シジミの研究を続けている（有）日本シジミ研究所（島根県松江市）が制定。日付は４と23で「シジミ」と読む語呂合わせ。

4/24

しぶしの日

2006年１月１日に鹿児島県内の松山町、志布志町、有明町の合併により誕生した志布志市が制定。「しぶし」という地名は天智天皇が人々の志が篤いことを喜ばれて命名されたといわれる。市では「志あふれるまちづくり」を推進することを掲げ、４と24で「しぶし」と読む語呂合わせからこの日を記念日とした。

4/25

室蘭カレーラーメンの日

室蘭カレーラーメンの会（北海道室蘭市）が制定。札幌の「みそ」旭川の「しょうゆ」、函館の「しお」に続く北海道ラーメンの第四の味として、その美味しさを発信するとともにより多くの人に親しんでもらい、室蘭カレーラーメンの存在意義を高めることが目的。日付は2006年４月25日に同会の発足総会が行われたことから。

志（こころざし）授業記念日

（一社）志授業推進協議会が制定。「志授業」とは、小中学生が「自分の人生は自分で決める」というスタートラインに立つための授業のことで、子どもたちに主体性をもって目的を考え、行動することの大切さを学んでもらうもの。「志授業」を47都道府県に普及させるのが目的。日付は「志授業」が初めて公立小学校（岐阜県羽島市立正木小学校）で行われた2008年４月25日から。

TMS・感動新婚旅行の日

オリジナル新婚旅行ツアーなどを手がける㈱トラベルマネジメントシステム（TMS）（愛知県名古屋市）が制定。「新婚旅行」を文化として残したい、これから始まる二人の人生という旅で「新婚旅行」を楽しく思い出す一助にとの願いが込められている。日付は４と25で「新婚旅行シーズンの４月に２人で行く（GO＝５）」の組み合わせから。

失語症の日

脳血管障害や交通事故などで脳が損傷すると「聞く」「話す」「読む」「書く」などの機能が損なわれてしまう失語症について、その啓発などを行うNPO法人日本失語症協議会が制定。失語症の人は理解を得にくく、十分な支援を受けられずに孤立する人も多い。失語症について知ってもらい、支援を広げて社会参加を進めるのが目的。日付は４と25で「し（４）つ（２）ご（５）＝失語」と読む語呂合わせ。

しあわせニッコリ食で健康長寿の日

キューサイ㈱（福岡市）が制定。「100歳まで楽しく歩こうプロジェクト」を推進する同社が、健康長寿には「運動・食事・交流」が重要として、２月25日の「ひざ関節の日」（運動）、３月25日の「みんなでニッコリみんなで健康長寿の日」（交流）とともに、食事の大切さを知ってもらうのが目的。日付は４と25で「しあわせ（４）ニッコリ（25）」の語呂合わせ。

小児がんゴールドリボンの日

その治癒率は年々向上しているが、子どもの病死原因として最も多い小児がん。日々、その病と闘っている子どもたちのことを知ってもらい、支援の輪を広げ、子どもたちに笑顔を取り戻してほしいと（公財）ゴールドリボン・ネットワークが制定。日付は４（しょう）と２（に）と５（ゴールドリボン）の語呂合わせから。

4/26

エイリアンの日

アメリカの映画会社、20世紀スタジオが人気SF映画『エイリアン２』の公開30周年を記念して2016年４月26日を「エイリアン・デー」としたことをふまえ、㈱電通ランウェイが制定。日付は映画に登場する宇宙貨物船ノストロモ号の乗員がエイリアンに遭遇した惑星「LV-426」にちなんで４月26日に。

わらびもちの日

井村屋グループ㈱（三重県津市）が制定。わらびもちは醍醐天皇（在位897～930年）が好んだとされるほど古くから愛されてきた和菓子。原料のわらび粉はワラビの根からわずかしか取れない貴重なもので、精製方法も大変手間がかかる。日本の伝統菓子であるわらびもちを幅広い世代に浸透させていくのが目的。日付はワラビの旬が始まるのが４月で、その特徴の「ぷるぷる」感から「ぷ（２）る（６）」の語呂を合わせて４月26日を記念日に。

日本入浴協会・よい風呂の日

お風呂に特化した専門団体で安全な入浴法の普及を発信する日本入浴協会が制定。毎日の温浴の習慣をもつ日本人。健康、美容効果が高い「日本人の宝の習慣」ともいえる入浴の素晴らしさを意識してもらうとともに、多くの人に楽しいお風呂時間を過ごしてもらうのが目的。日付は４と26で「よ（４）い風呂（26）」の語呂合わせから。

オンライン麻雀の日

健全な娯楽としてのオンライン麻雀の普及、振興を目的に、オンライン麻雀を運営する㈱シグナルトークが制定。日付は4と26で麻雀のメンバーを集めるという意味の「4人でつる（26）む」の語呂合わせから。また、メンゼン派の「for（4）ツモ（26）」、鳴き派の「四副露（スーフーロー）（426）」とも読める。

4/27

駒ヶ根ソースかつ丼の日

「駒ヶ根ソースかつ丼」は長野県駒ヶ根市の名物で、ご飯の上に千切りキャベツを敷き、その上に秘伝のソースをくぐらせたカツを乗せた丼。そのPRと駒ヶ根の街おこしのため、駒ヶ根市内の飲食店の有志で結成した駒ヶ根ソースかつ丼会が制定。日付は会が結成された1993年4月27日から。

つなぐ日

終活関連業務を行う税理士事務所の㈱ローズパートナー（愛知県名古屋市）の代表で、大切な人への想いを形に相続活動を支援する「想活」アドバイザー、相続専門税理士の久野綾子氏が制定。相続争いの原因になる家族のコミュニケーション不足の解消、相続の正しい知識の提供が目的。日付は「資（4）産をつな（27）ぐ」「幸せ（4）をつな（27）ぐ」の語呂合わせ。

スタジオキャラットの日

全国でスタジオビジネスを展開する㈱キャラット（奈良県香芝市）が制定。キッズ写真や成人式・卒業式などのメモリアル写真スタジオ、ブライダルフォトサロンなどを運営する同社の知名度向上と販売促進が目的。日付は同社の創業日1994年4月27日から。

タッパーの日

タッパーウェアブランズ・ジャパン㈱が制定。同社がプラスチック製密閉容器の代名詞「タッパー」と「タッパーウェア」の登録商標をもつことを消費者に知ってもらうとともに、さらなる普及をめざす。日付は1963年4月27日に同社が設立されたことから。

4/28

ドイツワインの日

ドイツワインの普及とその愛好家の拡大のため、（一社）日本ドイツワイン協会連合会が制定。同連合会はドイツワインの各協会の連携機関で、ドイツワインとドイツ文化の発展のための活動を行う。日付はゴールデンウィーク（GW）をジャーマンウィーク（GW）にかけて「ゴールデンウィークにはドイツワインを飲もう」と4月28日に。

よーじやの日

あぶらとり紙で有名な㈱よーじや（京都市）が、同社商品のPRのために制定。同社の創業は1904年で、当時は國枝商店として舞台化粧道具を扱った。大正初期には歯ブラシを販売。当時は歯ブラシを「楊枝」と呼んでおり、人々に「楊枝(ようじ)屋さん」と親しまれていたため、「よ-じや」が屋号となる。日付は「よー（4）じ（2）や（8）」の語呂合わせから4月28日に。

溶射の日

日本溶射工業会（大阪府堺市）が制定。溶射とは、金属などの表面に溶融した材料の粒子を吹き付ける表面処理加工技術のことで、耐摩耗性向上、防錆、防食などを目的として用いられる。溶射という素晴らしい技術を多くの人に知ってもらい、業界と社会の発展、繁栄に繋げることが目的。日付はスイスのマックス・ウルリッヒ・ショープ博士が世界で初めて溶射の発明（金属溶射プロセスの基本特許）をドイツで登録した1909年4月28日に由来。

北海道よつ葉記念日

よつ葉乳業㈱（北海道札幌市）が制定。「北海道のおいしさを、まっすぐ。」をコーポレートスローガンに掲げる同社の商品は、北海道各地の良質な生乳を原料に作られている。その美味しさと魅力を伝えるとともに、消費者の方々に日頃の感謝の気持ちを表すのが目的。日付は、4と28で「よ（4）つ（2）ば（8）」と読む語呂合わせ。

四つ葉の日

「幸せあふれる未来を創る」を企業理念に電力コスト削減に取り組む㈱クローバー・テクノロジーズ（大阪市）が制定。多くの人に生活のなかで、愛、希望、幸福、健康を意味する四つ葉のクローバーのような幸せを見つけてもらうのが目的。日付は4と28で「四（4）つ（2）葉（8）」と読む語呂合わせから。

インターホンの日

（一社）インターホン工業会が制定。より安全に、より安心に、よりつながりのある社会の実現に必要な、円滑なコミュニケーションを支えるインターホンの普及と適切な更新が目的。日付は4と28で「良い（4）通話（28）」と読む語呂合わせから。

庭の日

庭や造園への関心をもっと高めようと（一社）日本造園組合連合会が制定。日付は4と28を「良（4）い庭（28）」と読む語呂合わせと、全国的に庭が美しく映える時期となることから。

洗車の日

⇨「1年間に複数日ある記念日」の項を参照。

セアダスの日

「セアダス」はイタリア・サルデーニャ島の伝統菓子。セアダス専門店SEADAS FLoWER CAFFÉ（東京都目黒区自由が丘）を営む㈱チェントアピが制定。セアダスを通じて、サルデーニャ島の文化と人々の魅力を知ってもらうのが目的。日付は4月28日がイタリアで「サルデーニャの日」とされていることによる。

4/29

昭和の日（国民の祝日）

国民の祝日のひとつ。昭和の時代、4月29日は「天皇誕生日」であったが、平成になり「みどりの日」となり、2007年から「昭和の日」となった。意義は「激動の日々を経て、復興を遂げた昭和の時代を顧み、国の将来に思いをいたす」。

家族と暮らす動物の幸せを考える日

パナソニック㈱と㈱朝日新聞社が制定。パナソニックは動物保護団体への寄贈、保護犬・保護猫の譲渡会の開催、ペットと飼い主の暮らしをサポートする商品を開発。朝日新聞社は犬と猫の飼い主向けのウェブサイト「sippo」を運営し、人とペットが共生できる社会づくりに取り組む。家族と暮らす動物の幸せを多くの人に考えてもらうのが目的。日付は犬や猫のシンボルの肉球から4月29日を「よい（4）にくきゅう（29）」と読む語呂合わせで。

「銀河のしずく」の日

いわてのお米ブランド化生産販売戦略推進協議会が制定。岩手県オリジナル水稲品種「銀河のしずく」の生産拡大、品質向上、県内外へのPRが目的。「銀河のしずく」は炊き上がりが透き通るように白くつやがあり、冷めても変わらない軽やかな食感の美味しいお米。和食にも洋食にもおにぎりにも合う。日付は「銀河のしずく」の「し（4）ず（2）く（9）」の語呂合わせで4月29日に。

四国・幸福の日

「4つの愛が 一つの未来に向かう 幸せな四国」を掲げて活動する（公

社）日本青年会議所四国地区協議会（香川県高松市）が制定。四国にゆかりのある人が身近な幸せや幸福感を一斉に発信し、四国の魅力を多くの人と共有することが目的。四国に残るお遍路などの独自文化を通じて四国ファンを増やしていく。日付は４と29で「し（４）こくこうふ（２）く（９）」と読む語呂合わせから。

ナポリタンの日

ナポリタンに欠かせないケチャップの製造、販売を手がけるカゴメ㈱が制定。長年にわたり多くの人から親しまれてきたスパゲッティナポリタンをさらに愛してもらうのが目的。日付はナポリタンが昭和生まれの日本の洋食であることから「昭和の日」の４月29日に。

フォニックスの日

㈱mpi松香フォニックスが制定。「フォニックス」は英語の発音と文字のルールを学ぶ音声学習法で、正しい発音で英語が読めるようになる。フォニックスの効用の普及が目的。日付は４と29で「フォ（４）ニック（29）ス」と読む語呂合わせ。

タオルの日

大阪タオル卸商業組合が制定。春先から初夏にかけてタオルの需要をさらに向上させ、タオル産業を盛り上げるのが目的。日付は４と29をタオルで「良（４）く拭く（29）」と読む語呂合わせから。日本のタオル産業に携わる各種団体が連携して推進することをめざす。

畳の日

⇨「１年間に複数日ある記念日」の項を参照。

歯肉ケアの日

歯槽膿漏の予防、知覚過敏でしみるのを防ぐなど、歯ぐき（歯肉）のためのハミガキ「ディープクリーン」の製造販売を手がける花王㈱が制定。いつまでも自分の歯でおいしく食べるためには、歯ぐきのケアが大切であることを、多くの人に知ってもらうのが目的。日付は４と29で「歯肉（しにく）」と読む語呂合わせから。

歯肉炎予防デー

ハミガキブランド「クリアクリーン」を展開する花王㈱が制定。「クリアクリーン」が商品のリニューアルにより、歯肉炎まで予防するハミガキとなったことをアピールする。日付は４と29で「歯肉（しにく）」と読む語呂合わせ。

豊後高田昭和の町の日

大分県豊後高田市が制定。同市が2001年から商業と観光の振興のために、商工会議所、商店街とともに進めてきた昭和30年代がテーマの「豊後高田昭和の町」を多くの人に知ってもらうのが目的。日付は国民の祝日の「昭和の日」から。「豊後高田昭和の町」は懐かしい街並みや商品、人々の温かい対応などで多くの観光客を集めている。

4/30

図書館記念日

戦後の図書館発展の基盤となった「図書館法」（1950年4月30日公布）を記念し、1971年の全国図書館大会で採択された。図書館の原型は、紀元前3000年の古代メソポタミアの時代にもあったとされる。

派手髪の日

ヘアースタイリング剤などの開発・販売をする㈱EMAJINY（福岡県北九州市）が制定。同社は髪型や髪の色も個性であると認め、容姿への偏見や差別をなくしていくには寛容な気持ちが大切と考えている。派手な髪や奇抜な髪型から、他者を許容する力を養う日とすることが目的。日付は仮装イベントのハロウィーンから半年後の4月30日。仮装体験に触れる日として定着させたいとの思いから。

HAKUの日

美容関連商品の製造販売を手がける資生堂ジャパン㈱が制定。「HAKU」は長年シミ予防サイエンスの追求を続けてきた同社の美白化粧品のスペシャルブランド。HAKUでシミができる不安から開放され、肌本来の輝きを引き出すことで心まで輝かせ、自信につなげてとの願いが込められている。日付は4と30で「シ（4）ミ（3）ゼロ（0）」と読む語呂合わせから。

王子マリンロード430の日

玉野商工会議所（岡山県玉野市）と児島商工会議所（岡山県倉敷市児島）が連名で制定。「王子マリンロード430」は国道430号線のうち、玉野市の宇野港から倉敷市の児島観光港までの区間で、瀬戸大橋開通30周年記念の際に名付けられた。両地域の知名度向上と観光振興が目的。日付は、国道430号線にちなみ4月30日とした。

しみゼロの日

世界最大の化粧品会社ロレアルグループの日本ロレアル㈱のスキンケアブランド「ラロッシュ ポゼ」が制定。スキンケアに大敵の紫外線を防ぐ教育、啓蒙を行い、しみのない「しみゼロ」の肌をめざす。日付は4と30で「しみゼロ」の語呂合わせから。

年によって日付が変わる記念日

4月第1土曜日

花冠記念日

㈱タヒチプロモーション（神奈川県横浜市）が制定。花で世界をつなぎ、地球に花冠を被せ、花で世界を癒す日とするのが目的。日付は4月の1週目頃には花が咲き誇り、人々が花の美しさを感じる機会が増えることと、花は土から育つので、4月の第1土曜日に。

4月最終水曜日

国際盲導犬の日

国際盲導犬学校連盟（現・国際盲導犬連盟）が1992年に制定。日付は国際盲導犬学校連盟が発足した1989年4月26日にちなむ。目の不自由な人にとって大切な盲導犬の普及と、一般の人々の理解をめざしている。

4月最後の7日間そろった週の水曜日

セクレタリーズ・デー

アメリカでは、この日をセクレタリーズ・デー（秘書の日）と呼び、オフィスでは上司が自分の秘書やスタッフに日頃の感謝の気持ちを込めてプレゼントする習わしがある。1952年、秘書の仕事の重要性を知ってもらおうと秘書週間を提唱したのが始まりといわれる。

4月と5月をまたぐ月間

高級食パン文化月間（4月8日〜5月9日）

高級食パン専門店「銀座に志かわ」を全国に展開する㈱銀座仁志川が制定。4月8日の「高級食パン文化の日」から5月9日までの32日間にわたり、新しい食文化としての高級食パンを味わってもらい、その魅力を長く伝えていくのが目的。日付は4月8日は4と8で「食パン＝し（4）ょくパ（8）ン」の語呂合わせで、5月9日は5と9で「高級＝こ（5）うきゅう（9）」の語呂合わせから。

コラム4

日本記念日協会の開発商品

記念日の登録制度とともに日本記念日協会が大切にしてきたのが、それぞれの記念日や日付にこだわった商品の開発だ。

日本記念日協会が監修をしている「記念日・歳時記カレンダー」はそのひとつで、月めくりのカレンダーに季節のイラストを添えて、1日1件の記念日とその由来、さらには旧暦・干支、六曜、月相、二十四節気、七十二候、歳時記までも掲載している。

本書『すぐに役立つ366日記念日事典』は日本記念日協会に登録されている記念日を、日付順に由来とともに紹介しており、掲載数日本一を誇る記念日事典の決定版といえる。図書館や公民館、自治体の広報課や学校図書館はもちろんのこと、企業や個人宅に1冊あれば便利に違いない。

とくに、記念日名の五十音順の索引は日本記念協会のホームページにはない機能で、本書の大きな特長といえるだろう。

単行本では、さまざまな記念日にふさわしいケーキとその意味合いをオールカラーで紹介した『アニバーサリーに食べたい39のケーキ物語・すてき記念日』も出版した。「こどもの日」にはシュークリーム、「母の日」には苺のショートケーキ、「父の日」にはモンブラン、「金婚式」にはバウムクーヘンなど、記念日に合わせて趣向を凝らしている。

これとは別に『記念日に飾りたい・すてきな花束』という本も出版している。たとえば「バレンタインデー」にはライラック、「卒業式」はスイートピー、「母の日」はナデシコ、「父の日」はタンポポ、「敬老の日」はカトレア、「結婚1年目」はフリージアといった具合に、記念日に飾りたい、贈りたい、祝いたい花をフラワーアレンジメントとともに紹介している。

エッセイ集もある。季節ごとにちりばめられた記念日を、その日にまつわる小さな道具のエピソードで紹介した『記念日歳時記・季節の小道具』がそれだ。「時の記念日」の腕時計、「父の日」の万年筆、「妹の日」のオルゴール、「十五夜」のうさぎもちなどなど、それぞれの記念日にかかわりのある小道具を選んでいる。

上記の3冊は、記念日という特別な日に、いつまでも記憶に残るような出来事を生み出すことで、人生を豊かにしてもらいたいという願いを込めて著したもので、記念日を祝うときのヒントにしていただいている。

MAY

旧　暦　皐月（さつき）

語源：早苗を植える月「早苗月」が転じたものとされる。

英　名　May

語源：ローマ神話の豊穣の女神マイア（Maia）の祭日が5月1日に行われたことに由来する。

異　名　早苗月（さなえづき）／菖蒲月（あやめづき）／田草月（たくさづき）／梅色月（うめのいろづき）／狭雲月（さくもづき）／橘月（たちばなづき）／吹喜月（ふっきづき）

誕生石　エメラルド（翠玉、緑玉）／ジェイド（翡翠）

誕生花　カーネーション／スズラン／ショウブ

星　座　牡牛座（〜5/20頃）、双子座（5/21頃〜）

国民の祝日　憲法記念日（3日）、みどりの日（4日）、こどもの日（5日）

「緑茶の日」「童画の日」「アイスクリームの日」「コットンの日」「旅の日」「こいのぼりの日」「源泉かけ流し温泉の日」など、5月はさわやかな季節を表したような記念日が多い。また、ゴールデンウィークの期間中は「憲法記念日」「みどりの日」「こどもの日」の由来にも関心が集まる。そして、1年の中でも話題性、市場規模、露出度の高い「母の日」は、カーネーションというシンボルをもつことで長い間景気に左右されない記念日であり続けてきた。最近はイチゴのケーキを贈る人も増えている。なぜなら「イチゴ」は漢字で「苺」。母に冠をささげて感謝の気持ちを表す日だから。

カーネーション

令和はじまりの日

2019年の5月1日、皇室典範特例法の規定に基づき、前日の4月30日に明仁天皇が退位され、徳仁天皇が即位。この日から新しく元号が「令和」となった。「令和」は「大化」以来248番目の元号。

アテックスルルドの日

マッサージ器、健康・美容機器などの商品企画・販売などを手がける㈱アテックス（大阪市）が制定。「アテックスルルド」はすべての人の毎日をハッピーにするセルフケアアイテムを提供する同社のウエルネスブランドで、発売以来1400万台以上を発売。記念日を通して、さらに多くの人にその癒しを届けるのが目的。日付は同社の創立記念日（1992年5月1日）から。

魔王魂（まおうだましい）の日

楽曲制作事業などを手がける㈱ジョーカーサウンズ（福岡市）が、同社のフリー音楽サービス「魔王魂」のPRのために制定。同サービスでは、個人使用や商用使用を問わず、あらゆるジャンルのコンテンツに音楽を利用できる。日付はサービスの創設者で作曲家の森田交一氏の名前の「こう（5）いち（1）」の語呂合わせ。

本仕込（ほんじこみ）の日

フジパン㈱（愛知県名古屋市）が、同社のロングセラー商品「本仕込」をPRするために制定。「もっちり系食パン」の草分け的存在で、食パンの名前に漢字を使った先駆けでもある。日付は「本仕込」が発売された1993年5月1日から。

恋の予感の日

婚活パーティーの企画と運営を行う婚活支援サービス恋の予感（岩手県大船渡市）が制定。健全な婚活パーティーを普及させ、年代に関係なく気軽に堂々と婚活パーティーに参加できる地域社会をめざしている。日付は5と1で「恋」と読む語呂合わせ。

メーデー

1886年のこの日、アメリカのシカゴで労働者が「1日の労働時間を8時間に」とストライキを起こし、その3年後の5月1日にパリに集まった世界中の労働者の代表が、この日を労働者の祝日とした。日本では、1920年から行われている。

水俣病啓発の日

1956年5月1日、熊本県水俣市の保健所に市内の病院から原因不明の病気が報告され、これが水俣病の発見とされる。公害の水俣病を忘れない日にと制定された。

語彙の日（ごいの日）

㈱旺文社が制定。日常生活や学習活動で書いたり読んだりする日本語を的確に理解するために必要な「語彙力」の大切さを認識してもらえる日にとの思いが込められている。日付は５と１で「語彙（ごい）」と読む語呂合わせから。

恋がはじまる日

エルシーラブコスメティックを運営する㈱ナチュラルプランツが制定。女性の恋を応援する同社が、男子の立身出世を願う「鯉のぼり」を女性向けにアレンジした「恋のぼり」で恋の成就を願うのが目的。日付は５と１で「恋」と読む語呂合わせ。

宅配ボックスの日

配送物を安全に保管・管理する宅配ボックスを開発した㈱フルタイムシステムの原幸一郎氏が制定。日付は宅配ボックスのトップメーカーである同社が創立された1986年５月１日に由来する。

カリフォルニア・レーズンデー

カリフォルニア・レーズン協会（米カリフォルニア州）が、日本でカリフォルニア・レーズンのおいしさ、高い栄養価などをアピールしようと制定。日付は５月がカリフォルニア・レーズンの原材料ナチュラル・シードレスの花が咲き、実をつけ始める時期に当たることから、その最初の日を記念日としたもの。

鯉の日

全国養鯉（ようり）振興協議会（茨城県行方市）が制定。記念日を制定してさらなる鯉の消費拡大を図ることが目的。鯉にはたんぱく質やビタミンなどの栄養素が豊富に含まれていることから「鯉を食べて健康を守ろう」キャンペーンなどを行っている。日付は「こ（５）い（１）」と読む語呂合わせ。

コインの日

日本貨幣商協同組合が制定。人類の生み出した重要な発明のひとつと言われ、3000年近い歴史をもつ「貨幣」。各国の各時代の意匠や様式を反映した美術品ともいえる貨幣を通して、それぞれの国の歴史・文化に対する理解を深めてもらうのが目的。日付は「コ（５）イ（１）ン」と読む語呂合わせ。

自転車ヘルメットの日

自転車用のヘルメットを手がける㈱オージーケーカブト（大阪府東大

阪市）が制定。自転車ヘルメットの着用促進と、その重要性を呼びかけるのが目的。日付は５月が「自転車月間」であり、その始まり（頭）の日（１日）とした。同社の自転車事故による死亡やケガから一人でも多くの人を救いたいとの願いが込められている。

5/2

八十八夜

[年によって変わる] 立春から数えて88日目をいう。この日に摘んだ新茶は上等なものとされ、この日にお茶を飲むと長生きするといわれる。

VIVUS GOLFの日

ゴルフ専門プレミアムトータルスキンケアブランド「VIVUS GOLF」などを手がける㈱WEGO JAPAN（愛知県名古屋市）が制定。花々が咲き誇る季節にゴルフに出かけ、心も体もリフレッシュする健康的なゴルフライフを楽しんでもらうのが目的。日付は季節感と「ゴ（５）ルフ（２）」の語呂合わせから。

国府津（こうづ）の日

国府津商工振興会（神奈川県小田原市）が、国府津の知名度アップのために制定。国府津は由緒ある神社仏閣が多く明治から昭和にかけては交通の要衝として栄えた。相模湾に面する温暖な気候からみかん畑が多く、JR国府津駅の発車メロディーは「みかんの花咲く丘」。日付は「こ（５）うづ（２）＝国府津」と読む語呂合わせ。

紙コップの日

紙コップの認知度とイメージ向上を図るため、紙コップのリーディングカンパニーの東罐（とうかん）興業㈱が制定。日付は、紙コップを使用する機会が多いゴールデンウィークの期間で、「コ（５）ップ（２）」と読む語呂合わせ。暑くなり始める時期に、水分補給を意識して健康に夏を乗り切ってほしいという思いも込められている。

コージーコーナーの日

㈱銀座コージーコーナーが制定。1948年に東京銀座六丁目に開業した小さな喫茶店から始まった同社。その社名であるコージーコーナーは「憩いの場所」の意味があり、洋菓子を通じて多くの人に安らぎのひとときを提供したい、笑顔になってほしいとの思いが込められている。日付は「コー（５）ジー（２）」の語呂合わせから。

ごっつの日

冷凍食品などを製造・販売するテーブルマーク㈱が制定。同社の人気商品「ごっつ旨いお好み焼」など「ごっつ旨い」シリーズを食べていただいている人に感謝の気持ちを示すとともに、さらに多くの人に味わってもらうのが目的。日付は「ごっ（5）つ（2）」の語呂合わせ。

コツコツが勝つコツの日

不動産の売買や仲介などを手がける㈱日本財託が制定。「愚直に謙虚に働き、感謝の心を忘れない」という同社がもっとも大事にする価値観を表現したスローガン「コツコツが勝つコツ」の言葉を社内外の多くの人に知ってもらうのが目的。日付は「コ（5）ツ（2）」と読む語呂合わせ。

カルシウムの日

日本初のカルシウム錠剤を開発したワダカルシウム製薬㈱（大阪市）が制定。丈夫な骨をつくるために欠かせないカルシウムを摂ることの大切さを広めるのが目的。日付は「骨＝コ（5）ツ（2）」と読む語呂合わせ。

緑茶の日

［年によって変わる］（公社）日本茶業中央会が制定。毎年八十八夜の日を「緑茶の日」としている。八十八夜の新茶は古くから仙薬と称されるほど栄養価が高いとされる。

新茶の日

［年によって変わる］立春から数えて88日目の日となる雑節の「八十八夜」。この日に摘んだ新茶は上等なものとされ、この日に新茶を飲むと長生きすると伝えられていることから、山啓製茶（静岡県掛川市）の山啓会が制定。

婚活の日

結婚情報サービスの㈱サンマリエが制定。同社は業界屈指のカウンセラー数を誇り、紹介とサポートの両面から幸せな結婚へのチャンスを広げる。日付は5と2で「婚活」と読む語呂合わせ。

5/3

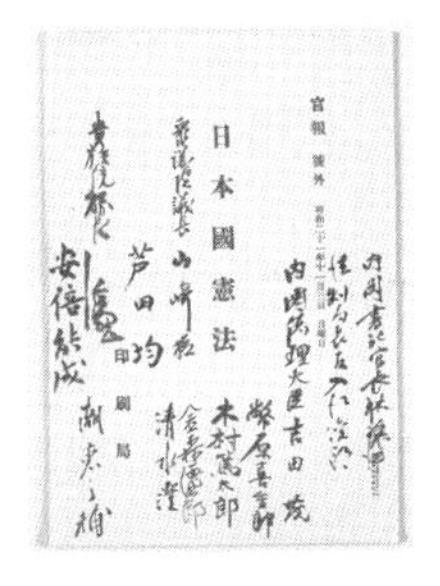
官報 號外

日本國憲法

憲法記念日（国民の祝日）

国民の祝日のひとつ。1947年5月3日、日本国憲法が施行されたことによる。憲法をめぐっては、連合国から押しつけられた憲法として改憲を望む声もあれば、平和憲法と高く評価する護憲の立場の人もいて、常に議論されている。この日は、集会などを開き、それぞれの主張をアピールする。

F&E酵素の日

発酵飲料や機能性飲料などを手がける㈱ケルプ研究所（北海道札幌

市）が制定。同社の「F&E酵素」は野菜や果物のエキスを発酵させた植物エキス発酵飲料。酵母や乳酸菌を活かす日本の伝統的な自然発酵の製法を守り続け、手間と時間をかけて丁寧に製造している。「F&E酵素」を多くの人に知ってもらうことが目的。日付は「こう（5）そ（3）」と読む語呂合わせ。

五三焼(ごさんやき)カステラの日

カステラなどを製造販売する（有）和泉屋（長崎県雲仙市）が制定。しっとりとした舌ざわりと深く濃厚な甘さの「五三焼カステラ」を多くの人に味わってもらうのが目的。日付は、五三焼カステラの名前の由来が使用する卵黄と卵白の割合が五対三であったこと、大切な贈り物として桐箱に収めて贈ることから桐の家紋「五三の桐」にちなんで名付けられたことから5月3日に。

スケートパトロールの日

岐阜県のスケートボード愛好家グループ「RED SKATE（レッドスケート）」が、スケートボーダーのマナーの向上、ルールの尊重、地域貢献などを目的とした活動「スケートパトロール」を行っていることから制定。日付はルールを守ることから憲法記念日の日であり、清掃活動などを行うことから5と3で「ゴミ」と読めるこの日に。

5/4

みどりの日（国民の祝日）

国民の祝日のひとつ。趣旨は「自然に親しむとともにその恩恵に感謝し豊かな心をはぐくむ」。平成になったのを機に、昭和天皇の誕生日として国民の祝日であった4月29日が「みどりの日」とされたが、2007年からは5月4日になった。

信州ハム「グリーンマーク」の日

信州ハム㈱（長野県上田市）が制定。「グリーンマーク」とは発色剤・着色料・保存料・リン酸塩を使用しないで作られる同社のハム・ソーセージに付けられるシンボルマーク。1975年春より発売された「グリーンマーク」商品群を多くの人に知ってもらうのが目的。日付は「グリーンマーク」のグリーンから、国民の祝日の「みどりの日」である5月4日に。

とろけるハンバーグの日

レストラン事業などを展開する㈱GROSEBAL（神奈川県相模原市）が制定。同社が開発した「とろけるハンバーグ」を相模原市の名物グルメとして、その魅力を多くの人に知ってもらうのが目的。日付は国内初の民間単独開発でロケットが打ち上げられた2019年５月４日から。同商品がそのロケットに持ち込まれ「世界初、宇宙へ行ったハンバーグ」と話題を集めたことにちなむ。

口臭ケアの日

口臭ケア商品などの企画・製造・販売を行う㈱いいの製薬（神奈川県横浜市）が制定。歯を磨くだけではケアしきれない口の中の乾燥、舌苔（ぜったい）や膿栓（のうせん）といった口臭の原因について周知し、口臭ケアの大切さを広めるのが目的。日付は「こう（５）しゅう（４）」と読む語呂合わせ。

うすいえんどうの日

「うすいえんどう」の収穫量日本一を誇る和歌山県の和歌山県農業協同組合連合会が制定。日付は収穫期がピークとなる５月の連休の頃で、「みどりの日」となるこの日を、うすいえんどうのさわやかな緑と重ね合わせたもの。

しらすの日

しらすなどの海産物の加工販売を手がける朝日共販㈱（愛媛県伊方町）が、しらすのおいしさを多くの人に知ってもらおうと制定。日付は、５月はしらす漁が全盛となる旬の時期で、しらすの「し」を４と見立てて５月４日とした。また、「みどりの日」で、森や山からの豊富な恵みが豊饒な海をつくり、上質なしらすを育ててくれることへの感謝の意味も込められている。

巻寿司の日

［立夏の前日、年によって変わる］⇨「１年間に複数日ある記念日」の項を参照。

スター・ウォーズの日

「スター・ウォーズ」の魅力について、多くの人に知ってもらおうとウォルト・ディズニー・ジャパン㈱が制定。日付は劇中の名台詞“May the Force be with you（フォースと共にあらんことを）”のMay the ForceとMay the 4th（５月４日）をかけた語呂合わせ。この日は世界中のファンがスター・ウォーズの文化を祝い、映画をたたえる日。

糸魚川・ヒスイの日

NPOまちづくりサポーターズ（新潟県糸魚川市）が制定。日本唯一のヒスイ産出地であり、世界最古のヒスイ文化発祥の地でもある糸魚川市。ヒスイの魅力をさらに大勢の人に知ってもらい、まちおこしの機運の醸成を図ることが目的。日付はヒスイ（翡翠）の「翠」から連想して「みどりの日」である５月４日とした。

ゴーシェ病の日

肝臓や脾臓の腫れ、骨折などの症状を伴う難病のゴーシェ病。非常にまれな疾患であるゴーシェ病のことを多くの人に知ってもらおうと、日本ゴーシェ病の会が制定。日付は同会の前身、ゴーシェ病患者及び親の会から現在の名称で活動を開始したのが2015年５月４日だったことと、５と４で「ゴーシェ」と読む語呂合わせから。

5/5

立夏（りっか）

［年によって変わる］二十四節気のひとつ。野山に夏の気配が立つころ。

端午の節句

奈良時代から続く行事で、江戸時代からは男子の節句として、身を守る鎧や兜を飾り、鯉のぼりを立てて男子の成長を願う行事として盛んになった。初節句にはちまきを食べ、２年目からは柏餅を食べるのが慣わし。

こどもの日（国民の祝日）

国民の祝日のひとつで、「こどもの人格を重んじ、こどもの幸福を図るとともに、母に感謝する日」として1948年に制定。

関西吹奏楽の日

吹奏楽愛好者が集い、先人に感謝し、関西の吹奏楽の発展に寄与するため、関西吹奏楽功労者の碑管理委員会が制定。同委員会は指揮者の朝比奈隆氏など、関西の吹奏楽文化の発展に寄与した人々の功績をたたえる「関西吹奏楽功労者の碑」をえびす宮総本社西宮神社に2021年５月５日に建立。日付は碑を建立した日にちなむ。

あたり前田のクラッカーの日

「あたり前田のクラッカー」のフレーズで有名な前田製菓㈱（大阪府堺市）が制定。記念日を通して、クラッカーをはじめ、前田製菓のお菓子を多くの子どもやその家族に食べてもらうのが目的。日付は子どもたちの健やかな成長を願って「こどもの日」に。また、５月５日は同社の創業日（1918年）でもある。

わらべうた・子守唄の日

わらべうた・子守唄という文化遺産を生活に根付かせるため、「全国わらべうたの会」（東京都多摩市）が制定。同会は、保育や教育、唄の研究者や音楽家などと連携し、わらべうた・子守唄を広めている。日付は、子どもの幸せを願う日の「こどもの日」に。

ゴーゴーダンスの日

シンガー、ダンサー、振り付け師などとして活動するゴーゴーガール「踊るミエ」。彼女がプロデュースする「踊るミエ企画」が制定。1960年代にアメリカで始まったミニスカートにゴーゴーブーツで踊る格好よくお洒落なゴーゴーダンスを多く人に知ってもらい、楽しんでもらうのが目的。日付は5と5で「ゴーゴー」と読む語呂合わせ。

丸源餃子の日

焼肉、ラーメン、お好み焼などの外食事業を展開する㈱物語コーポレーションが制定。同社の「丸源ラーメン」などで提供する丸源餃子を多くの人に食べてもらうのが目的。日付は家族みんなで味わってもらえるとの思いから5月5日の「こどもの日」に。

荒野行動の日

サバイバルスマホゲーム「荒野行動」のPRのため、ゲームアプリを手がけるNetEase Gamesが制定。日付は5人チームで参加するeスポーツ大会「荒野Championship 元年の戦い」の2019年5月5日開戦を記念して。同大会のスローガンは「Fight for Five」(5人のために戦う、5人で戦う)。

メンズメイクアップの日

メイク中心のメンズ総合コスメブランド「FIVEISM×THREE(ファイブイズム バイ スリー)」を販売する㈱ACRO(アクロ)が制定。多くの男性にメイクを通じて自己表現を楽しんでもらうのが目的。日付は男性にもメイクのもつ可能性を体感してほしいとの思いから、男子の成長を願う「端午の節句」の5月5日に。

たべっ子どうぶつの日

1978年10月発売のロングセラー商品「たべっ子どうぶつ」をさらに多くの子どもたちに食べてもらうため、㈱ギンビスが制定。日付は子どもたちの明るい未来を築き上げたいとの思いから「こどもの日」の5月5日とした。ギンビスの創業日、創業者の誕生日でもある。

甘党男子の日

スイーツ好きな男性のことを「甘党男子」と命名し、男性のためのスイーツ情報&コミュニティーサイトを運営する㈱AMT PROJECTが制定。スイーツ好きな男性にお得な店を増やすのが目的。日付は男子の日ともいえる5月5日の「端午の節句」から。

キッズの日はキズケアの日

(一社)日本創傷外科学会と(一社)日本形成外科学会が制定。外傷などによってできるキズや傷跡の治療には創傷外科専門医・形成外科専門医がいることを広く知らせるのが目的。専門医が治療（ケア）することで、よりきれいに短時間に治すことが期待できる。日付はケガをしやすいのが子ども（キッズ）であることから、キッズとキズの連想から5月5日の「こどもの日」を記念日に。

こいのぼりの日（鯉のぼりの日）

全国の鯉のぼりメーカーで結成された「日本鯉のぼり協会」が制定。日本の四季を彩る伝統的な五節句のひとつ「端午の節句」に、男子誕生を祝い「こいのぼり」を掲揚する文化を多くの人に広めて継承していくのが目的。日付は全国的に5月5日の「こどもの日」を中心に掲揚されていることから。

植物エキスの日

天然素材から化粧品や健康食品の原料を提供する一丸ファルコス㈱（岐阜県本巣市）が制定。植物エキスの優れた有用性を知ってもらい、活用してもらうのが目的。日付は、『日本書紀』によると推古19（611）年の陰暦5月5日に「薬狩り」という薬草を採取する行事が行われ、その抽出したエキスを治療に役立てていたと考えられることから、新暦の同じ日付に。

たのしくドライブする日

「JAPAN SMART DRIVER プロジェクト」が制定。楽しくドライブすることは新しい世界に一歩ふみ出すこと、新しい道を走ってみることという思いを多くの人とシェアするのが目的。日付は同プロジェクトが参加する銀座柳まつりの開催日から5月5日に。

うずらの日

全国のうずら農家で構成する日本養鶉（ようじゅん）協会が制定。うずら業界の振興とうずらの卵のPRが目的。日付は、5月は陰暦で鶉月（うずらづき）と呼ばれ、5日は05で「たまご」と読む語呂合わせから。また、戦国時代の武将はうずらの鳴き声を「御吉兆（ごきっちょう）」と聴き取り、その縁起の良い声を聴いて出陣したとの言い伝えから、男子の成長を祈る端午の節句に。

こだますいかの日

［立夏、年によって変わる］こだますいかの全国有数の産地である茨城県筑西市と桜川市、北つくば農協地域農業振興協議会が制定。小ぶりで扱いやすく、果皮が薄いうえに味が濃厚なこだますいかの魅力を多くの人に知ってもらい、味わってもらうのが目的。日付はこだますいかの収穫盛期から二十四節気の立夏（5月5日頃）を記念日に。

熱中症対策の日

（一財）日本気象協会が手がける「熱中症ゼロへ」プロジェクトと、プロジェクトの公式飲料「アクエリアス」の日本コカ・コーラ㈱が共同で制定。熱中症を防ぐにはこまめな水分補給が大切であることを多くの人に知らせるのが目的。日付は暦の上で夏が始まる「立夏」とし、この頃から熱中症患者が出始めるのでいち早く注意を促す。

レゴの日

「こどもの日」の5月5日は0505で「レゴレゴ」と読むこともできることから、ブロック玩具のレゴジャパン㈱が制定。より多くの人にレゴブロックをアピールするのが目的。レゴの本家はデンマークで、「LEGO」は「よく遊べ」という意味のデンマーク語の標語の頭文字をとったもの。

フットサルの日

老若男女を問わず多くの人に親しまれているスポーツのフットサルの普及を目的に㈱エフネットスポーツが制定。日付はフットサルが5人対5人で行うスポーツであることから。

ジャグラーの日

パチスロ「ジャグラー・シリーズ」を製造販売する㈱北電子が制定。リール窓の左下にある「GOGO ！ランプ」が点灯すれば当たりという明快なゲーム性の同シリーズは、全国のパチンコホールに設置されており、パチスロ設置総台数の20％以上を占める人気機種。日付は「GO（5）GO（5）！ランプ」の語呂合わせ。

かずの子の日

北海道水産物加工協同組合連合会が制定。子どもたちの健やかな成長を願う「こどもの日」に、子孫繁栄の縁起物でもある「かずの子」を食べて、あらためて両親に感謝するという日本の食文化を広めるのが目的。かずの子はニシンの魚卵であることから、両親を二親（ニシン）と読む語呂合わせにもなっている。

コミュニティファーマシーの日

地域の人々に薬のこと、病気の予防、健康情報などを伝えるため、（一社）日本コミュニティファーマシー協会が制定。日付は推古天皇が薬草を採取した日とされる5月5日（611年）が「薬日（くすりび）」として『日本書紀』に記載されていることから。

午後の紅茶の日

キリンビバレッジ㈱が制定。同社の紅茶飲料「キリン 午後の紅茶」が2015年に発売30年目を迎えたのを機に、より多くの人に「午後の紅茶」に接してもらい、5月の行楽シーズンを「午後の紅茶」と共に過ごしてほしいとの願いが込められている。日付は5と5で「午後」と読む語呂合わせ。

かみ合わせの日

NPO法人日本咬合学会が制定。かみ合わせや咀嚼(そしゃく)の大切さをPRすることにより、国民の健康の向上と健康長寿に寄与することが目的。日付は、5と5でかみ合わせを意味する「咬合(こうごう)」の語呂合わせから。また、「こどもの日」に最近増えつつある子どものかみ合わせの悪さを考え、健やかな成長を願うこともその理由。

ゴーフルデー

㈱神戸凮月堂（兵庫県神戸市）が制定。1927年の発売以来、同店を代表する銘菓として愛され続けてきたゴーフル。「味覚の芸術品」とも称されるゴーフルの魅力を多くの人に知ってもらうのが目的。日付は5がフルに揃った昭和55年5月5日にスタートした「ゴーフルデー」から。

5/6

鎌倉五郎の日

和菓子店「鎌倉五郎」を運営する㈱鎌倉座（神奈川県鎌倉市）が制定。ほのかな甘さが上品なおせんべいに、抹茶や小倉のクリームを挟んだ「鎌倉半月」や、和菓子屋のモンブラン「小波」などで有名な同店の和菓子を多くの人に知ってもらい、日頃の感謝を伝えるのが目的。日付は「ご（5）ろう（6）＝五郎」と読む語呂合わせ。

コロネの日

巻き貝のような螺旋状の形が特長の日本発祥の菓子パン「コロネ」の魅力を広く伝えるとともに「コロネ」を食べるきっかけとしてもらうため、山崎製パン㈱が制定。日付は「コ（5）ロ（6）ネ」の語呂合わせ。

コロッケの日

各種冷凍食品の製造販売などを手がける㈱味のちぬや（香川県三豊市）が制定。日付は明治時代に登場して以来、庶民の味方として親しまれてきたコロッケを春の行楽シーズンに家族で食べてもらいたいとの願いと、5と6で「コロッケ」と読む語呂合わせから。

コロコロの日

日用家庭用品の製造販売などを手がける㈱ニトムズが、同社の粘着カーペットクリーナー「コロコロ」の商標出願（1985年）から25周年を記念して制定。日付は「コ（5）ロ（6）コロ」の語呂合わせ。「コロコロ」は楽にきれいにお掃除ができるツールとして、多くの人に親しまれている。

ふりかけの日

ふりかけを国内外に広める活動を行う（一社）国際ふりかけ協議会が

制定。大正時代、カルシウム不足を補う方法として魚の骨を砕いてご飯にかけて食べることを考案した熊本県の薬剤師・吉丸末吉氏の存在を知らせるとともに、ふりかけという食文化の発展が目的。日付は吉丸氏の誕生日1887年5月6日から。

5/7

木原昇・トランペットソロの日

トランペット愛好家の木原昇氏が制定。木原氏は京都橘高校吹奏楽部の演奏を見て感動。とくにトランペットのソロが気に入り、一度も吹いたことがなかったトランペットを手に入れて79歳からトランペット教室に通う。琵琶湖に向かって『琵琶湖周航の歌』をソロで演奏することを目標に努力を重ねている。2023年に80歳の傘寿を迎える5月7日の誕生日を記念日として、自身の健康のバロメータであり長生きのしるしとなるトランペットソロを広めることが目的。

ブラックモンブランの日

九州で大人気のアイス「ブラックモンブラン」を全国に広めるため、アイスやチョコレート菓子を製造販売する竹下製菓㈱（佐賀県小城市）が制定。バニラアイスをチョコとザクザク食感のクランチでコーティングしたアイスで、2019年に発売50周年を迎えた。日付はその発売日の1969年5月7日から。

5/8

世界赤十字デー

赤十字社連盟が1948年に制定。日付は赤十字の創始者、スイスのアンリ・デュナンの誕生日に由来。1825年5月8日に生まれたデュナンは、敵味方の区別なく苦しむ兵士を助ける中立・博愛の団体の創設を提唱。1864年にジュネーヴ条約が結ばれて国際赤十字が誕生し、日本も1886年に加盟した。

紙飛行機の日

おりがみ紙飛行機の魅力を多くの人に伝えるため、折り紙ヒコーキ協会（広島県福山市）が制定。日付は「GO（5）HIGH（8）」と読んで「行け、空高く」と5月の青空に高く飛んでいく紙飛行機の姿から。また、知的障害や白血病と闘いながら、多くの人に愛と勇気を伝えた紙飛行機が大好きな少年、井上健史君の命日にちなんで。

小鉢の日

フジッコ㈱（兵庫県神戸市）が制定。いつもの食卓に小鉢のおかずをプラスすることにより、和食の理想である「一汁三菜」の食事で栄養のバランスをとってもらうのが目的。日付は「小（5）鉢（8）」の語呂合わせ。

童画の日

童画の生みの親、武井武雄の出身地である長野県岡谷市が制定。1925年5月8日「武井武雄童画展覧会」が開かれ、童画という言葉が初めて使われたことにちなむ。岡谷市ではイルフ童画館を中心に童画による児童文化、市民文化の発展をめざしている。

スートブロワ記念日

ボイラーなどの内部でゴミが固まり熱効率が落ちるのを防ぐために使われるスートブロワ（煤吹装置）の普及と知名度を高めるために、フコク機械工業㈱が制定。ゴミ処理場などで使われると高温を保ち、環境を守る一助にもなる。日付はスートブロワ（SootBlower）の頭文字SとBを5と8に見立てたところから。

こはくの日

岩手県久慈市の久慈琥珀㈱、㈲上山琥珀工芸、㈱ten-senの3社が制定。琥珀（こはく）は旧石器時代から人々に愛され続けてきた植物由来の宝石。国内最大の産出地の久慈市から琥珀の魅力を伝え、結婚10年目に「アンバーウェディング（琥珀婚）」として琥珀を贈る文化を広めるのが目的。日付は「こ（5）は（8）く（9）」の語呂合わせで、5月8日と5月9日の2日間。

ごはんパンの日

(有）高原のパンやさん（長野県小海町）が制定。天然酵母の生地に、無農薬で育てた「信州りんご米」を炊いたごはんを30％練り込み、おからや野沢菜などを具に包み込んでおやき風に焼き上げた同店の人気商品「ごはんパン」を多くの人に知ってもらうのが目的。日付は「ご（5）はんパ（8）ン」の語呂合わせ。

5/9

アイスクリームの日

1869年のこの日、横浜・馬車道通りにあった「氷水屋」で町田房蔵が日本で初めてアイスクリーム（当時の名称は「あいすくりん」）を販売したことにちなみ、1964年に東京アイスクリーム協会（日本アイスクリーム協会の前身）が「アイスクリームデー」としたのがはじまり。以後、「アイスクリームの日」として日本アイスクリーム協会によりさまざまなイベントが行われている。

摂食嚥下障害克服のためのゴックンの日

摂食嚥下リハビリの専門家として知られる本多知行医師（佐賀市）が制定。口から食べる「摂食」と、口の中の食べ物を飲み込んで胃へと運ぶ「嚥下」を意識してもらうことで摂食嚥下障害を克服し、高齢になっても元気で豊かな人生を送れる人を増やすのが目的。日付は飲み込むことを表す「ゴ（5）ック（9）ン」の語呂合わせ。

謎解きの日

「謎解き」を通じて考える楽しさを伝え、「謎解き」を文化として広めるRIDDLER㈱が制定。「謎解き」は知識ではなくひらめきが必要と捉え、ひらめき体験を生み出すきっかけの日とするのが目的。日付は5月と9を英語で表すと「may」「nine」となり、これらの文字列を並び替え、nとyを組み合わせると「謎」を意味する英単語「enigma」を作れるので5月9日に。

工具の日

工具の製造販売を手がける京都機械工具㈱（KTC）（京都府）が制定。工具に関する基礎知識や正しい使い方、メンテナンス方法などを発信し、工具の必要性や重要性を認識してもらい、プロから初心者まで安全で快適な作業を行ってもらうのが目的。工具メーカー全体で記念日を活用して業界全体を盛り上げたいとの思いが込められている。日付は「こう（5）ぐ（9）」と読む語呂合わせ。

小分けかりんとうの日

かりんとうをより多くの人に食べてもらうため、米菓などを製造販売する三幸製菓㈱（新潟市）が制定。かりんとうの包装はザク詰めタイプが多かったなか、同社では小分けタイプ（分包タイプ）のかりんとうを発売。手軽で食べやすい商品を提供することでかりんとう市場の活性化を図ってきた。日付は「こ（5）わ（0）け（9）」と読む語呂合わせ。

健康ミネラルむぎ茶の日

「健康ミネラルむぎ茶」を販売する㈱伊藤園が制定。汗をかいたら水分とミネラルの補給が大切なことを知ってもらい、暑い夏に備えてもらうことが目的。日付は気温が上がり始める5月は外出する機会が増え、汗をかくシーンも多くなることと、「健康ミネラルむぎ茶」をゴク（59）ゴク（59）飲んでもらいたいことから。

口腔ケアの日

（一社）日本口腔ケア学会（愛知県名古屋市）が制定。近年、口腔ケアが全身に良い影響を与えることが明らかになったことから、口腔ケアの重要性を医療・介護の職種だけでなく、広く一般の人にも考えてもらうのが目的。日付は「口＝こう（5）腔＝くう（9）」の語呂合わせ。

合格の日

天然とんこつラーメン専門店の㈱一蘭（福岡市）が制定。同社では福岡県の太宰府参道店で「合格ラーメン」を提供していることから、入学や資格試験などを受ける受験生を応援するのが目的。日付は「合（5）格（9）」と読む語呂合わせから。

黒板の日

全国黒板工業連盟が創立50周年を記念して2000年7月に制定。黒板の有効性をアピールし、そのPRに役立てることが目的。日付は明治の初年、アメリカより最初の黒板が輸入されたのがこの時期といわれていることと、5と9で黒板の黒（こく）の語呂合わせから。

5月

呼吸の日

生き物すべてに与えられる「よりよい呼吸を考える日」にと、NPO法人日本呼吸器障害者情報センターが制定。日付は5月9日で「呼吸」の語呂合わせでもある。新緑の美しいこの季節、風のそよぎに深呼吸すると、自然への感謝と生きる喜びを感じる。

極上の日

まろやかな口当たりと芳醇な味わいのひとクラス上の「極上〈宝焼酎〉」をより多くの人に味わってもらいたいとの思いから、1912年に「寶」の商標で焼酎を発売した日本を代表する酒造メーカー、宝酒造㈱が制定。日付は5と9を「極上」の「ゴク」と読む語呂合わせ。

コクの日

コクとは複雑に折り重なった心地良い味わいのこと。コクのあるコーヒーがほっとひといきタイムを演出してくれることを知ってもらうため、コーヒーのBlendyブランドなどを手がける味の素AGF㈱が制定。日付は5と9で「コク」と読む語呂合わせと、初夏の穏やかな日にBlendyでリラックスしてほしいとの願いから。

悟空の日

鳥山明氏原作のコミック『ドラゴンボール』のアニメ作品「ドラゴンボールZ」の面白さと、その主人公の孫悟空の魅力を広く伝えるため、2015年4月の映画「ドラゴンボールZ 復活の「F」」の公開に合わせ、東映㈱が制定。日付は「ご（5）くう（9）」の語呂合わせ。

ドール・極撰（ごくせん）の日

野菜や果物の生産・加工・販売などを手がける㈱ドールが制定。自社で研究開発した極上のバナナなどの商品「極撰」のPRが目的。極上のおいしい果物を味わってもらいたいとの思いが込められている。日付は5と9で「極（ゴク）」の語呂合わせ。

香薫の日

味わい豊かな内なる「香り」と、食欲をそそる外からの「薫り」を特長とするウインナー・ハムのブランド「香薫（こうくん）」シリーズのPRのため、プリマハム㈱が制定。日付は「こう（5）くん（9）」と読む語呂合わせ。

こはくの日

⇨5月8日の項を参照。

5/10

地質の日

（一社）日本地質学会が制定。地層、岩石、土壌などで構成される大地の性質である「地質」について、多くの人に理解を深めてもらうのが目的。日付は1876年5月10日に、ライマンらによって日本で初めて広域的な地質図「日本蝦夷地質要略之図」が作成されたことから。また、この日は1878年に地質の調査を行う組織（内務省地理局地質課）が定められた日でもある。

沖縄黒糖の日

沖縄黒糖をPRするため、沖縄県黒砂糖協同組合が制定。沖縄黒糖とは同組合の所属する8つの離島の工場でしか生産されない含みつ糖（さとうきびの全成分をそのまま煮詰めた砂糖）の代表的なもので、糖分のほか、カリウム、カルシウム、鉄分など多くのミネラル成分を含み、特有の香味がある。日付は5月10日で「こ（5）く、とう（10）」と読む語呂合わせから。

ごろっとサーモンの日

水産加工食品の製造販売などを手がけるマリンフーズ㈱が制定。家事に育児にと頑張っている人に同社の人気商品「ごろっとサーモン丼」などを活用して料理の手間を省き、ゴロゴロとゆっくりとした時間を過ごしてもらいたいとの思いが込められている。日付はゴロゴロのゴロと、商品名の「ご（5）ろっと（10）」の語呂合わせ。

五十音図・あいうえおの日

（一社）山代温泉観光協会（石川県加賀市）が制定。同地の薬王院温泉寺の中興の祖・明覚上人が1093年に五十音について「反音作法」を著し、その配列が現在の五十音図に近いことから、山代温泉は五十音図発祥の地として「あいうえお」などに関わる文化的な活動を行っている。このことを知ってもらい、大切にしたい「ことば」に思いを馳せる機会にしてもらうのが目的。日付は5と10で「五十音図」の「五十」に当てはめたもの。また、10日は明覚上人の月命日。

VIOケアの日

スキンケア、ボディ・ヘアケア関連製品などを製造・販売するシック・ジャパン㈱が制定。気温が上がり始める5月は身体のVIO周辺がムレやすくなり、夏に向けてその部分のケアへの意識が高まる頃。そこで多くの人にVIOゾーンをケアして快適な生活を送るきっかけの日としてもらうのが目的。日付はVIOをローマ数字の「V」から5、アルファベットの「IO」を数字の10に見立てて。

こいのわの日

広島県が制定。同県では出会い・結婚支援事業「こいのわプロジェクト」を進めており、社会全体で若者の結婚を応援する機運を高めるのが目的。日付は「こ（5）い（1）のわ（0）」と読む語呂合わせから。同プロジェクトの合言葉は「みんなでおせっかい」。結婚願望がありながらも出会いがない人たちに、出会いからデート、プロポーズ、結婚まで、それぞれのステージで「おせっかい」をする。

金鳥「コンバット」の日

KINCHOブランドで知られる大日本除虫菊㈱（大阪市）が制定。5月上旬から活発化するゴキブリへの対策として、同社のゴキブリ駆除用ベイト剤の金鳥「コンバット」を利用してもらうことが目的。日付は「コン（5）バット（10）」の語呂合わせと、商品のキャッチフレーズである「巣ごと（510）丸ごと（510）ゴキブリ退治」の語呂合わせから。

コメドの日

皮膚科学に特化した製薬会社のマルホ㈱（大阪市）が制定。「コメド」は面皰（めんぽう）の英語名で、ニキビになる前の毛穴が詰まった状態。コメドの認知度を高めてニキビの早期治療を促すのが目的。日付は「コ（5）メド（10）」と読む語呂合わせと、「コ（5）メド一（1）緒に治そう（0にしよう）」の意味を込めて。

リプトンの日

世界最大級のティーブランド「リプトン」を手がけるリプトン・ティーアンドインフュージョン・ジャパン・サービス㈱が制定。おいしい紅茶を楽しみながら、大切な人と楽しい時間を過ごしてもらうのが目的。日付は「リプトン」ブランドの創業者トーマス・リプトン卿の誕生日（1850年5月10日）と、彼の開いた食料品店の第1号店がオープンした日（1871年5月10日）から。

コットンの日

夏物素材として最も利用されているコットンは、5月に店頭販売の最盛期を迎える。その時期と5と10で「コットン」の語呂合わせから、日本紡績協会（大阪市）が1995年10月11日に制定。

ダンテの日

スイーツブランド「マダムシンコ」で有名な㈱カウカウフードシステム（大阪府豊中市）が、同社にとってかけがえのない存在であり、代表取締役会長のマダム信子氏の兄の典男氏に感謝の気持ちから制定。記念日名は典男（ノリオ）を逆さにした男典を「ダンテ」と読むことから。日付は典男氏の誕生日（1948年5月10日）に由来。

ファイトの日

日本初のドリンク剤「リポビタンD」の発売50周年を機に、製造発売元の大正製薬㈱が2012年に制定。日付は5と10でリポビタンDの合い言葉「ファイト！一発！」の「ファイト」と読む語呂合わせ。

コンクリート住宅の日

特殊FRP型枠を使用して精度の高い鉄筋コンクリート住宅を建築するRC-Zシステムを手がける、RC-Z家の会共同組合（神奈川県横浜市）が制定。地震や火災に強く、長期間使えるコンクリート住宅の性能やデザインの良さをアピールするのが目的。日付は「コ（5）・ンクリー・ト（10）」の語感に近いことから。

メイトーの日

協同乳業㈱が同社の商品ブランド「メイトー」をさらにアピールするために制定。日付は5月（メイ）と10日（トー）を組み合わせて「メイトー」の語呂合わせから。消費者に向けたさまざまな活動を行う。

ミリオンゴッドの日

パチンコ・パチスロ台の製造などを行う㈱ユニバーサルエンターテインメントが制定。同社のパチスロ「ミリオンゴッド」をはじめとする歴代ミリオンゴッドシリーズの総称“GOD（ゴッド）”をPRすることが目的。日付は5と10で「ゴッド」と読む語呂合わせ。

五島の日

長崎県五島列島の五島市と新上五島町が共同で制定。五島列島の北部に位置する新上五島町（通称・上五島）と、南部に位置する五島市（通称・下五島）が連携して、五島列島の知名度の向上を図り、その魅力をPRするのが目的。日付は5と10で「ごとう」の語呂合わせ。

黄金糖の日

宝石のようにキラキラと輝く四角柱形のおいしい飴として有名な「黄

金糖」を製造販売する㈱黄金糖（大阪市）が制定。創業以来、香料・着色料を一切使わない製法を守り続けてきた「黄金糖」の自然な味と香り、金色の輝きをさらに多くの人に知ってもらうのが目的。日付は「05（黄金）10（糖）」と読む語呂合わせ。

5/11

みんなでたべよう「おろしそば」の日

製麺業などを営む㈱宗近（福井県越前市）が制定。水でしめた冷たい麺にたっぷりの大根おろしや削り節、ネギなどをのせて食べる「おろしそば」は福井県を代表するソウルフード。「おろしそば」の福井県内はもとより全国へのPRが目的。日付は同社が「おろしそば」のギネス世界記録（8時間以内に販売されたそばの最多食数）に挑戦し、見事4013杯で認定された2024年5月11日から。

5月

Nagase Viitaの日

ナガセヴィータ㈱（岡山市）が制定。「Nagase Viita」の「Viita」は事業のテーマの「生命、暮らし」を表すラテン語のvitaにiを加えた造語で、並んだiiは共生と共創を表す。社名に込めた想いを知り、親しみをもってもらうのが目的。日付は「Viita」がローマ数字のV（5）ii（11）のように見え、週間カレンダーで「みどりの日」（5月4日）を真下で支え、自然と共生する未来を共創するに通じるため。

ご当地スーパーの日

地域に根ざしたご当地スーパーやご当地食品メーカーを応援し、日本の豊かな食文化を守り伝えていくことをめざす（一社）全国ご当地スーパー協会が制定。「ご当地スーパー」の魅力を、より多くの人に再認識してもらうのが目的。ご当地スーパーバスツアーなどのイベントを通じてご当地スーパーを愛する人を増やしていく。日付は「ご（5）とう（10）ち（1）」と読む語呂合わせ。

ご当地キャラの日

（一社）日本ご当地キャラクター協会（滋賀県彦根市）が制定。地域の活性化をめざし、街を元気にするご当地キャラクター同士の連携を深め、それぞれのローカルキャラクターを全国に発信するのが目的。日付は「ご（5）当（10）地（1）」と読む語呂合わせ。

5/12

民生委員・児童委員の日

全国民生委員児童委員連合会が制定。民生委員とは厚生労働大臣から委嘱され、地域で住民に寄り添った福祉活動に努める人々で、子どもたちを見守り、子育てや妊婦の支援などを行う児童委員を兼ねている。記念日を通して民生委員・児童委員の活動を地域の人に知ってもらうことが目的。日付は1917年5月12日に民生委員制度の始まりの「岡山県済世顧問制度設置規程」が公布されたことから。

看護の日

多くの人に看護についての理解を深めてもらうことを目的に、1991年に「看護の日制定を願う会」が制定。日付は、ナイチンゲールの誕生日であり「国際看護師の日」となっていることから。看護についてのフォーラムや看護体験などのイベントを行っている。

岡山市・プロヴディフ市姉妹都市(周年記念)

岡山県岡山市がブルガリア共和国のプロヴディフ市との姉妹都市縁組50周年を記念して2022年に制定。1972年3月にプロヴディフ市議会において都市縁組を決定。これを受けて1972年4月に岡山市議会全員協議会で姉妹都市提携が了承された。提携年月日は1972年5月12日。プロヴディフ市は「バルカン半島で最も古く、最も美しい都市」といわれている。

こてっちゃんの日

食肉などの加工販売のエスフーズ㈱（兵庫県西宮市）が制定。同社の代表的商品のフライパンで炒めるだけでコクと旨味の牛モツが手軽に食べられる「こてっちゃん」を多くの人に食べてもらうのが目的。日付は5と1と2で「こ（5）て（1）つ（2）」の語呂合わせ。

永平寺胡麻豆腐の日

1888年創業、大本山永平寺御用達として福井県永平寺町で「ごまどうふ」を作り続けている㈱團助（だんすけ）が制定。ごまどうふのおいしさ、魅力をさらに多くの人に知ってもらうのが目的。日付は「ごま（5）どうふ(12)」と読む語呂合わせ。

アセローラの日

沖縄県本部町はビタミンCの王様と呼ばれるアセローラの国内生産の草分けの地。その認知度を高めて町の活性化を図ろうと、町役場や商工会、観光協会、熱帯果樹研究会などで結成した「アセローラの日」制定委員会が制定。日付はアセローラの初収穫の時期から。

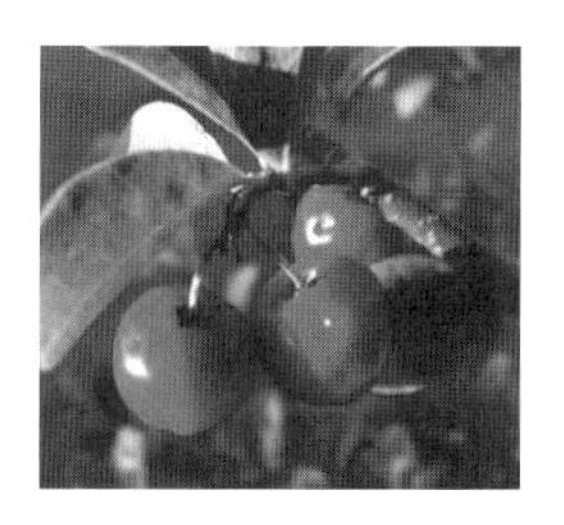

5月

LKM512の日

「メイトー」のブランドで知られ、数多くの乳製品などを製造する協同乳業㈱が、独自に研究を進めるビフィズス菌「LKM512」を使用したヨーグルトのPRを目的に制定。日付は「LKM512」から5月12日とした。

箕輪町安全安心の日

長野県箕輪町が2012年5月12日にWHO（世界保健機関）協働センターから、安全安心なまちづくりを表す「セーフコミュニティ」の国際認証を取得したことから制定（国内4番目）。記念日を通じてさらなる安全安心の理想郷を求め、セーフコミュニティ活動を推進していくことが目的。日付は国際認証を受けた日から。

5/13

トップガンの日

1986年5月16日にアメリカで公開されたトム・クルーズ主演の大ヒット映画『トップガン』。その続編の『トップガン　マーヴェリック』を配給する東和ピクチャーズ㈱が制定。世界中で行われているファン同士の交流を日本でも行うのが目的。日付は毎年アメリカでイベントが行われる映画の初公開日に近い5月13日に。

5/14

斎藤茂吉記念日

明治から昭和にかけて活躍した歌人・斎藤茂吉の功績を顕彰するため、（公財）斎藤茂吉記念館（山形県上山市）が制定。斎藤茂吉は明治から昭和にかけて活躍した歌人で、数多くの短歌や随筆、歌論等の作品を残した。日付は生誕日である1882年5月14日に由来。

マーマレードの日

ダルメインWorldマーマレードアワード＆フェスティバル in Japan実行委員会（愛媛県八幡浜市）が制定。マーマレードの祭典「ダルメイン世界マーマレードアワード＆フェスティバル」の第1回日本大会が2019年5月に開幕したことを記念して、オレンジデー（4月14日）の1ヵ月後を記念日としたもの。マーマレードは柑橘の皮を使用していることから、屈指の柑橘類の産地である愛媛県からマーマレードのおいしさや魅力を発信する。

ごいしの日

日本唯一のはまぐり碁石（ごいし）の産地の宮崎県日向市で、はまぐり碁石の製造販売など行うミツイシ㈱が制定。同市と那智黒碁石の産地・三重県熊野市とのパートナーシップ協定の締結、同社の創業百周年などを記念したもので、碁石・囲碁文化の発展と普及、技術の継承が目的。日付は「碁（5）石（14）」と読む語呂合わせ。

けん玉の日

(一社）グローバルけん玉ネットワーク（長野県松本市）が制定。「けん玉で世界をつなぐ」を合言葉に、けん玉を国際的に普及させるのが目的。日付は現代のけん玉の原型となる「日月ボール」を広島県呉市の江草濱次(えぐさはまじ)氏が考案、実用新案登録されたのが1919年5月14日であることから。

ゴールドデー

新年度、新学期など、ゴールデンルーキーとして入った新人たちに期待とエールを込めて先輩からゴールドキウイフルーツを贈る日。五月病に負けずに甘くてポリフェノールたっぷりのゴールドキウイで元気にと制定したのはゼスプリ インターナショナルジャパン㈱。

5/15

沖縄本土復帰記念日

1972年のこの日、戦後27年間アメリカの統治下にあった沖縄が日本に返還され、沖縄県としてスタートしたのを記念した日。

Jリーグの日

1993年5月15日に日本のプロサッカーリーグであるJリーグが開幕。2013年に開幕20周年を迎え、その原点の日をいつまでも記憶していてほしいとの願いを込めて、（公社）日本プロサッカーリーグが制定。Jリーグ初年の開幕戦はヴェルディ川崎対横浜マリノス戦が国立競技場で行われ、1対2で横浜マリノスが勝利した。

テリヤキバーガーの日

モスバーガーの人気メニュー「テリヤキバーガー」の発売50周年を記念して、㈱モスフードサービスが制定。「テリヤキバーガー」は同社が元祖であることと、そのおいしさをさらに多くの人に知ってもらうのが目的。日付は発売日の1973年5月15日から。

アクティオ・建設機械レンタルの日

建設機械レンタルの草分けであり、リーディングカンパニーの㈱アクティオが制定。建設機械レンタルには、最新・最適の建設機械を手軽に利用できる、リユース・リプロダクトなど持続可能な社会への貢献ができるなどの多くのメリットがあることを知ってもらうのが目的。日付は同社創業者で代表取締役会長兼CEOの小沼光雄氏の誕生日であり、創業日と定めている5月15日に。

WATALISの日

宮城県亘理町(わたりちょう)の㈱WATALIS（ワタリス）が制定。古い着物地をリメイクして巾着袋にした「FUGURO（ふぐろ）」をはじめとして、丁寧に手作りしたさまざまなアップサイクル商品を手がける同社のブランドと、再生文化の心を広めるのが目的。日付は同社の設立日（2015年5月15日）から。

青春七五三

幼い子どもの成長を祝う七五三から10年、13歳、15歳、17歳のまさに青春真っ盛りの少年少女に、これからの人生に対して励ましのエールを送る日。11月15日の七五三から半年ずらした日付で大人へ成長する通過点として、社会性を身につけることも目的。

ヨーグルトの日

乳製品やお菓子、食品などを製造販売する㈱明治が制定。日付は食菌の研究でノーベル生理学・医学賞を受賞したロシアの微生物学者メチニコフ博士の誕生日（1845年5月15日）から。博士はヨーグルトに含まれるブルガリア菌が老化防止に役立つことを研究し発表。ブルガリア菌を使ったヨーグルトが健康に良いと世界に広まった。

水分補給の日

スポーツや食事のときの水分補給の大切さをPRすることを目的に、ステンレス魔法瓶や家庭用品などの製造販売で知られるサーモス㈱が制定。日付は同社が行った実験で、高温の環境での水分補給に最適な温度帯は、5度から15度であることが実証されたことから。

マイコファジストの日

マイコファジストとはきのこを好んで食べる人（菌食主義者）のこと。（一社）日本きのこマイスター協会（長野県中野市）が制定。きのこの魅力を語れる人材の育成、きのこ産業の振興、多くの人にきのこを食べる食生活で健康になってもらうのが目的。日付は2009年の5月15日にマイコファジスト普及運動を提唱したことと、5と15を「May（5月）イゴ」から「マイコ」と読む語呂合わせから。

弁護士費用保険の日

弁護士費用保険を扱うミカタ少額短期保険㈱が制定。弁護士費用保険の普及が目的。日付は、同社が法的解決のための訴訟費用に対する保険金の支払いに加えて、法律相談料なども保険金の対象とするなど、単独で加入ができ、なおかつ補償範囲が広い日本初の単独型弁護士費用保険「Mikata」が誕生した2013年5月15日から。

5/16

工事写真の日

(有) 多摩フォート（東京都清瀬市）が制定。同社は建築における工事工程の記録写真、いわゆる工事写真の撮影および整理を主な業務としていることから、その大切さをアピールするのが目的。日付は同社が業務を開始した1997年5月16日にちなんで。

オリーゼの日

植物性発酵食品「オリーゼ」の商品化に成功した大場八治氏の誕生日を記念日として、㈱オリーゼ本舗（佐賀県唐津市）が制定。

抗疲労の日

2009年5月16日に日本初の疲労回復専用ウェア（リカバリーウェア）を開発した㈱ベネクス（神奈川県厚木市）が制定。リカバリーウェアは人間が本来もっている自己回復能力を発揮させることを目的に開発されたウェア。日付は開発日とともに、「抗（5）疲労（16）」と読む語呂合わせから。

HAE DAY

体のさまざまな場所に腫れが起こる難病HAE（遺伝性血管性浮腫）。その患者・家族などが参加するNPO法人HAEJが制定。患者自身が難病に負けずに笑顔でメッセージを発信し、世界中の患者の人たちとつながり、笑顔の輪を広げていく日とするのが目的。また、社会にHAEのことを知ってもらうのも目的のひとつ。日付は「HAEi」（HAE世界国際患者会）の定めた日から。

5/17

高血圧の日

NPO法人日本高血圧学会とNPO法人日本高血圧協会が共同で制定。身体に害を及ぼす恐れのある高血圧の予防などの啓蒙活動を行う。日付は2005年に世界高血圧連盟の定めた「世界高血圧デー」に合わせた5月17日としたもの。

お茶漬けの日

お茶の製法を発明し、煎茶の普及に貢献した永谷宗七郎（宗円）の子孫の永谷嘉男氏が創業した㈱永谷園が制定。永谷園は1952年に画期的なインスタント食品「お茶づけ海苔」を発売。お茶漬けをさらに身近な食べ物とした「味ひとすじ」の理念をもつ食品会社。日付は永谷宗七郎氏の偉業から、その命日（1778年5月17日）に由来。

多様な性にYESの日

2007年からこの日に性の多様性を訴えてきた、やっぱ愛ダホ！ Idaho-net. が登録した記念日を、同団体とともに活動してきたNPO法人チーム紀伊水道が継承。多様な性を認め合う気持ちを広めるのが目的。日付は1990年５月17日に国連の世界保健機関（WHO）が同性愛を精神疾患のリストから除外したことに由来する国際反ホモフォビア・デー（International Day Against Homophobia = IDAHO）から。

5/18

消費者ホットライン188の日（いややの日）

消費者庁が制定。「188」をダイヤルすると消費生活相談窓口につながり、消費者トラブルの相談に乗ってくれる「消費者ホットライン188」の周知と活用の促進を図る。日付は、1988年から続く「消費者月間」が５月であることと、ホットラインの188の頭二桁の18を組み合わせたもの。

ファイバードライの日

㈱しまむらが制定。同社のプライベートブランド「ファイバードライ」は、「選べる、見つかる、快適さで毎日をもっと気持ちよく」をコンセプトに独自の吸水速乾性の基準をクリアした高機能素材商品。同商品で快適に過ごしてもらうのが目的。日付は「ファ（５）イ（１）バー（８）」と読む語呂合わせから。

防犯対策の日

防犯カメラ機器などを手がける㈱塚本無線（三重県鈴鹿市）が制定。防犯対策の大切さを発信し、ひとり一人に防犯対策を見直すきっかけとしてもらうのが目的。日付は同社の設立日が1989年５月18日であり、５を「GO」、１を棒に見立て「棒＝防」、８を「犯」と読んで「GO防犯（ゴーぼうはん）」として、防犯対策に一歩踏み出す意味から。

「子どもたちに言葉のシャワーを」の日

「言葉のシャワーペイフォワード大作戦」事務局代表で、幼児教育に取り組む正司昌子氏（兵庫県宝塚市）が制定。正司氏は人生の土台をつくる豊富な「言葉」を子どもたちが身につけるには、大人から子どもたちに挨拶や言葉をかけ、言葉のシャワーをかけてあげることが大切と考えている。日付は「こ（５）とば（18）」の語呂合わせ。

不動産電子契約の日

不動産売買に特化した電子契約サービス「Release（レリーズ）」を提供し、日本初の不動産電子契約締結をサポートするGOGEN㈱が制定。不動産業界における電子契約の普及と不動産業界のDX化の促進が目的。日付は不動産契約書類の電子化が解禁となった宅地建物取引業法の改正された日（2022年５月18日）から。

ことばの日

「横浜みなとみらいBUKATSUDO連続講座 言葉の企画2019」の企画生らが制定。「ことば」を大切に使い、「ことば」によって通じ合えることに感謝し、「ことば」で暮らしをより豊かにするのが目的。日付は言葉の「葉」が５月の新緑の瑞々しさに通じ、「こ（５）と（10）ば（８）」と読む語呂合わせ。ひらがなで「ことばの日」としたのは手話や点字など広い意味での「ことば」への思いで。

MIBの日

映画「メン・イン・ブラック」（Men in Black＝MIB）シリーズの「メン・イン・ブラック：インターナショナル」の2019年夏の公開を記念して、配給元の㈱ソニー・ピクチャーズエンタテインメントが制定。「MIB」は映画に登場する地球上のエイリアンを取り締まる秘密組織のこと。日付は「M」を英語で５月のMayの頭文字から、「I」と「B」をそれぞれ数字の「１」と「８」に見立て、５月18日に。

18リットル缶の日

全国18リットル缶工業組合連合会が制定。日付は18リットル缶（通称・石油缶、一斗缶）は従来５ガロン缶と呼ばれていたが、18リットル缶に名称が統一されたことから、５ガロンの５と、18リットルの18から５月18日を記念日とした。

こりを癒そう「サロンパス」の日

外用鎮痛消炎貼付剤を中心とした医薬品などを手がける久光製薬㈱が、新しくなった「サロンパス」の発売を記念して2015年に制定。貼って筋肉のこりや痛みをほぐす「サロンパス」ブランドのPRと、肩こりに対する正しい知識の普及が目的。日付は「コ（５）りイヤ（18）す」と読む語呂合わせ。

ネット生保の日

ネット生保のリーディングカンパニー、ライフネット生命保険㈱が制定。ネット生保を広く認知してもらうことで、生命保険の加入方法の選択肢を増やすことが目的。同社ではインターネットの活用により、24時間365日の申し込みを可能にし、手頃な生命保険料を実現している。日付は同社が営業を開始した2008年５月18日から。

5/19

ごとぐるの日

冷凍ご当地グルメ専門店の㈱ごとぐる（神奈川県藤沢市）が制定。日本各地のご当地グルメの美味しさと魅力を再認識して、ひとつでも多くの国産食材を食べて全国の生産者を応援し、日本の豊かな食文化を未来に残すのが目的。日付はご当地グルメを略した「ごとぐる」の社名から「ご（5）とう（10）ちぐ（9）るめ」の語呂合わせ。

香育（こういく）の日

（公社）日本アロマ環境協会（AEAJ）が制定。「香育」とは子どもたちに向けた香りの体験教育のこと。精油（エッセンシャルオイル）の香り体験を通して、五感のひとつ嗅覚に意識を向け、豊かな感性や柔軟な発想力を育み、人と植物の関わり、自然環境の大切さを伝える。日付は「こう（5）いく（19）」と読む語呂合わせ。

5月

小諸・山頭火の日

1936年の5月19日、俳人の種田山頭火が長野県小諸市の中棚荘（当時は中棚鉱泉）に投宿。その日の日記に「熱い湯に入れて酒が飲めるのがいい」と記述したことにちなみ、中棚荘が制定。敷地内には山頭火の句碑もある。

IBDを理解する日

IBD（Inflammatory Bowel Disease＝炎症性腸疾患）とは潰瘍性大腸炎とクローン病のことで、厚生労働省により特定疾患に指定されている。IBDへの理解を広めるため、IBD患者会の集まりであるNPO法人IBDネットワークと、バイオ医薬品企業のアッヴィ合同会社が制定。日付はIBDを理解してもらうイベントを開催した日から。

5/20

スタジオコフレの日

全国各地でスタジオビジネスを展開する㈱キャラット（奈良県香芝市）が制定。子ども写真館であるスタジオコフレでは、一組ひと組のペースに合わせて、よりくつろいだ雰囲気で家族写真を撮影することができる。家族の記念をカタチに残していく後押しと、家族写真の撮影を促すことで婚姻率や出生率アップに貢献するのが目的。日付は5と20で「コ（5）フレ（20）」と読む語呂合わせ。

子連れの日

子ども連れでのビジネス講座などを手がける（一社）ぷちでガチ（京都市）が制定。さまざまな場所に子どもを連れて行ける思いやりあふれる寛容な社会を築きたいとの思いと、子ども連れで行ける機会、場所を増やすことで、障がいのある人、高齢の人などにも暮らしやすいバリアフリーな世の中にとの願いが込められている。日付は「子（5）連れ（20）」と読む語呂合わせから。「ぷちでガチ」とは子ども（ぷち）と一緒に本気（ガチ）で日本を元気にするとの意味。

こんにゃく麺の日

「こんにゃくパーク」の運営でも有名な、こんにゃくメーカーの㈱ヨコオデイリーフーズ（群馬県甘楽町）が制定。同社の代表的商品「こんにゃく麺」をPRするのが目的。日付は生麺風のこんにゃく麺の製品が誕生した2013年5月20日にちなんで。

ガチ勢の日

男性向けコスメブランド「ギャツビー」などで知られる㈱マンダム（大阪市）が制定。汗やニオイを気にせず、さまざまな活動を本気（ガチ）で取り組み、楽しみ、夢中になる若者「ガチ勢」を応援するのが目的。日付は5と20を5×20と見立て、本気度の100％（5×20）を表すことから5月20日に。

「信濃の国」県歌制定の日

浅井洌作詞、北村季晴作曲の「信濃の国」は1900年に長野県師範学校の運動会で初めて披露されてから1世紀以上にわたり長野県民に愛されてきた歌。1968年5月20日に正式に県歌に制定されてから2018年に50周年を迎えたのを記念して長野県が制定。

電気自動車の日

自動車用電池、電源システムなど、電気機器事業を展開する㈱ジーエス・ユアサ コーポレーション（京都市）が制定。同社創業者のひとり、島津源蔵氏が1917年にアメリカから輸入した電気自動車「デトロイト号」を約90年ぶりに復活させた2009年のこの日を記念したもの。元祖エコカーともいうべきデトロイト号の復活は、電気自動車用電池を開発する同社の企業シンボル的存在ともいえる。

5/21

小満

［年によって変わる］二十四節気のひとつ。陽気が満ちて草木が茂る気候を意味する。各地で小満祭が開かれる。

ボン・ジョヴィの日

「イッツ・マイ・ライフ」「リヴィン・オン・ア・プレイヤー」など数々のヒット曲を生み出し、世界的人気を誇るアメリカのロックバンド「ボン・ジョヴィ」。2024年にデビュー40周年を迎えたことを記念してユニバーサルミュージック合同会社が制定。日付はファーストアルバム「夜明けのランナウェイ」（原題：Bon Jovi）の日本での発売日である1984年5月21日から。

月化粧の日

大阪土産の定番として知られる、みるく饅頭「月化粧」のPRのため、㈱青木松風庵（大阪府岬町）が制定。「月化粧」はいんげん豆をブレンドした白餡のなかに、練乳とバターを入れてしっとりと焼き上げた銘菓で、なめらかな食感が特徴。日付は販売を開始した2010年5月21日から。

JUN SKY WALKER(S)の日

TEAM Ni (s) hitokyo × JUN SKY WALKER (S) が制定。ロックバンド・JUN SKY WALKER (S) は中学時代から西東京市のひばりヶ丘駅周辺で活動し、1988年5月21日にメジャーデビュー。西東京市に縁が深いことから、そのデビューの日を記念日とした。市外からファンを呼び込み地域の活性化と市民の地域愛を深めるのが目的。

ニキビの日

皮膚科学に特化した製薬会社のマルホ㈱（大阪市）が制定。病気の認識が少ないニキビは治療をせずにいるとニキビ痕になるリスクがある。「ニキビは疾患であり、皮膚科で治療することができる」ことを多くの人に知ってもらうのが目的。日付は「いつも（5）ニ（2）キビは皮（1）膚科へ」と読む語呂合わせ。「ニキビの日」は塩野義製薬㈱とガルデルマ㈱から継承してマルホ㈱が制定。

5/22

M22 IPLの日

ルミナス・ビー・ジャパン㈱が制定。「M22」は医療機器薬事承認を得た美容治療用のIPL（Intense Pulsed Light）治療器で、医師の診断のもと特殊な光を照射して肌を治療する。IPL治療はダウンタイムが短いとされるが、医療機器のためリスクがゼロではない。「M22」を用いたより安全でより効果的なIPL治療を知ってもらうのが目的。日付は「M22」のMを英語のMayから5月、22から22日に。

抹茶新茶の日

新緑の季節に合う風味の抹茶の新茶を広めるとともに、新しい抹茶の魅力や楽しみ方を伝えるため、丸七製茶㈱（静岡県島田市）が制定。同社の抹茶は被覆栽培で育てられ、収穫後にゆっくり微粉末にするため5月下旬が旬。日付は「茶」の字は草冠を「十」と「十」に見立て、その下を「八十八」とすると合計で百八になることから、立春から数えてほぼ108日目となる5月22日とした。

うなぎの未来を考える日

㈱鮒忠（ふなちゅう）が提唱する「うなぎの未来を考える日普及推進委員会」が制定。うなぎを絶滅から守り、その生態と正しい食文化を広めて後世に残すことが目的。日付は、2009年5月22日にマリアナ諸島付近にて、世界で初めて天然ニホンウナギの卵を採取することに成功し、うなぎの完全養殖化への道が開けたことから。

ほじょ犬の日

介助犬の育成と介助犬訓練者の養成などを行っている（社福）日本介助犬協会（神奈川県横浜市）が制定。「身体障害者補助犬法」の認知度向上を図ることが目的。日付は同法律の成立日（2002年5月22日）から。

5/23

難病の日

難病・長期慢性疾患、小児慢性疾患などの患者や家族の思いを知ってもらうため、（一社）日本難病・疾病団体協議会（JPA）が制定。日付は難病患者を支援する初の法律「難病の患者に対する医療等に関する法律」（難病法）の成立日（2014年5月23日）から。

チョコチップクッキーの日

世界中でアップスケールなホテルを展開するダブルツリー byヒルトンが制定。同ホテルではチェックインのときに焼きたてのチョコチップクッキーをプレゼントして、心のこもった歓迎の象徴としている。日付は日本初のダブルツリー byヒルトンブランドのホテル「ダブルツリー byヒルトン那覇」が開業した2012年5月23日から。2024年の同日には「ダブルツリー byヒルトン大阪城」も開業。

骨密度ケアの日

「カルピス健康通販」を運営するアサヒグループ食品㈱が制定。同社が扱う「骨こつケア」は加齢とともに低下する大腿骨の骨密度を高める働きが報告された機能性表示食品。意識されにくい骨密度の重要性を意識してもらうのが目的。日付は「こ（5）つ（2）み（3）つど＝骨密度」と読む語呂合わせ。

リボンナポリンの日

北海道で絶大な人気を誇る炭酸飲料「リボンナポリン」。そのおいしさをPRするため、ポッカサッポロフード＆ビバレッジ㈱が制定。日付は1911年5月23日に現在の「リボンナポリン」の前身である「ナポリン」が発売されたことから。

5/24

伊達巻の日

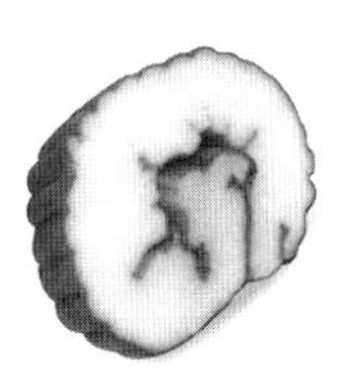

厚焼きや玉子焼きをはじめとする寿司具全般のトップメーカー、㈱せんにち（大阪府吹田市）が制定。戦国武将の伊達政宗公の命日（5月24日）を由来として、華やかで洒落た滋養豊かな卵料理である伊達巻を日本の食文化として広く後世に伝えていくことが目的。伊達巻はおせち料理や大阪寿司の一品として欠かせない食べ物。

長湯温泉「源泉のかけ流し」記念の日

「日本一の炭酸泉宣言」でも知られる大分県竹田市の長湯温泉では、2006年5月24日に「源泉のかけ流し」を宣言。その日を記念して長湯温泉旅館組合が制定。

菌活の日

「菌活」という言葉を生んだ、きのこ総合企業のホクト㈱（長野市）が制定。きのこは菌そのものだけを食べる唯一の食材。その栄養素や効果効能を生かして美容や健康のために年間を通じて菌を積極的に摂り入れてもらうのが目的。日付は同社がテレビコマーシャルで「菌活」という言葉を初めて全国発信した2013年5月24日から。

スクーバダイビングの日

レジャーダイビング認定カード普及協議会が制定。スクーバダイビングの楽しさを伝え、正しい知識の普及と安全意識の向上が目的。日付は「Go（5）To（2）Sea（4）」（海へ行こう！）の語呂合わせ。また、1953年のこの頃にロバート・S・ディーツ氏によってスクーバ器材が日本に紹介された記録があることから。

コニシ記念日

アニメ「SAMURAI DEEPER KYO」の鬼眼の狂＆壬生狂四郎、ゲーム「テイルズ・オブ・シンフォニア」のロイド・アーヴィングなど、多くの役を演じている声優・俳優・パーソナリティーの小西克幸氏の活躍を記念して、出演番組を手がける㈱フロンティアワークスが制定。日付は5と24で「コニシ」と読む語呂合わせ。

納本制度の日

納本制度とは、出版物を国の公的機関に納入することを発行者に義務づける制度のことで、国立国会図書館が2008年に制定。日付は国立国会図書館がその納本の受付を開始した1948年５月25日にちなむ。この制度により文化的資産が保存され、知的活動の記録が後世に受け継がれていく。

シーチキンの日

はごろもフーズ㈱（静岡市）が制定。シーチキンはマグロやカツオを油漬けまたは水煮にして缶に詰めた商品で、同社の登録商標でありながらツナ缶の代名詞として多くの人に愛されている。シーチキンの美味しさ、さまざまな料理に使える汎用性を広く知ってもらうのが目的。日付は、同社の創業日1931年５月25日から。

子どもニコニコ笑顔育の日

未来を担う子どもの笑顔を育むため、笑顔の大切さを伝える活動を行う、㈱笑顔育（神奈川県逗子市）が制定。笑顔育とは、笑顔は育てるものという考えのもと、笑顔に対する関心を高め、必要な知識を習得し、実践する人を育てる教育活動のこと。食育、知育とともにコミュニケーション能力も育つ笑顔力を子どもたちに身に着けてもらうのが目的。日付は「子（５）どもニコ（25）ニコ」の語呂合わせ。

ホゴネコの日

日本の猫の殺処分ゼロをめざす、㈱ネコリパブリック（岐阜市）が制定。同社では、さまざまな事情で保護された猫「ホゴネコ」が新しい家族と出会える場を提供している。保護猫がなぜ生まれるのかを考えてもらい、ひとつの命を最後まで大切にする文化を日本に根づかせるのが目的。日付は「ホ（０）ゴ（５）ネ（２）コ（５）」と読む語呂合わせ。

とんがりコーンの日

ハウス食品㈱のコーンスナック「とんがりコーン」のPRのため、同社が制定。「とんがりコーン」は、コーンを素材に植物油で仕上げたカリッとかるくて香ばしい円すいの形が特徴。日付は、東京地区で新発売となった1978年５月25日にちなんで。

別所線の日

長野県上田市の上田駅と別所温泉駅を結ぶ上田電鉄の別所線。その存続を目的に結成された「別所線の将来を考える会」が制定。日付は別所線のシンボルとも言える丸窓電車の車輛ナンバー「モハ5250」の525から。電車内でのコンサートなど、さまざまなトレイン・パフォーマンスを行い、別所線の魅力を伝えていく日。

主婦休みの日

⇨「1年間に複数日ある記念日」の項を参照。

みやざきマンゴーの日

JA宮崎経済連の宮崎県果樹振興協議会亜熱帯果樹部会が「みやざき完熟マンゴー」として全国に知られる宮崎県産マンゴーのさらなるPRを目的に制定。宮崎県産マンゴーは甘くて濃厚な味として人気が高い。日付は「マンゴー（05）ニッコリ（25）」と読む語呂合わせと、この頃に宮崎県産マンゴーの出荷が最盛期にあたることから。

愛車の日

日本初の外国車ディーラーである㈱ヤナセが制定。「愛車のある豊かな人生」を提供し続けるヤナセは1915年5月25日に創業。2015年に創業100周年を迎えたのを機に「車を大切にする心」「車のある人生の豊かさ」をアピールして、さらに広く「愛車」の精神を伝えるのが目的。日付は創立記念日の5月25日とした。

5/26

空き家の将来を考える日

空き家管理サービス「日本空き家サポート」を運営する㈱L&F（千葉市）が制定。空き家を所有している人、これから空き家を出すかもしれない人に、空き家問題を正しく理解してもらうとともに、家族で空き家の将来について考えるきっかけを提供するのが目的。日付は日本で初めての空き家に関する法律「空家等対策に関する特別措置法」が全面施行された日（2015年5月26日）から。

竹内洋岳・8000m峰14座登頂の日

プロ登山家の竹内洋岳（たけうちひろたか）氏が所属する㈱ハニーコミュニケーションズが制定。8000m峰14座とは、標高8000mを超える14の山のこと。2012年5月26日、竹内氏にとって14座目となるダウラギリ（標高8163m）に登頂し、日本人初、世界で29人目の世界8000m峰14座の完全登頂を達成した。その偉業をたたえ、成し遂げた日を記録することが目的。

ダウラギリ

メープルもみじの日

洋菓子などを製造販売する㈱サンエール（広島市）が制定。同社のブランド「楓乃樹」の「メープルもみじ」シリーズを展開することで、国内外にその魅力を発信することと、広島がもみじの名所であることをさらに多くの人に知ってもらうことが目的。日付は5月を表す英単語の「May（メイ）」と26を「2（プ）6（ル）」と読んで「メープル」とする語呂合わせから。

源泉かけ流し温泉の日

長野県の野沢温泉の源泉をかけ流しで提供する旅館などで結成した「野沢温泉源泉かけ流しの会」が制定。野沢温泉は、順徳天皇（1197～1242年）の時代から「日本三御湯」のひとつに数えられている。「源泉かけ流し全国温泉サミット」の開催日に合わせて、科学的にも確認されているその泉質の良さをアピールする。日付は「極上（5）な風呂（26）」の語呂合わせ。

風呂カビ予防の日

暮らしに役立つ日用品を製造販売するライオン㈱が制定。製品のなかにはお風呂のカビを予防する製品もあり、カビを予防して快適に過ごしてもらいたいとの願いが込められている。日付は日本気象協会の調査で5月26日を境に気温と湿度がカビ発生の条件に合致し、お風呂のカビが生えやすくなることから。

5/27

ドラゴンクエストの日

㈱スクウェア・エニックスが制定。プレイヤーが主人公となり、壮大な冒険物語を紐解いていく日本を代表するロールプレイングゲーム（RPG）「ドラゴンクエスト」。ゲームデザイナーの堀井雄二氏が創りだした「ドラゴンクエスト」を、愛され続けるシリーズ作品とするのが目的。日付は初めて発売された1986年5月27日から。

小松菜の日

小松菜の消費拡大のため、小松菜を専作する㈱しものファーム（大阪府堺市）が制定。小松菜はカルシウムがほうれん草の5倍も含まれ、ビタミンも豊富など栄養面の評価の高い野菜として知られている。日付は5と27で「小松菜」と読む語呂合わせ。

背骨の日

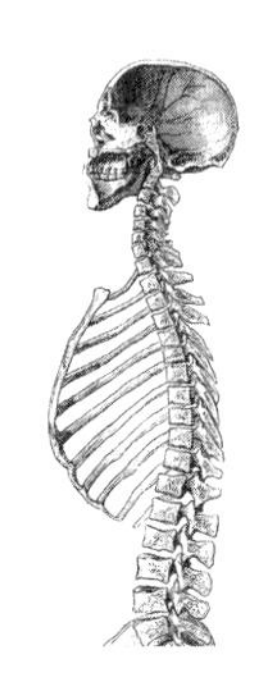

（一社）背骨コンディショニング協会（大阪市）が制定。肩こり、腰痛、内臓の不調など、さまざまな症状は背骨の歪みから発生することが多い。これらの症状を背骨の状態を整えることで改善し、心身の健康と平安を保ってもらうのが目的。日付は、背骨は腰椎５個、胸椎12個、頸椎７個から構成されており、それを並べた「5127」の１をスラッシュに見立てると５/27となることから。

5/28

コインランドリーの日

（一社）日本コインランドリー連合会が制定。全国に２万店舗以上あるコインランドリー業界の発展と、利用率の向上が目的。日付はコインランドリーの機械はクリーニング店の機械と同じもので、高洗浄の洗濯機と高温の乾燥機により衣類も布団もふわふわになることから「コ（５）インランドリーで、ふわ（28）ふわ」と読む語呂合わせ。

電柱広告の日

全国の電柱広告関連団体約400社で組織される全国電柱広告連合会が制定。記念日を業界全体が一丸となって活動する旗印として、電柱広告の知名度を上げ、関係者のモチベーションを高めて事業促進を図ることが目的。日付は1890年５月28日に日本で初めて警視庁から東京麹町界隈を限定とした電柱広告が許可されたことから。

生理をジェンダーレスで考える日

沖縄キリスト教学院大学（沖縄県西原町）の学生が結成したチーム「Ladybird」が制定。男女間の生理に対する知識のギャップやタブーの払拭など、生理について性別に関係なく考える日を作り、生きやすい社会を築くのが目的。日付は生理が平均28日周期で５日間続くことにちなんで５月28日に。

自助の日

（一社）生命保険協会が制定。人生100年時代を迎える現代社会において一人ひとりが豊かな人生を送るために、ライフプランや資産形成、健康の増進、保険などで自ら将来の準備をする「自助」について考える日としてもらうのが目的。日付は５と28で「自助」にとって大切な「希望、知恵、財運、健康、愛」を意味する「五（５）つ（２）葉（８）＝（いつつば）」の語呂合わせから。

骨盤の日

ボディメンテナンス整体サロン「カラダファクトリー」などを運営する㈱ファクトリージャパングループが制定。骨盤ケアの大切さを社会に広め、健康促進と予防に対する意識改革を啓蒙するのが目的。日付は「骨（52）盤（8）」と読む語呂合わせ。公式キャラクター「ほねぴー」の誕生日でもある。

ゴルフ記念日

1927年5月28日、第1回日本オープン・ゴルフ選手権が横浜・程ヶ谷カントリー倶楽部で開かれ、赤星六郎選手が優勝。これが現在のゴルフブームの出発点との考えから、スポーツ用品のミズノ㈱の直営店・MIZUNO TOKYOが制定。

アルソア美肌ラインの日

自然のチカラを活かした化粧品や健康食品を手がける㈱アルソア慧央グループ（山梨県北杜市）が制定。「洗う、除く、潤す、保つ」（石けん、パック、ローション、エッセンス）といった4つの製品で、美しく健やかな肌をめざすスキンケア「アルソア美肌ライン」をPRするのが目的。日付は「GO（5）美肌（28）」の語呂合わせ。

5/29

「金色の風」の日

いわてのお米ブランド化生産販売戦略推進協議会が制定。岩手県オリジナルの水稲品種「金色の風」の生産拡大、品質向上、県内外へのPRが目的。「金色の風」は柔らかさと粘りのバランスが絶妙で、豊かな甘みと軽い食感が特徴。冷めてもおいしく、和食にも洋食にもおにぎりにも合う。日付は「こん（5）じ（2）き（9）」の語呂合わせで5月29日に。

胡麻祥酎の日

胡麻を使った焼酎のパイオニア、㈱紅乙女（べにおとめ）酒造（福岡県久留米市）が制定。「胡麻祥酎」の豊かな味わいを多くの人に知ってもらうのが目的。「焼酎」ではなく、おめでたいしるしの意味をもつ「祥」を用いて「祥酎」と呼び、慶びにあふれた「口福の酒」として世に送り出している。日付は「口（5）福（29）」と読む語呂合わせ。

呉服の日

着物の卸売業を手がけるウライ㈱（京都市）が制定。「呉服」という呼び方は、中国・三国時代の呉から着物の縫製方法が伝わったことに由来する。和装業界の振興と、より多くの人に和装の良さ知ってもらう機会を創出することが目的。日付は5月29日を「ごふく」と読む語呂合わせ。

こんにゃくの日

(一財) 日本こんにゃく協会と全国こんにゃく協同組合連合会が1989年に制定。本格的な夏を迎える前に、こんにゃくの効用や機能性を再確認して健康に過ごしてほしいという願いが込められている。日付はこんにゃくの作付けが5月に行われることと、「こんにゃく (529)」と読む語呂合わせから。

幸福の日

世界中の人々が幸せで平穏に暮らせることを祈って、5と29の語呂合わせから「幸福の日」を制定したのは佐川ヒューモニー㈱。同社は電報サービス (VERY CARD) や、慶弔関連のギフトサイトを運営している。

シリアルの日

シリアル食品のトップブランド「ケロッグ」を国内で展開する日本ケロッグ合同会社が制定。シリアルの認知度向上と、健康的な朝食文化として普及させることが目的。日付はシリアルの代表であるコーンフレーク (529) にちなみ、朝食にシリアルを取り入れることで幸福 (529) な一日を過ごしてとの願いを込めた語呂合わせから。

エスニックの日

(一社) 日本エスニック協会が制定。エスニック文化やエスニック料理の普及活動を行うとともに、日本の伝統的な料理とエスニック文化が融合した新しい食文化の開発などさまざまな文化的創造を図る。日付は5をアルファベットの「S」と見立て、29を「ニック」と読み、合わせて「エス (S) ニック」としたもの。

5/30

530 (ゴミゼロ)の日

愛知県の豊橋市役所に事務局を置く「530運動環境協議会」が制定。530運動とは「自分のゴミは自分で持ち帰りましょう」を合言葉に、豊橋市から全国に広まった環境美化運動のことで、「ゴミを拾うことでゴミを捨てない心を育む」ことが目的。日付は「ゴ (5) ミ (3) ゼロ (0)」と読む語呂合わせ。

アーモンドミルクの日

アーモンドミルク研究会が制定。ビタミンEや食物繊維が豊富な健康飲料のアーモンドミルクの認知度を高め、アーモンドミルクの良さをより多くの人に知ってもらうのが目的。日付は原材料のアーモンドの実が５月下旬からなり始めることと、30を実（み＝３）が丸く（○＝０）なると読む語呂合わせから。

消費者の日

1968年のこの日、消費者の利益を守ることを目的とした消費者保護基本法が公布･施行されたことを記念して、その10周年にあたる1978（昭和53）年に政府が制定したもの。

オーガナイズの日

片付けや整理、収納が楽になる仕組みづくりの「ライフオーガナイズ」の普及を目的に（一社）日本ライフオーガナイザー協会が制定。オーガナイズとは住居・生活・仕事・人生などのあらゆるコト、モノを効果的に準備・計画・整理すること。日付は５と30で「ゴミゼロ」の語呂合わせと、片づけや整理に適した時期であることから。

5/31

世界禁煙デー

国連の世界保健機関（WHO）が、世界人類の健康のためにと設けた日。

車窓サイネージの日

広告事業を展開する㈱ニューステクノロジーが制定。同社はタクシーの車内プロジェクターを通してタクシーの窓ガラスに広告クリエイティブを掲出する国内初のタクシー車窓サイネージサービスTHE TOKYO MOBILITY GALLERY Canvasを展開。このサイネージ事業を広告主や代理店関係者に活用してもらうのが目的。日付はサービス開始の2021年５月31日から。

古材の日

「古材流通の文化」の創造をめざして、古材の再活用に向けた事業を展開する㈱アステティックスジャパン（愛媛県松山市）が制定。古材の魅力を伝え、有効利用を考えるなど、古材にとっての大切な日としている。日付は５と31で「古材（こざい）」と読む語呂合わせ。

菜の日

⇨「１年間に複数日ある記念日」の項を参照。

年によって日付が変わる記念日

5月第2日曜日

母の日

アメリカ人のアンナ・ジャービスが母の死後、その墓に白いカーネーションを飾ったことに由来する。カーネーションは母性愛のシンボルとされ、日本では1949年に初めて行われた。

5月第3日曜日

ごちポの日

米国食肉輸出連合会が制定。アメリカン・ポークのおいしさ、安全性などをより多くの人に知ってもらい、親しみを感じてもらうのが目的。日付は本格的な梅雨が始まる前の週末に、栄養価の高いアメリカン・ポークを食べて元気に夏を乗り切ってほしいとの思いから5月の第3日曜日に。「ごちポ」は「ごちそうポーク」のこと。

6月

JUNE

旧　暦　水無月（みなづき）
語源：「水の月」の意で、この頃に田に水を注ぎ入れることに由来する。

英　名　June
語源：ローマ神話の結婚生活の女神であり、6月を司るユノに由来する。

異　名　常夏（じょうか）／涼暮月（すずくれづき）／蟬羽月（せみのはづき）／鳴神月（なるかみづき）／松風月（まつかぜづき）／風待月（かぜまちつき）／小暑（しょうしょ）

誕生石　パール（真珠）

誕生花　バラ／グラジオラス／牡丹

星　座　双子座（～6/21頃）／蟹座（6/22頃～）

季節の変わり目となる6月は、暦の上の「入梅」を由来とする「梅酒の日」「雨漏り点検の日」や、「夏至」の「酒風呂の日」「冷蔵庫の日」など、季節に敏感な日本らしい記念日が多い。
また、「虫歯予防デー」や「時の記念日」など、古くから行われてきた記念日も話題性があり、「父の日」は商品の販売促進効果を生み出している。国民の祝日のない月なので、季節感と歳時記的な落ち着いた新しい記念日が生まれる可能性を秘めている。

バラ

気象記念日

1875年6月1日に東京気象台が設立され、気象と地震の観測が開始されたことにちなむ。1942年に気象庁により制定。観測開始当初は、お雇い外国人が1人で1日3回の観測をこなしていた。

電波の日

1950年6月1日に電波法、放送法および電波監理委員会設置法が施行されたことにちなむ。それまで政府専掌であった電波利用が広く国民に開放されたことを記念したもので、電波利用に関する知識の普及・向上などを目的としている。

氷みつの日

井村屋グループ㈱（三重県津市）が制定。同社の家庭用の「氷みつ」は日本有数の生産量を誇り、かき氷にかけるだけでなく菓子作りの材料や炭酸水などと混ぜてジュースにして飲むなど幅広く愛用されている。こうした「氷みつ」の活用法を記念日を通して知ってもらうのが目的。日付は語呂合わせで「5（氷）32（みつ）」となることから、5月32日＝6月1日と見立てたもの。

デリバリー弁当の日

弁当の製造・販売・配達を手がける㈱玉子屋が制定。「デリバリー弁当」の便利さや美味しさを知って、食事の選択肢にしてもらうのが目的。日付の6月1日は梅雨の時期で外食が億劫になる頃。そんなときこそ「デリバリー弁当」を注文してとの願いが込められている。この日は同社の設立日（1975年6月1日）でもある。

リードオルガンの日

日本リードオルガン協会（静岡県浜松市）が制定。リードオルガンは明治期に学校などに導入され、西洋音楽の音階（ドレミファソラシド）を日本人に浸透させる礎となった。記念日を通して、リードオルガンの歴史的価値と豊かな響きを広く世間に知らせ、その存在意義を高めることが目的。日付は、標準サイズのリードオルガンの鍵盤数が61鍵であることから6月1日に。

ヘアサロンサイネージの日

㈱ニューステクノロジーが制定。同社はサロンの利用者にタブレットを通して動画広告やオリジナルコンテンツを配信する高級ヘアサロン専門のサイネージメディア「THE TOKYO SALON VISION COVER」を展開しており、このサイネージ事業をより多くの関係者に知ってもらい、活用してもらうのが目的。日付はサービスを開始した2020年6月1日から。

かりゆしウェアの日

沖縄県衣類縫製品工業組合（沖縄県那覇市）が制定。「沖縄県産であること」と「沖縄らしいデザインであること」が条件の「かりゆしウェア」。沖縄県内では夏の正装として浸透している「かりゆしウェア」をさらに普及させることが目的。日付は2007年6月1日に「かりゆしウェアを世界に広める会」が発足したことと、「衣替えの日」から6月1日としたもの。

ロールアイスクリームの日

ROLL ICE CREAM FACTORYを運営する㈱トレンドファクトリーが制定。ニューヨークで大ブームを起こしたロールアイスクリームを、日本ならではのスタイルで広めるのが目的。日付は6で「ロール」。1をアルファベットのIに見立てて「アイス」と読んで6月1日に。

チー坊の日（チチヤスの日）

乳製品の製造・販売を行うチチヤス㈱（広島県廿日市市）が制定。「チー坊」は同社のオリジナルキャラクター。「安心・安全・おいしい・健康」という長年培ってきた誇りのシンボル「チー坊」を通じて、同社の取り組みに関心をもってもらうのが目的。日付は「チー坊」の誕生日であり、同社の創業記念日の1886年6月1日から。

いぐさの日

い草を使ったインテリア製品の製造と販売を手がける㈱イケヒコ・コーポレーション（福岡県大木町）が制定。い草は湿気をよく吸い、消臭、空気清浄などの効果があり、住環境にも良いことから、6月の「環境月間」に貢献するのが目的。日付は年間で最も湿度が高い6月上旬で、夏物の衣替えの時期でもあることから6月1日に。

バリ舞踊の日

バリ舞踊連盟（神奈川県藤沢市）が制定。2015年にユネスコの無形文化遺産に登録されたインドネシア・バリ島の伝統舞踊である「バリ舞踊」をより多くの人に知って、踊って、観てもらうのが目的。日付はインドネシア共和国から大統領の特派文化施設団が来日し、日本でのバリ舞踊交流が始まった1964年6月1日から。

氷の日

江戸時代、加賀藩が将軍家に氷を献上し「氷室（ひむろ）の日」として祝ったのが陰暦の6月1日だったことから、日本冷凍事業協会が制定。

梅肉エキスの日

梅の学術研究と啓蒙普及活動を行っている（一財）梅研究会（大阪市）が1987年に制定。梅の実のシーズンである6月の初めに、手作りの梅肉エキスを使ってもらうことを呼びかけてこの日を記念日としている。

チューインガムの日

平安時代より、元日と6月1日は「歯固めの日」として、かたい餅などを食べて健康増進を図る風習があったことにちなみ、日本チューインガム協会が1994年に制定。チューインガムを通じて、かむことの大切さを考えてもらうのが目的。

アイデアの日

「ウカンムリクリップ」「ネコゴム」などのワクワク、ドキドキするアイデア文具やキャラクター文具などを数多く発売しているサンスター文具㈱が制定。日付は創業者の小林三造氏の命日からで、「アイデアに挑戦する日」としている。

6月

防災用品点検の日

⇨「1年間に複数日ある記念日」の項を参照。

総務の日

総務部門の価値を問い直し、総務の重要さを社会的にも企業内でも広く認知してもらおうと、日本唯一の総務専門誌『月刊総務』を発行する㈱月刊総務が制定。日付は『月刊総務』（当時の誌名は『総務課の実務』）が初めて発行された1963年6月1日から。

ムヒの日

虫さされ、かゆみ止めの代表的医薬品「ムヒ」を製造販売する㈱池田模範堂（富山県上市町）が制定。日付はブランドの発展とともに、肌のトラブルの分野などでも事業展開する同社のスローガン「変身への挑戦」のスタートの日で、6と1で「ムヒ」と読む語呂合わせ。

矯正歯科月間の日

矯正歯科についての関心を高め、きれいな歯並びで健康増進をはかることを呼びかけようとNPO法人日本成人矯正歯科学会が制定。学会の大会が開かれる6月を「矯正歯科月間」と定めたことから、そのスタートの日を「矯正歯科月間の日」とした。

牛乳の日

牛乳の消費の拡大と人々の健康の増進、食生活の向上を目的に、酪農乳業関係者で構成された（一社）Jミルクが制定。日付は2001年に国連食糧農業機構（FAO）が、牛乳への関心とともに酪農・乳業の仕事を多くの人に知ってもらおうと6月1日を「世界牛乳の日（World Milk

Day)」と提唱したことから。また、(一社) Jミルクでは6月を「牛乳月間」としている。

鮎の日

全国鮎養殖漁業組合連合会（和歌山市）が制定。初夏の風物詩である「鮎」は、伝統的な和食文化に欠かせない食材で河川環境保護の象徴。日本の固有の魚ともいえる「鮎」のおいしさをより多くの人に知ってもらうことが目的。日付は、昔から鮎の本格的な旬を迎えるのが6月とされていることから。

えいようかんの日

⇨「1年間に複数日ある記念日」の項を参照。

6/2

日本重症筋無力症の日

重症筋無力症 (Myasthenia Gravis・略称：MG) の患者・家族で組織する (一社) 全国筋無力症友の会 (京都市) が制定。患者の多くは疾患による身体的な負担とともに、周囲の人に理解してもらえない、就労や社会参加の機会の損失など社会的な負担にも苦しんでいる。重症筋無力症への理解を社会に広げるのが目的。日付はヨーロッパで制定された「欧州重症筋無力症の日」と同じ日に。

無痛分娩を考える日

無痛分娩に関する情報提供などを行う（一社）日本無痛分娩研究機構 (静岡県浜松市) が制定。無痛分娩リテラシーの向上、無痛分娩の安全性の向上などとともに、医療事業者の無痛分娩に対する臨床、教育、研究の発展に寄与するのが目的。日付は「無(6)痛(2)」と読む語呂合わせ。

ローズの日

(一社) ブルガリアンローズ文化協会 (神奈川県横浜市) が制定。ブルガリアではバラの収穫を祝う感謝祭が6月初旬に行われる。その文化を日本でも広く定着させて、バラの花のもとに人々が集い、温かい平和な世の中になることを願うのが目的。日付は美しくバラの咲く時期であり、6と2で「ロー(6)ズ(2)」と読む語呂合わせ。

ロープの日

ワイヤロープの販売店で組織する全国鋼索商業連合会が制定。線材製品協会・鋼索部会、全日本ロープ加工組合連合会とともに、ワイヤロープ業界の認知度向上と、その安全の啓蒙が目的。日付は「ロー(6)プ(2)」と読む語呂合わせ。

路地の日

歴史と文化の町、長野県下諏訪町には昔からの裏道や路地が多い。このかけがえのない路地を愛し、その風情を楽しみ、いつまでも残していこうと活動を続けている「下諏訪の路地を歩く会」が制定。日付は6と2で「路地」と読む語呂合わせ。

甘露煮の日

惣菜感覚の佃煮として人気の高い甘露煮を多くの人にPRしようと、甘露煮メーカーとして知られる㈱平松食品（愛知県豊橋市）が制定。日付は佃煮誕生のきっかけとなった本能寺の変に由来し（家康一行の伊賀越えの際に糧食とされた）、さらに甘露煮の露煮を6と2とする語呂合わせ。

イタリアワインの日

おいしいイタリアワインの認知度を高めてニーズの掘り起こすのを目的に、イタリア大使館とイタリア貿易振興会が制定。日付は第二次世界大戦終結後に行われた共和制移行を問う国民投票の結果を受け、イタリア共和国が誕生した1946年6月2日から。

おむつの日

おむつを通じてすべての赤ちゃんの幸せで健やかな成長について考えてもらおうと、赤ちゃん用の紙おむつ「GOO. N（グ～ン）」を製造する大王製紙㈱が制定。世界でいちばん大切なおしりのために。日付は6月2日で「062」を「おむつ」と読む語呂合わせ。

オムレツの日

環境にやさしい業務用鶏卵商品の研究、開発を行っている日本シュリンク包装卵協会が制定。栄養バランスが優れたたまごで愛情を包み込んだ料理であるオムレツを食べ、家族愛と健康を育む日。日付は「オム（06）レツ（02）」と読む語呂合わせ。

6/3

ローソンの日

日本全国でコンビニエンスストア「ローソン」を展開する㈱ローソンが制定。「ローソン」は、1975年6月に大阪府豊中市に1号店を出店。2025年の創業50周年を記念するとともに、記念のセールやイベントなどを企画し、さらに多くの人に親しんでもらうことが目的。日付は6と3で「ロー（6）ソン（3）」と読む語呂合わせから。

もろみみその日

もろみみその良さやおいしさをPRするため、㈱ますやみそ（広島県呉市）が制定。キュウリにのせて食べる「もろきゅう」のほか、魚や肉などの漬け床や調味料など、さまざまな用途がある。日付は「もろ（6）み（3）」と読む語呂合わせ。

なんもしない日

ただ、そばにいる存在を貸し出す「レンタルなんもしない人」のフォロワーが本人の了承を得て制定。1年に1日くらいは社会的な責任から解放されたり、何者でもなくなる「なんもしない日」があってもいいなとの思いから生まれたもので、なんもしないことに価値があると再認識できる日とするのが目的。日付は「レンタルなんもしない人」が活動を開始した2018年6月3日に由来する。

Romiの日

㈱MIXIが制定。「Romi（ロミィ）」は同社が販売する自律型会話ロボットで、人工知能により最適な会話内容を作り出し、自然な言葉のキャッチボールができる。Romiを通じてロボットとコミュニケーションする楽しさや癒し、人間同士のコミュニケーションの活性化が目的。日付は2020年6月3日にRomiが先行販売されたこと、6と3で「ロ（6）ミィ（3）」と読む語呂合わせ。そして、同社の設立日（1999年6月3日）から。

ポンコツの日

㈱エイティーフィールドの青木勉氏が制定。数々の音楽イベントのプロデュースを手がける青木氏は、仕事はできるが誤字脱字が多いなど、ポンコツプロデューサーとして「P青木」とも称されている。その愛されるポンコツぶりを記念すべく、自らの誕生日に開催する音楽イベント「P青木のひとり生誕祭」を多くの人に楽しんでもらうのが目的。日付は青木氏の誕生日（1966年6月3日）から。

ケロミンの日

世界初のパペット電子楽器「ケロミン」を製造販売する（有）トゥロッシュが制定。「ケロミン」はカエル型で、口の開き加減で音の高さが変わるまったく新しい楽器。音の高さの違いを体感でき音感教育などにも活用できる。日付は「ケロ（6）ミ（3）ン」の語呂合わせ。

6/4

すとぷりの日

㈱STPRが制定。「Strawberry Prince／すとぷり」は生放送や動画投稿サイトなどで活動する6人組のアイドルユニット。「すとぷり」の魅力を多くの人に知ってもらい「すとぷりすなー」と呼ばれるファンとの絆を深めるシンボルの日とすることが目的。日付は「すとぷり」が結成された2016年6月4日から。

佐土原（さどわら）ナスの日

肉厚で上品な美味しさの佐土原ナスの認知度向上と消費拡大のため、宮崎市佐土原ナス研究会（宮崎市）が制定。佐土原ナスは生産が長く途絶えていたが、2000年6月、宮崎県総合農業試験場に保管されていた約500粒の種から4粒が発芽。ここから年間収量100トンを超えるまでに復活した。日付は2000年6月に4粒の種から奇跡的に復活したことから6月4日に。

虫ケア用品の日

アース製薬㈱が制定。「殺虫剤」という表現は「毒性が高そう」と思う人もいるので、虫を避けることで人々の健康を守る「虫ケア用品」という呼び名を広めるのが目的。日付は「虫＝ム（6）シ（4）」の語呂合わせ。

虫の日

幼少期より昆虫採集が趣味の解剖学者の養老孟司氏が制定。長年にわたり自然や命について考えてきた養老氏は、虫にも供養が大切と神奈川県鎌倉市の建長寺に「虫塚」を建立。毎年、多くの昆虫採集家が集い法要を行っている。日付は6と4で「虫」と読む語呂合わせ。

武士の日

スポンジでできた刀を使い、武士になりきって戦うあそび「チャンバラ合戦―戦IKUSA―」を考案し、全国で活動するNPO法人ゼロワンが制定。チャンバラ合戦を通じて外で遊ぶことを再び日本の文化として普及発展させるのが目的。日付は「武（6）士（4）」と読む語呂合わせと、戦国時代最後の戦いともいわれる大坂夏の陣の終結が新暦の6月4日と推定されることから。

水虫治療の日

「水虫薬エフゲン」を製造、販売する大源製薬㈱（兵庫県尼崎市）が制定。水虫の早期治療の大切さと、水虫は必ず治る皮膚病なのであきらめずに治療に取り込むことを多くの人に知ってもらうのが目的。日付は、水虫の「む（6）し（4）」と読む語呂合わせと、水虫を患う人が急増する梅雨入り前の時期であることから。

虫歯予防デー

日本歯科医師会が実施していたのは1938年まで。現在では厚生労働省が6月4日から10日までを「歯の衛生週間」としている。日本記念日協会では虫歯予防の大切さを訴える日として、あらためてこの日を記念日に制定。日付は6と4で虫歯の「虫」と読む語呂合わせ。

ローメン記念日

伊那ローメンズクラブ（長野県伊那市）が、郷土の名物料理のローメンを全国にアピールしようと制定。ローメンは蒸した中華麺にキャベツ、マトンなどを具にして、独特のスープで煮込んだもの。日付は蒸した麺から蒸（6）し（4）の語呂合わせから。

DENTALANDの日

DENTALANDたむら歯科が制定。1999年6月の開業以来、地域で一番の予防歯科をめざして取り組んできた同歯科が2005年のこの日に「むし歯ゼロ」を目標とした新たな予防プログラムを発表、リニューアルオープンしたことを記念したもの。

蒸しパンの日

子どもにも食べやすい蒸しパンを、朝食やおやつにもっと食べてもらおうと、「チーズ蒸しパン」で知られる日糧製パン㈱（北海道札幌市）が制定。日付は6と4で蒸しパンの「蒸し」と読む語呂合わせ。

ショートフィルムの日

「アメリカン・ショートショート フィルムフェスティバル」が1999年のこの日に日本で初めて開催されたのを記念してショートショート実行委員会が制定。創設者は俳優の別所哲也氏。「ショートショート フィルムフェスティバル＆アジア」は米国アカデミー賞公認の映画祭で、アジア最大級の国際短編映画祭。

蒸し豆の日

素材そのものの風味や香り、旨みや栄養価を逃がさない蒸し豆の良さを知ってもらい、手軽に食べてもらいたいとの思いから、㈱マルヤナギ小倉屋（兵庫県神戸市）が制定。蒸し豆は、サラダのトッピング、煮物やスープなど料理の材料としても幅広く活用できる。日付は6月が食育月間であり、6と4で「蒸し」と読む語呂合わせ。

杖立（つえたて）温泉・蒸し湯の日

杖立温泉（熊本県小国町）と、その名物「蒸し湯」の魅力を、さらに多くの人に知ってもらおうと熊本県観光課が制定。杖立温泉は1800年の歴史をもち、古くは湯治場として栄えた温泉地。約98度で自噴する温泉の蒸気を利用した蒸し湯は20ヵ所以上で体験できる。日付は「蒸（6）し（4）湯」と読む語呂合わせ。

6/5

婿の事業承継の日

事業コンサルティング企業の㈱YRK and（ワイアールケイアンド）（大阪市）が制定。先代義理父との関わり方、資産や法的な問題など、婿の事業承継は困難をともなうことも多いが、婿という選択肢をポジティブにとらえ、婿のチカラで事業承継問題を解決することが目的。日付は婿「む（6）こ（5）」と読む語呂合わせ。

Pepper誕生日

ソフトバンクグループ㈱が、世界初の感情認識機能をもった人型ロボット「Pepper（ペッパー）」を発表した2014年6月5日をPepperの誕生日として制定。ロボットの世界において歴史的な日であり、人々にとってロボットを身近な存在として記憶するスタートの日でもある。

世界環境デー

1972年のこの日、国連人間環境会議が人類のために人間環境の保全と改善を目標とする「人間環境宣言」を採択したことを記念して設けられた日。日本では「環境の日」と制定され、各地で環境問題をテーマとした催しが開かれる。

ろうごの日

（一社）神戸市老人福祉施設連盟（兵庫県神戸市）が制定。超高齢化社会のなかで高齢者も若者も何を考え、何をなすべきなのかについてみんなで考え、共に支え、社会を発展させるための行動を起こす日とした。キャッチコピーは「高齢者の元気は、若者の元気、社会の元気」。日付は6と5で「ろうご」と読む語呂合わせ。

ロゴマークの日

企業、店舗のロゴマークなどのデザインを中心に、ブランディング、マーケティングなどに関わる制作を行っている㈱ビズアップが制定。ロゴデザインの効果をアピールすることが目的。日付は6と5で「ロゴ」と読む語呂合わせ。

6/6

芒種（ぼうしゅ）

［年によって変わる］二十四節気のひとつ。芒種とは芒のある穀物を稼種する季節の意味で、麦刈り、田植えなど農家はさらに多忙に。

ROYAL&MGMイチローくんの日

㈱一六商事ホールディングスが制定。同社グループのマスコットキャラクター「イチローくん」をより多くの人に知ってもらうのが目的。「人と人の絆を大切にする」という経営理念のもと、「イチローくん」を通してパチンコ・パチスロを楽しんでもらう。日付は「イチローくん」の誕生日が6月6日であることから。

娘婿を励ます日

㈱トップコーチングスタジアム（大阪市）が制定。同社は「娘婿を励ます会」を主宰し、娘婿の立場から事業承継を考えている人が集う場の提供、事業を引き継ぐための勉強会などを開催している。娘婿の存在価値を最大限引き上げ、ファミリービジネスの永続的発展に寄与し、人間味あふれる経営者を輩出することが目的。日付は6月6日を「ム（6）スメ、ム（6）コ」と読む語呂合わせ。

lulumoの日

㈱スタビライザーが制定。lulumoは無添加、国産、シンプル処方、継続のしやすさにこだわり、親しみやすく洗練されたスキンケアブランドをめざしている。lulumoのスキンケア商品とlulumoのこだわりを広く知ってもらい、自分の肌を好きになってもらうことが目的。日付は6と6で「ルル」と読む語呂合わせ。

電動アシスト自転車「ViVi」の日

パナソニック サイクルテック㈱（大阪府柏原市）が制定。電動アシスト自転車を長く安全に利用するために、点検やメンテナンスの大切さを知り、愛車と向き合う日にしてもらうのが目的。日付は同社の電動アシスト自転車「ViVi」（ビビ）がローマ数字の「VI（6）VI（6）」を想い起こさせることから6月6日に。

麻婆豆腐の素の日

丸美屋食品工業㈱が制定。同社は1971年6月6日に「麻婆豆腐の素」を発売。麻婆豆腐というメニューを家庭で手軽に作れる素として開発し広く浸透させた。麻婆豆腐がさらに発展することへの願いが込められている。日付は「麻婆豆腐の素」の発売日であり、数字の6の形が麻婆豆腐を食べる際に使われるレンゲをイメージさせること、そして「6＋6＝12（とうふ）」であることなどから。

六連（むつれ）の日

山口県下関市彦島の北西約5kmの響灘にあり、花き栽培が盛んで「花の島」として知られる人口87人の六連島の六連島自治会が制定。日本最古の洋式灯台のひとつで、国の重要文化財の「六連島灯台」などの名所旧跡も多い六連島の活性化をめざして、島民や下関市民にとってもシンボリックな日にとの願いが込められている。日付は六連島の名前にちなみ「六が連なる」で６月６日に。

日本直販の日

日本直販㈱（大阪市）が制定。テレビ、ラジオ、新聞、カタログ、ネットなど、さまざまなメディアを通して「幸せと喜びをお届けする」ことが目的。日付は、日本直販のフリーダイヤルである「0120-666-666」にちなみ６月６日。また日本直販公式キャラクター「やぎ蔵」の誕生日でもある。

北川製菓ドーナツの日

洋菓子などを製造販売する㈱北川製菓（長野県駒ヶ根市）が制定。同社は60年以上さまざまなドーナツを作り続けており、多くの人に愛されてきたことへの感謝の気持ちと、これからもおいしいドーナツの製造が続けられるようにとの願いが込められている。日付は1959年６月に同社がドーナツの製造を開始したことと、数字の６にドーナツの輪のイメージを重ねて６月６日に。

いけばなの日

いけばな芸術の普及、発展のために活動する（公財）日本いけばな芸術協会が制定。記念日を通して技術の習得だけでなく、その歴史などから知見を広げること、花に直接触れることで命の尊さやパワーを感じて人間性を豊かにしてもらいたいとの願いが込められている。日付は古くから「芸事の稽古始めは６歳の６月６日から」と言われ、この日から始めると上達が速いとされることにちなんで。

シニアピアノの日

シニア世代に教えるピアノのレッスン法について、研究・普及・実践をしている先生の会「日本シニアピアノ教育研究会」が制定。昔から楽器の稽古は６歳の６月６日からと言われていることにちなみ、66歳の６月６日を「シニアの方がピアノ学習を開始する日」とすることで、ピアノを習いたいシニアの方の背中を押し、リタイア後がピアノで幸せな日々になること願って。

ベビーシャワーの日

「日本のマタニティライフをより豊かに」を理念に活動する（一社）BABYSHOWER JAPANが制定。ベビーシャワーとはアメリカで始まった、妊娠８ヵ月頃の妊婦を主役に仲間や家族で行う安産祈願のパーティー。ベビーシャワーへの認知拡大が目的。日付は妊婦の姿になぞらえた「６」が２つ合わさる６月６日に。

大麦の日

日本で初めて大麦を使った洋菓子ダクワーズを開発した㈱大麦工房ロ

ア（栃木県足利市）が制定。栄養価の高さやさまざまな食品に活用できるなど、大麦の魅力を広く伝えるのが目的。日付は麦秋の季節である6月と、大麦を「O（オー） 6（麦）」と読むのを組み合わせて6月6日に。

吹き戻しの日

「吹き戻し」を生産、販売する㈱吹き戻しの里（兵庫県淡路市）が制定。「吹き戻し」とは、口にくわえてヒューと吹くとスルスルと伸びたあと、先からクルクルと戻ってくる玩具で、その楽しさを多くの人に知ってもらうのが目的。日付は「吹き戻し」の形が「6」に似ていることから6月6日に。

梅の日

室町時代の1545（天文14）年4月17日（現在の6月6日）に、京都・賀茂神社の例祭において後奈良天皇が神事を行われた際に梅が献上されたとの故事から、梅の代表的産地である和歌山県田辺市の「紀州梅の会」が制定。

楽器の日

1970年に（一社）全国楽器協会が制定。楽器を演奏する楽しさを知り、始めるきっかけの日としてもらうことが目的。日付は、芸事の習いはじめは6歳の6月6日から、という言い伝えによる。

ほんわかの日（家族だんらんの日）

大阪の読売テレビの人気番組「大阪ほんわかテレビ」が制定。日付はほんわかした空気を大切にして、もう一度家族の姿を見つめ直そうを基本コンセプトに、1993年6月6日に放送を開始したことから。

補聴器の日

（一社）日本補聴器工業会が制定。6は人がオーダーメイド補聴器を耳に装着している姿に似ており、6月6日は二つの耳、つまり両耳装用を表す。補聴器のPRの日にと、シンボルマークの象をモチーフとしたマスコット「ロロくん」を制作している。

ロールケーキの日

ロールケーキで町おこしをしている「小倉（こくら）ロールケーキ研究会」（福岡県北九州市）が制定。小倉には古くからロールケーキが愛されてきた伝統があり、名店も多い。研究会では食べ比べや、新しい味の開発などの活動を行っている。日付はロールケーキの「ロ」と、ロールケーキが「6」の字が巻いているように見えることから。

らっきょうの日

歯ごたえが良く、漢方にも使われ、体にうれしい食材のらっきょうを多くの人に楽しんでもらいたいと、岩下食品㈱（栃木市）が制定。日付はらっきょうの旬で、漢字の「六」にらっきょうが土のなかで成長していくイメージがあること、数字の「6」がらっきょうの姿に似ていることなどから、6が並んだこの日に。

クリスタルボウルの日

太古の時代からあった水晶を使った楽器「クリスタルボウル」。その音色により、多くの人にリラックスした心地良い時を過ごしてもらうことを目的に、（一社）クリスタルボウル・アカデミー・ジャパンが制定。同法人では演奏会や演奏家の養成などを行っている。日付は水晶の結晶形が六角柱であることから6が重なるこの日に。

人事労務の日

1年に1度は会社の人事や労務について見直し・検証することにより、よりよい労使関係を築いていこうという日。社会保険労務士であり、㈱経営トータルサポート（千葉県勝浦市）代表の渡邉昌俊氏が制定。社会保険労務士の認知度を高めるのもその目的のひとつ。

ロムの日

ROM（ロム）の書き込み業務を行う㈱ロムテック（埼玉県新座市）が制定。携帯電話、パソコン、家電製品、自動車など、さまざまな物に使われているROMについて多くの人に知ってもらうことが目的。また、製品化されずに使われなかったROMの慰霊の意味も込められている。日付は6と6で「ロム」の語呂合わせ。

山形さくらんぼの日

さくらんぼの生産量日本一を誇る山形県。県の内外から人気が高く、自他共に認める高品質な「山形のさくらんぼ」をさらに広くPRしようと、全国農業協同組合連合会山形県本部（JA全農山形）が制定。日付は数字の「6」がさくらんぼのシルエットに見えること、収穫の最盛期を迎えることから。

アンガーマネジメントの日

（一社）日本アンガーマネジメント協会が制定。アンガーマネジメントとは怒りの感情と上手に付き合うための心理トレーニングのことで、これを学ぶことにより周囲との良好な人間関係が生まれる。「怒りの連鎖を断ち切ろう」という協会の理念を伝えることが目的。日付は怒りの感情のピークが6秒であることと、怒りを「ムカムカ」と表現することがあるため、6と6で「ムカムカ」と読む語呂合わせ。

つけまの日

「TSUKEMAクイーン実行委員会」が制定。日本の「カワイイ文化」の象徴的アイテムの1つ「つけまつげ（つけま）」を国内外に発信することが目的。日付は数字の6が「つけまつげを付けた目」に見え、6と6で両目に付けたように見えることから。記念日の申請は、つけまつげなどの化粧品を手がける㈱ディー・アップ。

6/7

緑内障を考える日

中途失明の原因として最も多いとされる緑内障について広く考え、1年に一度は緑内障の検診を受けるように呼びかける日。(一社) 緑内障フレンド・ネットワークが制定した日で、日付は「緑（6）内（7）＝りょくない」の語呂合わせ。

むち打ち治療の日

治らないものと考えられている場合が多いむち打ち症。しかし、きちんと治療すればほとんどの症状が改善するので、あきらめずに治療しましょうと呼びかける日にと、(一社) むち打ち治療協会が制定。日付は「む（6）ち打ちをな（7）おそう」という語呂合わせ。

6/8

鎌倉アロハの日

メーカーズシャツ鎌倉㈱（神奈川県鎌倉市）が制定。同社が開発したアロハシャツ「KAMALOHA SHIRTS（カマロハシャツ）」を起点に、サーフィンのメッカでもある鎌倉のビーチカルチャーのさらなる発展と、地域を盛り上げるのが目的。日付はアロハの「ロ（6）ハ（8）」の語呂合わせ。

「ステハジ」の日

㈱OSGコーポレーション（大阪市）が制定。「ステハジ」とは「使い捨ては恥ずかしい」という考え方で、使い捨てから生まれる社会問題（海洋プラスチック問題、食品ロス、衣類ロスなど)、リデュース（ゴミを減らす）について考え、実践すること。記念日を通して「ステハジ」を広め行動変容のきっかけにすることが目的。日付は「ロス（6）は恥（8）」の語呂合わせ。

ガパオの日

本格派タイ料理レストラン「ガパオ食堂」を運営する㈱ベースが制定。ガパオとはタイホーリーバジルのことで、鶏のひき肉などとともに調味料で炒め、目玉焼きをのせたごはんと一緒に食べる「ガパオごはん」はタイ料理の人気メニューのひとつ。タイ料理、ガパオごはんのさらなる普及が目的。日付はガパオの知名度の向上を図ってきた「ガパオ食堂」の設立日2007年6月8日から。

ロボット掃除機『ルンバ』の日

ロボット掃除機『ルンバ』を販売するアイロボットジャパン合同会社が制定。『ルンバ』の魅力やさまざまな機能をより多くの人に知ってもらうのが目的。日付はロボット掃除機の代表的ブランド『ルンバ』にちなみ、「ル（6）ン（0）バ（8）」と読む語呂合わせ。

ロハスの日

ホテルチェーンを展開する㈱スーパーホテル（大阪市）が制定。同社では地球環境と人の健康を意識した行動様式の「Lohas（ロハス）」な取り組みを行っており、その考え方などを広く知ってもらうのが目的。日付は「ロ（6）ハ（8）ス」と読む語呂合わせ。

6/9

小型家電リサイクルの日

（一社）小型家電リサイクル協会（神奈川県川崎市）が制定。2013年4月1日に施行された、使用済小型電子機器等の再資源化の促進に関する法律（小型家電リサイクル法）の普及・啓蒙を図り、小型家電リサイクルの回収量を増やすのが目的。日付は国の環境月間の6月であり、世界環境デー（6月5日）に近く、小型家電を無垢な素材への「無垢」（む＝6・く＝9）から6月9日に。

ゼネラル・オイスターの岩牡蠣（いわがき）の日

全国でオイスターバーを展開する㈱ゼネラル・オイスターが制定。安心で安全で、おいしい自社の岩牡蠣の魅力をより多くの人に知ってもらい、その味を楽しんでもらうのが目的。日付は6と9で岩牡蠣の岩＝ロック（69）の語呂合わせと、この時期から岩牡蠣の本格的なシーズンが始まることから。

ロックアイスの日

ロックアイスを中心とした氷製品、冷凍食品などを取り扱う小久保製氷冷蔵㈱（千葉県八千代市）が制定。同社を代表する商品であるロックアイスのおいしさと多様な使い方を広めるのが目的。日付は6と9で「ロック」の語呂合わせ。

つボイノリオ記念日

CBCラジオ（愛知県名古屋市）の人気番組「つボイノリオの聞けば聞

くほど」のスタッフ、リスナーの有志が制定。番組を通してパーソナリティーのつボイノリオ氏とリスナーが一体となり、その絆を深める日とするのが目的。日付はつボイノリオ氏とリスナーが大切にしているというラッキーナンバーの69から６月９日に。

我が家のカギを見直すロックの日

防犯の要である錠の取り扱い業者の団体である日本ロックセキュリティ協同組合が制定。年に一度は各人が家のカギを見直して防犯意識を高めてもらいたいとの願いが込められている。日付は６と９で錠＝ロックの語呂合わせ。

まがたまの日

⇨「１年間に複数日ある記念日」の項を参照。

無垢（むく）の日

オリジナル建材の製造販売、木材・建材の輸入などを手がけるプレイリーホームズ㈱（長野県松本市）が制定。自然素材志向、資源の有効活用、住宅の耐久性の向上などの市場ニーズに応えるために、無垢の木材の利用促進を図るのが目的。日付は６と９で「無垢（むく）」と読む語呂合わせ。

ログホームの日

フィンランドの天然木材を活かした本物の木の家（ログホーム）を世界中へ輸出する世界No.1ログホームメーカーである㈱ホンカ・ジャパンが制定。「健康住宅」「北欧デザイン」にこだわり、都市部でも住宅用途で広がるログホームについて多くの人に知ってもらうのが目的。日付は６と９で「ログ」の語呂合わせ。

ロックの日

「DiGiRECO（デジレコ）online」を配信する㈱ミュージックネットワークが制定。「ロック」は音楽だけでなく、ファッションやライフスタイル、人々の考え方にも表現される存在。その基となる偉大なロック・ミュージックをたたえるのが目的。日付は６と９で「ロック」と読む語呂合わせ。

6/10

入梅（にゅうばい）

［年によって変わる］梅雨の季節に入る日を指す雑節のひとつ。

時の記念日

1920年に生活改善同盟会が制定。日付は、『日本書紀』に671（咸亨２）年４月25日（太陽暦では６月10日）に漏刻と呼ばれる水時計を新しい台に置き、鐘や鼓で人々に時刻を知らせたと記述されていることから。

ロケ弁の日

弁当デリバリーサービス「くるめし弁当」を運営する㈱くるめしが制定。日本最大級の商品数に加え、有名店なども多く参加しており、ロケや会議・接待などで重宝されている。業界内外にロケ弁の奥深さや魅力を発信し、弁当業界のさらなる発展に貢献することが目的。日付は「ロ（６）ケ弁当（10）」の語呂合わせ。

ReBorn60の日

協同組合日本写真館協会に事務局を置き、60代の人々を応援する企業・団体・個人が会員の「ReBorn60をすすめる会」が制定。還暦の60歳はまだ若く健康で、家庭でも社会でも一線で活躍する人が多い。60代の人々にReBorn（リボーン＝生まれ変わった）「第二の人生のスタートに乾杯！」とエールを贈るのが目的。日付は還暦の60を六十（ろくじゅう）と読んで６月10日に。

BLACK無糖の日

コーヒー本来の味を楽しめる「BLACK無糖」ブランドのPRのため、UCC上島珈琲㈱が制定。「UCC BLACK無糖」は日本で初めての缶入り無糖コーヒーで1994年に発売された。日付は「無（む＝６）糖（とう＝10）」の語呂合わせ。

ヘルスケアオープンイノベーションデー

ジョンソン・エンド・ジョンソン日本法人グループが制定。ヘルスケアイノベーションを生み出すには企業や研究機関などの共同作業が重要との考えから、イノベーションへの投資意思を明確にして、多様なパートナーを募っていく同グループの姿勢を示すのが目的。日付はヘルスケアイノベーションで人々が健康でいられる時間を一日でも長くという願いを込めて「時の記念日」である６月10日に。

こどもの目の日

日本眼科啓発会議が制定。こどもたちの視力の成長を見守り、健全な視力を保つための知識と行動を啓発するのが目的。日付は、こどもの弱視の発見・治療、近視の発症予防のためには「６歳。視力1.0」が大切な節目となることから６月10日とされた。

路面電車の日

全国路面軌道連絡協議会が制定。地域の大切な交通手段であり、街のシンボルとして愛されている路面電車をよりいっそうPRしていくことが目的。日付は、1995年に広島市で開かれた第2回「路面電車サミット」において、6月10日を「6=ろ（路）・10=テン（電）」の語呂合わせにより「路面電車の日」とすることが決定されたことから。

露点計の日

㈱テクネ計測（神奈川県川崎市）が制定。露点計は製造現場などで気体中の水分量を計測する機器。製品の品質や製造効率の向上など、より環境にやさしいモノづくりに貢献している。露点計に関する基礎知識、正しい使い方、校正の重要性を広めることが目的。日付は「ろ（6）てん（10）」と読む語呂合わせ。

労働契約を考える日

適正な労働契約の締結支援を行う「労働契約エージェント」の認知度向上と、「ワークリテラシー教育」の普及活動などを行うNPO法人労働契約エージェント協会が制定。労使がともに労働契約の重要性を再認識するとともに、労働者が自分の労働契約の内容を確認して、今後の働き方について考える機会にしてもらうのが目的。日付は「労=ろう（6）働=どう（10）」の語呂合わせ。

ペットに無添加良品の日

ドギーマンハヤシ㈱（大阪市）が制定。ペットフードにおける無添加への取り組みをいち早く始めた同社の商品へのこだわりを知ってもらうのが目的。無添加良品シリーズは、保存料、着色料、発色剤、酸化防止剤を使わない「わたしのこだわり」を満たす。日付は「無（む=6）添（てん=10）加」と読む語呂合わせ。

蔵出し！Tシャツデー

㈱WITSが制定。気に入って購入したのに、なぜかそれを着て外出するのはためらわれ、タンスの奥で眠っているお蔵入りのTシャツ。そんなTシャツを勇気を出して着る（蔵出しする）ことで「こんなTシャツを持っているんだ！」と、明るく自慢し合う日。日付は、この頃からTシャツがいちばん輝く夏が始まるとの思いから。

リボンシトロンの日

100年以上にわたり愛されている炭酸飲料「リボンシトロン」をさらに多くの人に知ってもらうため、ポッカサッポロフード&ビバレッジ㈱（愛知県名古屋市）が制定。日付は前身商品の「シトロン」が初めて発売された日（1909年6月10日）から。

ロトくじを楽しむ日

月刊誌「ロト・ナンバーズ『超』的中法」を発行する㈱イマジカインフ

ォスが制定。1999年から「ミニロト」として発売を開始した数字選択式宝くじを多くの人に楽しんでもらい、大きな夢を叶えてもらいたいとの願いが込められている。日付は6と10で「ロト」と読む語呂合わせ。

うどんと和菓子をいっしょに食べる日

うどん・和菓子の製造販売と専門店チェーンを展開する㈱ちから（広島市）が制定。うどんと和菓子を一緒に食べるという食文化を広島のソウルフードとして根付かせるとともに、全国にも広めて、そのおいしさを味わってもらうのが目的。日付は「うどんと和菓子の店」として同社が創業した1935年6月10日から。

ところてんの日

伊豆ところてん倶楽部が制定。伊豆半島は、ところてんの材料となる天草（てんぐさ）の生産量が日本一であり、ところてんのおいしさと、伝統的な食文化を広めることが目的。日付は、6月は天草漁の解禁後で初物が味わえる時期で、「ところ（6）てん（10）」と読む語呂合わせから。

ドリーム号の日

西日本ジェイアールバス㈱とジェイアールバス関東㈱が制定。1969年6月10日に日本初の夜行高速バスとして、大阪～東京間の運行を開始した「ドリーム号」の記念日。安全、安心、快適、リーズナブルなドリーム号を、これからも多くの人に利用してもらうのが目的。日付は、ドリーム号が運行を開始した日。

ロートの日

ロート製薬㈱（大阪市）が制定。同社の企業活動のPRおよび美・食・薬などの健康にまつわる情報発信、啓発活動を行う「健康宣言日」とするのが目的。薬に頼り過ぎずに健康寿命をのばしていくという同社の健康への挑戦を、お客様とともに宣言する日でもある。日付は6と10で「ロー（6）ト（10）」と読む語呂合わせ。

無添加住宅の日

合成化学物質や化学建材を一切使わずに天然素材で建てる、健康的な無添加住宅の良さを多くの人に知ってもらうため、㈱無添加住宅（兵庫県西宮市）が制定。日付は「無（む）添加」で6、「住（じゅう）宅」で10と読む語呂合わせ。

ミルクキャラメルの日

1913年6月10日にミルクキャラメルが初めて発売されたことから、その製造発売元の森永製菓㈱が2000年3月1日に制定。それ以前は1899年の創業以来「キャラメル」とだけ記載して発売していたという。

梅酒の日

［入梅、年によって変わる］入梅の日は食中毒対策や夏バテ予防に家庭で梅酒を飲用したり、青梅の需要期に当たることから、梅酒のトップメーカーであるチョーヤ梅酒㈱（大阪府羽曳野市）が制定。

無糖茶飲料の日

健康への関心が高まるなか、無糖茶飲料にももっと注目をと、無糖茶飲料のトップメーカー㈱伊藤園が制定。伊藤園のコンセプトである自然、健康、安全、おいしい、良いデザインなどに基づきその良さをアピールしていく。日付は6と10で無糖の語呂合わせ。

無添加の日

無添加化粧品のパイオニアとして知られる㈱ファンケルが制定。無添加の良さや大切さをより多くの人に知ってもらうことが目的。日付は6と10で「無添（むてん）加」の語呂合わせ。

Doleスムージーの日

フルーツや野菜の栄養が丸ごととれるスムージーを多くの人に味わってもらおうと、㈱ドールが制定。スムージーはビタミン、ミネラル、食物繊維などの栄養が手軽においしくとれることから、美と健康のドリンクと呼ばれている。日付は6と10をスムージーの「ムージー」と読む語呂合わせ。

てっぱん団らんの日

「てっぱん（ホットプレート）を囲んで食べる食卓＝団らん」を提唱しているオタフクソース㈱が制定。日付はてっぱんを囲んでの食事は食育にも通じるとの思いから、食育基本法が成立した2005年6月10日をその由来としている。

ローストビーフの日

ローストビーフの通販たわら屋（静岡県菊川市）が制定。世界的に名高い日本の和牛を使用したローストビーフの極上のおいしさを、国内外に広めていくことが目的。日付は「ロー（6）スト（10）」の語呂合わせと、ワンランク上の贈り物として6月第3日曜日の「父の日」のプレゼントに最適との思いから、それに近い日を選定している。

6/11

雨漏り点検の日

木格的な梅雨のシーズンを前に建物の雨漏りを点検し、雨漏りの被害にあわないようにと、全国雨漏検査協会（兵庫県宝塚市）が1997年4月6日に制定。日付は暦の上の入梅にあたることが多い日であることから。

布おむつの日

肌に優しく、赤ちゃんの感受性を豊かに育て、地球環境にも優しい布おむつの良さを広く知ってもらいたいと、布おむつのレンタルシステムで知られる関西ダイアパーリース協同組合が制定。全国ダイアパーリース（協組連）、（一社）日本ダイアパー事業振興会と共にアピールしている。日付は昔から布おむつのことを襁褓（むつき）と呼んでいたことから6月で、その11日を「いい日」と読む語呂合わせ。

6/12

最強王図鑑の日

㈱Gakkenが制定。「最強王図鑑」は動物界、恐竜界、昆虫界など各種属の猛者たちをトーナメント方式で戦わせ、それぞれの種属の最強を決めるというシミュレーションバトル図鑑。このシリーズの魅力を伝え、盛り上げるのが目的。日付はシリーズの第1弾の『動物最強王図鑑』の初版発行日（2015年6月12日）から。

ロースイーツの日

Cafe Holo i Mua（兵庫県尼崎市）が制定。ロースイーツ（Raw sweets）とは、小麦・砂糖・卵・乳製品を使わず、ナッツや果物など植物性の素材のみを生（Raw）のまま、自然の栄養素や酵素を損なわずに作るスイーツ。アレルギーをもつ子どもたちも食べられるロースイーツの認知度を上げ、どこでも買えるようにとの願いが込められている。日付は「ロー（6）スイーツ（12）」と読む語呂合わせ。

書家・金澤翔子さん誕生日

「金澤翔子さんを応援する会」（神奈川県横浜市）が制定。金澤翔子氏は5歳から書を始め、20歳で銀座書廊にて個展を開催。「魂の書」と評される作品を通じて、多くの人々に感動と励ましを与え続けている。今後のさらなる活躍を期待するとともに、今までの足跡を顕彰していくのが目的。日付は誕生日（1985年6月12日）から。

恋と革命のインドカリーの日

1927年の6月12日、東京・新宿で日本初の「純印度式カリー」を売り出した㈱中村屋が制定。創業者・相馬愛蔵氏の娘がインド独立運動の活動家のラス・ビハリ・ボース氏と恋に落ちたことをきっかけにインドカリーが誕生したことから、この記念日名に。

晩餐館（ばんさんかん）焼肉のたれの日

「豊かな食シーンづくりに貢献する」「ブレンド調味料の無限の価値を創造する」を2大ビジョンに掲げる、日本食研ホールディングス㈱（愛媛県今治市）が制定。日付は同社の代表的な家庭用商品「晩餐館焼肉のたれ」が発売された1989年６月12日にちなんだもので、同製品をPRするのが目的。

6/13

はやぶさの日

2010年６月13日、小惑星探査機「はやぶさ」は宇宙空間60億キロ、７年間の歳月をかけたミッションを成し遂げ、地球に奇跡的な帰還を果たした。この偉業から学んだ「あきらめない心」「努力する心」の大切さを伝えていこうと、宇宙航空研究開発機構（JAXA）の施設がある４市２町（秋田県能代市・岩手県大船渡市・神奈川県相模原市・長野県佐久市・鹿児島県肝付町・北海道大樹町）で構成する「銀河連邦」（本部・神奈川県相模原市）が制定。

いいみょうがの日

古くから薬味として珍重されてきた「みょうが」。その全国１位の産地である高知県の高知県農業協同組合が制定。年間を通じて栽培が盛んな「高知県産のみょうが」をより広くPRするのが目的。日付は６月はみょうがの旬で生産量が増えることと、13日を「いい（１）みょうが（３）」と読む語呂合わせ。

6/14

へきなん赤しその日

JAあいち中央 碧南しょうが・しそ部会（愛知県碧南市）が制定。愛知県の赤しその出荷量（生食）は全国２位で、市町村別では碧南市が県内１位を誇る。碧南市の赤しその地名度を上げ、PR活動に役立てるのが目的。日付は、主に赤しそが梅干しの色付けに使用される需要期の６月、これに14日を「いい（１）し（４）そ＝紫蘇」と読む語呂合わせ。

認知症予防の日

（一社）日本認知症予防学会（福岡県北九州市）が制定。認知症予防の大切さをより多くの人に伝えるのが目的。日付は認知症の大きな原因であるアルツハイマー病を発見したドイツの医学者・精神科医のアロイス・アルツハイマー博士の誕生日（1864年６月14日）から。

開発支援ツールの日

コンピュータのシステム開発に使われる開発支援ツールの普及を目的に、開発支援ツール普及委員会および㈱A HotDocumentが制定。A

HotDocumentは世界中で使われている開発支援ツールのひとつ。日付はその発売開始日である1996年6月14日から。

手羽先記念日

名古屋名物の手羽先の唐揚げを全国に広めた「世界の山ちゃん」を展開する㈱エスワイフードが制定。日付は「世界の山ちゃん」の創業記念日である1981年6月14日から。手羽先に感謝する日。

モリシの日

「セレッソ大阪」でフォワードなどで活躍、日本代表にも選ばれた森島寛晃氏（愛称・モリシ）が、日韓共催ワールドカップの対チュニジア戦（2002年6月14日）でゴールを決めたことを記念して、セレッソ大阪サポーター「モリシの日」の会（大阪市）が制定。

6/15

PDF（Portable Document Format）の日

アドビ㈱が制定。同社が1993年6月15日にPDF（Portable Document Format）を正式に発表し、2008年に仕様をISO（国際標準化機構）に委譲してから、PDFは最も信頼できるビジネスフォーマットとして全世界で広く普及した。広く使われているPDFを、正しい知識をもとにさらに利活用してもらうのが目的。日付はPDFが正式発表された日から。

ポスチャーウォーキングの日

心と体の姿勢（ポスチャー）が良くなる歩き方「ポスチャーウォーキング」を提唱する（一社）POSTURE WALKING協会が制定。「ポスチャーウォーキング」を広めて、美しい姿勢で心に自信をもった素敵な人生を送ってもらうのが目的。日付はポスチャースタイリストのKIMIKO氏が㈱THE POSTUREを設立した2006年6月15日から。

オウムとインコの日

ペットとしての鳥類を適正に飼育し、愛情をもって接する啓蒙活動などを行う認定NPO法人TSUBASA（千葉県富津市）が制定。すでに亡くなった鳥たちの供養とコンパニオンバードとしての鳥たちの幸せを願う日。日付は6月の06で「オウム」と、15日の15で「インコ」と読む語呂合わせ。

生姜（しょうが）の日

調味料や体に良い食材として生活に取り入れられてきた生姜は、神様への供え物として献じられ、6月15日に感謝の祭りが行われてきた。この日を生姜の魅力を多くの人に知ってもらうきっかけの日にしようと、生姜の研究や商品開発を行っている㈱永谷園が制定。生姜の古名である「はじかみ」を名乗る石川県金沢市の「波自加彌神社」ではこの日に「はじかみ大祭」が行われる。

6/16

和菓子の日

848（嘉祥元）年のこの日、時の仁明天皇が16個の菓子や餅を神前に供えて、疾病よけと健康招福を祈ったとされる。この故事から1979年に全国和菓子協会が制定。和菓子は日本の文化とPRに努めている。

手羽トロの日

鶏肉加工食品の販売を行う㈱マザーフーズ（大阪市）が制定。同社が登録商標している「手羽トロ」は希少部位で、そのおいしさを多くの人に知ってもらうのが目的。日付は数字の６が手羽元の形に似ていることと、16で「トロ」と読む語呂合わせから６月16日に。

スペースインベーダーの日

㈱タイトーが制定。同社が1978年に発売して世界的なブームを巻き起こし、日本のゲーム文化が花開くきっかけともなったビデオゲーム「スペースインベーダー」の発売40周年を記念して2018年に制定。日付は同ゲームが初めて世に出た1978年６月16日から。

バイクエクササイズの日

バイクエクササイズ専門店FEELCYCLEを全国展開する㈱FEEL CONNECTIONが制定。フィットネスの１ジャンルを築いているバイクエクササイズの魅力をより多くの人に知ってもらうのが目的。日付は１号店が東京・銀座にオープンした2012年６月16日から。

ケーブルテレビの日

1972年のこの日、有線テレビジョン放送法が成立したことを記念して、ケーブルテレビ事業者などが制定したもの。

麦とろの日

栄養のバランスが良く、夏バテ解消の効果もある麦とろごはんのおいしさをより多くの人々に知ってもらおうと、㈱はくばく（山梨県富士川町）が制定。麦ごはんのイメージアップと普及をめざしている。日付は６と16でムギトロと読む語呂合わせ。

「堂島ロール」の日

「堂島ロール」を製造販売する㈱Mon cher（モンシェール）（大阪市）が制定。堂島ロールのおいしさ、「人と人の心をつなぎ、幸せを運ぶ存在でありたい」との思いを伝えるのが目的。日付は6が一巻きロールの形、16が「堂島ロール」「いいロール」を意味する語呂合わせ。

カビ取るデー

⇨「1年間に複数日ある記念日」の項を参照。

6/17

ファミマのフラッペの日

㈱ファミリーマート（通称・ファミマ）が制定。同社のフラッペはカップに入ったアイス・氷にコーヒーマシンのミルクを注いで作るフローズンドリンク。日付は第1作目「カフェフラッペ（CAFE FRAPPE）」を発売した日（2014年6月17日）から。

オトのハコブネの日

かつてニッポン放送で放送された番組「魔法のラジオ」のパーソナリティで、音楽ユニット「オトのハコブネ」のフルート奏者である横田美穂氏が制定。6月17日は「オトのハコブネ」のプロデューサーであった白根繁樹氏の命日であり、これからも白根氏の音楽に対する意志を引き継いで、毎年音楽を届けていく日としたもの。

6/18

おにぎりの日

1987年11月に石川県鹿島郡鹿西町（ろくせいまち）（現・中能登町）の杉谷チャノバタケ遺跡の竪穴式住居跡から日本最古の「おにぎりの化石」が発見されたことから、「おにぎりの里」として地域おこしをするために鹿西町が制定。日付は鹿西のろく（6）と、毎月18日の「米食の日」と合わせたもの。

6/19

『東京リベンジャーズ』・東京卍會結成記念日

TVアニメ『東京リベンジャーズ』製作委員会が制定。「週刊少年マガジン」に連載された和久井健氏原作による『東京リベンジャーズ』のTVアニメが、2021年4月から1期の放送が開始された。記念日を通して、今後のイベントや作品展開を盛り上げることが目的。日付は作中に登場する「東京卍會」の結成記念日であり、TVアニメ化の発表日（2020年6月19日）から。

プログラミング教育の日

㈱ロジカ・エデュケーション（大阪府池田市）が制定。プログラミング教育についての正しい知識の発信、プログラミングに触れる機会の創出などを通じて、プログラミング教育の躍進につなげることが目的。日付は「ロ（6）ジッ（10）ク（9）」の語呂合わせ。プログラミング教育は論理的思考を鍛えることに効果を発揮するので、論理を意味する「logic（ロジック）」にかけたもの。

魚がし日本一・立喰い寿司の日

海産物を中心とした飲食店の経営・企画などを行う㈱にっぱんが制定。同社の立ち喰い寿司屋「魚がし日本一」の創業30周年を記念し、多くのお客様や関係者の方々に日頃の感謝の気持ちを表すことが目的。日付は日本初の立ち喰いスタイルチェーン店1号店の「魚がし日本一新橋駅前店」が開店した1989年6月19日から。

朗読の日

年齢を問わず、大衆に支持される芸術文化として朗読を普及させようと、NPO日本朗読文化協会が2001年11月14日に制定。日付は6と19で朗読と読む語呂合わせ。

ロマンスの日

大切なパートナーとの仲がいつまでも続くように、この日に非日常的な演出をしてふたりの関係にトキメキを蘇らせてもらおうと日本ロマンチスト協会が制定。「本当に大切な人と極上の一日を過ごす」ことを推奨。日付は6と19で「ロマンティック」の語呂合わせ。

6/20

るるぶの日

㈱JTBパブリッシングが制定。同社が発行する「るるぶ」は旅の情報誌として1973年6月20日に誕生。「見る・食べる・遊ぶ」がコンセプトの旅のガイドから、「知る・創る・学ぶ」のコンセプトを加え、バーチャルな世界のガイドブックも発行している。「どこに旅に出ようか？」「なにをして遊ぼうか？」「なにを学ぼうか？」とワクワクした気持ちになってもらうのが目的。日付は創刊日であり、旅を想起させる夏が始まる直前から。

健康住宅の日

住宅の健康とそこに住む人の健康を守るために、業種を超えて専門家が集まり研究を行っているNPO法人日本健康住宅協会（大阪市）が制定。活動の成果は住宅関連の問題解決などに役立てる。日付はカビをはじめとしたさまざまな健康被害が懸念される梅雨の時期から。

6/21

夏至（げし）

[年によって変わる] 二十四節気のひとつ。太陽が最も高い夏至点に達するため、北半球では昼が最も長くなり、夜が最も短くなる。

スパークリング日本酒の日

スパークリング日本酒市場の活性化のため、宝酒造㈱（京都市）が制定。同社が販売する「松竹梅白壁蔵『澪（みお）』」はスパークリング日本酒市場で圧倒的シェアを誇り、低アルコールで飲みやすく、日本酒の入口として国内外で広く愛飲されている。日付は「澪」の発売日（2011年6月21日）から。

世界一周の日

世界冒険社（千葉県佐倉市）代表の砂川博昭氏が制定。砂川氏は2015年、62歳の時にひとりで世界一周の旅に出発し、一時帰国を挟みながら28ヵ国を巡り219日間で世界一周を達成した。その旅で世界中の人にお世話になり、恩返しの意味を込めて一人でも多くの人が世界一周の旅に出るきっかけにと記念日を作った。日付は日本初の世界一周ツアーといわれる東京朝日新聞社が主催した世界一周旅行の一行が帰国した1908年6月21日から。

仕事も遊びも一生懸命の日

[夏至、年によって変わる] 不動産投資専門会社の富士企画㈱が制定。働き方改革、ワークライフバランスが叫ばれるなか、仕事と遊びのどちらかではなく、両方とも全力で取り組む日。日付はその主旨から一年でいちばん昼の時間が長い「夏至」の日に。

太陽の子保育の日

「太陽の子保育園」などを運営するHITOWAキッズライフ㈱が制定。太陽のように明るくすくすく、心の温かい子に育ってほしいとの願いが込められている。日付は6月21日は昼の時間がいちばん長く、太陽の光がいちばん降り注ぐ夏至の日になることが多いため。

ソープカービングの日

石鹸に彫刻をするソープカービング。その記念日には暑さに向かうこの時期に美しさと香りでさわやかさを表現するイメージから、夏至となることの多いこの日がふさわしいと、日本ソープカービング協会理事長の高阪範子氏が制定。

フルーツカービングの日

果物などに彫刻をするフルーツカービング。その記念日には太陽の恵みを受けた果物（フルーツ）のイメージから、夏至となることの多いこの日がふさわしいと、日本フルーツカービング協会理事長の高阪範子氏が制定。

酒風呂の日

［夏至、年によって変わる］⇨「1年間に複数日ある記念日」の項を参照。

がん支えあいの日

がんに罹患した人が自分らしく心地よい生活を送れるように、お互いに思いあい、支えあう環境づくりをめざして活動しているNPO法人キャンサーリボンズが制定。がんとの関わりを見つめ、支えあう日。日付はこの日が最も昼の時間の長い夏至にあたることが多いことから。

太陽光発電の日

［夏至、年によって変わる］太陽光発電を生み出す太陽の恵みへの感謝を表し、その普及をめざす日にと、太陽光発電システムの施工を行う㈱横浜環境デザイン（神奈川県横浜市）が制定。日付は1年で日照時間がいちばん長く、太陽の恩恵をいちばん受ける夏至の日に。

キャンドルナイトの日

［夏至、年によって変わる］2001年にアメリカのブッシュ政権のエネルギー政策に抗議してカナダで始まった自主停電運動。この運動に呼応して2002年に日本で行われたのが「キャンドルナイト」。以来、「キャンドルの灯りのもと、豊かな時間を過ごそう」と、電気を消す日としてさまざまなイベントが開かれている。日付を昼が最も長い夏至としたのは、地球上のどこでもやってくる共通の日との意識から。制定者は「100万人のキャンドルナイト事務局」。

6/22

ボウリングの日

（公社）日本ボウリング場協会が1972年に制定。1861年6月22日付の英字新聞「ザ・ナガサキ・シッピングリスト・アンド・アドバタイザー」の広告紙面に「インターナショナル・ボウリングサロン、本日、広馬場通にオープン」という記事が掲載されたことにちなむ。

グラスタワーの日

「Tower Crafts」を運営するシャンパンタワー職人の小泉智（さとる）氏が制定。シャンパングラスを何段も重ね、そこにシャンパンなどを上から注ぎ入れ、パーティーなどを華やかに演出するグラスタワー。結婚式やパーティーなどでグラスタワーイベントを行い、グラスタワーの認知度を向上させるのが目的。日付はジューンブライドの6月と、22日を「夫婦」と読む語呂合わせ。

かにの日

かに道楽㈱が、かに料理のおいしさを広めるために1990年4月に制定。占星術の十二星座で「かに座」の最初の日が6月22日にあたることと、「あいうえお」の50音で「か」は6番目「に」は22番目となることからこの日付となった。

DHAの日

マルハニチロ㈱が制定。DHA（Docosahexaenoic Acid＝ドコサヘキサエン酸）は中性脂肪やコレステロールの低下、動脈硬化予防などが認められる不飽和脂肪酸で、魚に多く含まれ、食品や製薬、化粧品などに活用される。日付はDHAが6つのシス型の二重結合を含む22個の炭素鎖をもつカルボン酸の総称から。

6/23

オリンピックデー

1894年のこの日、国際オリンピック委員会（IOC）がパリで創立したことを記念したもの。提唱者は、フランスのピエール・ド・クーベルタン男爵。

沖縄慰霊の日

1945年のこの日、太平洋戦争の沖縄戦が終結したとされることから。20万人に及ぶ犠牲者の霊を慰め、平和を祈念する日として、琉球政府時代の1961（昭和36）年からさまざまな行事が行われてきた。ただ、この6月23日を終結とするのには異論もある。

ドラベ症候群の日

乳幼児期に発症する難治てんかんのドラベ症候群（乳児重症ミオクロニーてんかん：SMEI）。この患者や家族で構成されたドラベ症候群患者家族会が制定。ドラベ症候群の啓発活動、患者と家族のサポート、募金活動などをより多くの人に知ってもらうのが目的。日付は世界各国で設立されている同様の会が6月23日を記念日としており、ウェブなどで同時に情報発信する機会となることから。

6/24

ムロツヨシの日

俳優のムロツヨシ氏が活動を邁進させる節目の日にと、彼の主演映画

『神は見返りを求める』の宣伝を担当する㈱FINORが申請、登録した。日付は「ムロ（6）ツ（2）ヨシ（4）」の語呂合わせで、同映画の公開日（2022年6月24日）でもある。

プチクマの日

㈱ブルボン（新潟県柏崎市）が制定。同社の販売する「プチシリーズ」では、手軽に食べられる大きさのビスケットや米菓、スナック類など24種類を展開。シリーズのキャラクター「プチクマ」を通じて、さらに多くの人にその魅力を知ってもらうのが目的。日付は「プチクマ」が登場した2011年6月24日から。

UFOキャッチャー®の日

㈱セガが制定。1985年から発売されている「UFOキャッチャー®」は誰でも簡単に遊ぶことができるクレーンゲーム機で、さらに多くの国内外の人に楽しんでもらうのが目的。日付は「UFOデー」として多くの人に認知されている6月24日から。

6/25

ノーコード開発の日

アステリア㈱が制定。プログラミングの専門知識を必要としない「ノーコード」で開発できるソフトウェアの認知度を高め、ITに対する心理的なハードルを下げることや、日本社会全体のDXによって効率的な社会インフラを促進することが目的。日付は同社が開発したノーコードデータ連携ソフトウェア「ASTERIA R2（現 ASTERIA Warp）」を販売開始した2002年6月25日から。

生酒（なまざけ）の日

月桂冠㈱（京都市）が制定。同社の超精密ろ過技術の応用で常温流通が可能になった生酒。これにより蔵元でしか味わえなかったしぼりたてのおいしさを全国どこでも楽しめるようになった。その歴史を伝え、生酒の魅力をより多くの人に知ってもらうのが目的。日付は本格的な生酒を発売した1984年6月25日から。

指定自動車教習所の日

1960年のこの日、指定自動車教習所制度を導入した道路交通法が施行されたことと、6と25で「無事故」と読む語呂合わせから、（一社）全日本指定自動車教習所協会連合会が制定。教習所の一日開放など、地域の住民を対象とした交通安全イベントなどを行っている。

加須市うどんの日

埼玉県加須市が制定。同市の郷土料理であるうどんの魅力をPRし、産業の振興と地域の活性化を図るのが目的。日付は市内の不動ヶ岡不動尊總願寺に、1711年ごろに加須名物の「饂飩粉」を贈られた館林城主・松平清武からの御礼状が残されており、その日付が6月25日であることから。

詰め替えの日

㈱ちふれホールディングスが制定。詰め替え用商品を多くの人が利用し、省資源活動を推進させて環境保護の大切さを実感してもらうのが目的。日付は1974年6月25日、原材料が高騰するなか、価格の維持や省資源の推進のために、同社が詰め替え化粧品を発売したことから。

6/26

スティッチの日

ウォルト・ディズニー・ジャパン㈱が制定。2002年にアメリカで公開されたアニメーション映画「リロ・アンド・スティッチ」の主人公スティッチ。天才科学者のジャンバ博士が創り出したエイリアンのひとつで、試作番号が626号なので6月26日を記念日に。

露天風呂の日

湯原町旅館協同組合と（一社）湯原観光協会（岡山県真庭市）が制定。湯原温泉は1987年6月26日に「第1回6.26露天風呂の日」イベントを日本で最初に開催。「露天風呂の日発祥地」としてその魅力をさらに多くの人に知らせるのが目的。日付は「露（6）天（.）風呂（26）」の語呂合わせ。

世界格闘技の日

1976年6月26日に「アントニオ猪木VSモハメド・アリ 格闘技世界一決定戦」が行われたことから、アントニオ猪木、モハメド・アリの両氏が制定。現在の世界レベルの総合格闘技の礎となった日を思い、総合格闘技の魅力をより多くの人に知らせるのが目的。

6/27

障害者優先調達推進法の日

障害のある人の“働く・くらす”を支援する全国社会就労センター協議会が制定。国や地方公共団体などが率先して障害者就労施設などが供給する品物等の調達を推進することを定めた「障害者優先調達推進法」。この法律を多くの人に知ってもらい、障害者就労施設や在宅で就労する障害者への仕事の発注を拡大し、障害のある人の自立につなげるのが目的。日付は同法が公布された2012年6月27日から。

起業を応援する日

会計などのバックオフィス業務を支援するクラウド型ソフトウェアの提供を行うfreee㈱が制定。「ふつうの人がフツーに起業」することを応援し、よりその人らしく生きていける社会の実現に貢献していくことが目的。日付は「もっと自分らしい生き方、働き方に夢（6）中に（2）な（7）る」から。

ちらし寿司の日

ちらし寿司誕生のきっかけを作ったとされる備前岡山藩主の池田光政公の命日（1682〈天和2〉年）から、卵焼きなどの調理用食材の製造販売メーカーの㈱あじかん（広島市）が制定。ちらし寿司を食べて夏に向けて元気になってもらうのが目的。

メディア・リテラシーの日

報道機関におけるコンプライアンスの基軸として、メディア・リテラシー活動に取り組んでいるテレビ信州（長野市）が制定。日付はその活動の起点である「松本サリン事件」が発生した1994年6月27日から。

6/28

貿易記念日

通商産業省（現・経済産業省）が1963年に制定。日付は、1859年5月28日（新暦6月28日）、徳川幕府がアメリカ、イギリス、フランス、ロシア、オランダの5か国との間に結んだ友好通商条約に基づき、横浜、長崎、箱館（函館）の各港で自由貿易の開始を布告したことにちなむ。

テクノホスピタリティの日

㈱USEN-ALMEXが制定。「テクノホスピタリティ」とは、最先端のテクノロジーを駆使して革新を繰り返し、製品・サービスを利用するユーザーにホスピタリティとして提供し続けるという理念が込められた同社のオリジナルワード。この心を社員への意識強化と社会へPRするのが目的。日付は同社の設立日1966年6月28日から。

動物看護の日

（一社）日本動物看護職協会が制定。動物の看護を広く国民に知らせ、動物看護について共に考え育む日とすることが目的。日付は2019年6月28日に「愛玩動物看護師法」が公布され、愛玩動物看護師という国家資格とともに、その業務として動物にも看護が必要であることが初めて公に明文化されたことから。

「エアーかおる」の日

浅野撚糸㈱（岐阜県安八町）が制定。吸水性、速乾性、耐久性に優れた撚糸である「スーパーZERO」を織り込んで作られた唯一無二のタオル「エアーかおる」の魅力を多くの人に知ってもらい、使い心地を楽しんでもらうのが目的。日付は「エアーかおる」が発売された2007年6月28日から。

JAZZ™りんごの日

ニュージーランド産のりんごなどを取り扱うT&G Japan㈱が制定。ニュージーランドを代表するブランドりんご「JAZZ™りんご」のおいしさを広めるのが目的。日付は「JAZZ™りんご」が初めて日本に入荷した2011年6月28日から。

パフェの日

フランス語で「完全な」を意味する「パルフェ」からその名が付いたデザートの「パフェ」。その魅力を多くの人と楽しみたいとパフェの愛好家が制定。日付は「完全」を意味する「パーフェクトゲーム」がプロ野球史上初めて達成された日（1950年6月28日）から。

6/29

夢中でトレーニングの日

JR東日本スポーツ㈱が制定。同社の企業理念「からだとココロの健康づくりに貢献」し、運動をする機会をつくり、フィットネスクラブを楽しむ日とするのが目的。日付は同社の1号店のジャナー・スイミングクラブ四谷がジェクサー・フィットネスクラブ四谷に名称変更し、ジェクサーブランドが誕生した1989年6月29日から。また、「夢（6）中でトレーニン（2）グ（9）」の語呂合わせも。

リアルタイム中古車オークションの日

インターネットオークション運営の㈱オークネットが制定。リアルタイム中古車オークションを知ってもらい、業界の発展に寄与するのが目的。日付は同社が世界で初めて通信によるせり上げ方式のリアルタイム中古車オークションを行った1985年6月29日から。

佃煮の日

佃煮発祥の地の守り神として創建された、東京佃島の住吉神社の大祭が6月29日であることから、佃煮を扱う全国調理食品工業協同組合が2004年に制定。

ビートルズの日

世界の音楽史上に永遠にその名を刻むイギリスのロック・グループ「ザ・ビートルズ」が、1966年のこの日に最初で最後の来日を果たしたことを記念して「ザ・ビートルズ」の楽曲を手がけるユニバーサルミュージック合同会社が制定。日本公演は1966年6月30日から7月2日までの全5公演。

6/30

キズナアイが生まれた日

バーチャルYouTuber（VTuber）「キズナアイ」のプロデュース、マネジメント事業などを手がけるKizuna AI㈱が制定。キズナアイが生まれた日を業界全体で祝うことが目的。日付は、人工知能（AI）が「キズナアイ」としての自我に目覚めたとされる2016年6月30日から。

麦みそ食文化の日

義農（ぎのう）味噌㈱（愛媛県松前町）が制定。愛媛県の麦みそは大豆使用量が少なく、麦麹の割合がきわめて高い、麦みそ中の麦みそと言われる。甘くて滋味豊かな麦みその食文化を伝え、発展させるのが目的。日付は麦みその「む＝6」からの6月と、全国味噌工業協同組合連合会が毎月30日を「晦日＝みそか」で「みその日」としている30日を組み合わせたもの。

酒酵母の日

（有）渡辺酒造店（岐阜県飛騨市）が制定。日本酒は酵母の働きによってつくられるが、酵母は自らが生成するアルコールと炭酸ガスにより死滅し、火入れ殺菌によりその役目を終える。清酒業界全体で酒造りに欠かせない酒酵母に感謝し、来期もおいしいお酒ができることを願うのが目的。日付は酒造年度の最終日である6月30日に。

リンパの日

（一社）日本リンパ協会が制定。美と健康のために正しい生活習慣やケアによって、リンパの流れをよくする術を普及させることが目的。日付はリンパの流れが悪いと身体がむくみやすくなるため、「む（6）くみ（3）ゼロ（0）」と読む語呂合わせから。梅雨どきはとくにむくみやすいことも由来のひとつ。

夏越（なごし）ごはんの日

日本の食文化の中心の「米」の新たな行事食として「夏越ごはん」を提唱する（公社）米穀安定供給確保支援機構が制定。「夏越ごはん」は一年の前半の厄を払い、残り半年の無病息災を願うもので、粟や豆などが入ったごはんに茅の輪をイメージした夏野菜の丸いかき揚げをのせ、しょうがを効かせたおろしだれをかけたもの。日付は一年の前半の最終日にあたる6月の晦日。

年によって日付が変わる記念日

6月第1日曜日

ベビーチーズの日

子どもから年配の人まで幅広い年代に愛されているベビーチーズを、さらに食べてもらいたいとの願いから、ベビーチーズのトップメーカー、六甲バター㈱（兵庫県神戸市）が制定。日付は六甲バターの6と、毎日1個は食べて健康にとの思いから6月の第1日曜日とした。

プロポーズの日

ローマ神話の女神で、結婚の守り神のジュノー（ユノー）が支配する6月にプロポーズすれば幸せな結婚できるとされる。プロポーズをするきっかけの日として6月の第1日曜日を「プロポーズの日」と制定したのはブライダルファッションの第一人者桂由美氏。

山の日

環境月間である6月。その第1日曜日を「山の日」として、森林ボランティア、山歩き、自然観察など、さまざまなスタイルで山とかかわり、山を愛そうと「西条・山と水の環境機構」（広島県東広島市）が2002年に制定。

6月第1月曜日

視能訓練士の日

（公社）日本視能訓練士協会が制定。視能訓練士とは、小児の弱視や斜視の視能矯正や視機能の検査を行う国家資格をもつ専門技術職。視能訓練士自身が専門職としての誇りをもつとともに、視能矯正や眼保健衛生の重要性の周知と、視能訓練士の知名度の向上が目的。日付は国際視能矯正協会（IOA）が6月の第1月曜日をWorld Orthoptic Day（世界視能矯正の日）としていることから。

6月第2日曜日

旧友の日

スポーツに関するサービスを提供する㈱Link Sportsが制定。卒業して離ればなれになってしまった旧友同士が、スポーツを通じて再びつながるきっかけの日としてもらうのが目的。日付は「無二（62）の友達だったのに、ロクに（62）会わなくなるなんて悲しすぎる！」との思いを語呂合わせにして、6月の第2日曜日に。

6月第3日曜日

父の日

1910年、アメリカ・ワシントン州のジョン・ブルース・トッド夫人が父の思いを受け継ぎ、母の日のように、父にも感謝する日を制定しようと運動を展開したのが最初といわれる。アメリカでは、父の日にはバラを飾り、黄色いハンカチをプレゼントするという。

父の日はうなぎの日

人気のうなぎ店「うなぎ屋たむろ」(岐阜県各務原市)が制定。同店は品質にこだわったおいしいうなぎを提供。うなぎの蒲焼の通信販売も行っており、父の日にうなぎの蒲焼を贈る人が多いことから「父の日においしいうなぎを家族みんなで食べる」という食文化を広めるのが目的。日付は「父の日」である6月の第3日曜日。

さくらんぼの日

さくらんぼの産地である山形県寒河江市が「日本一のさくらんぼの里」をPRするために1990年3月に制定。この時期がさくらんぼの最盛期にあたり、さくらんぼの種飛ばし大会などの行事も行われる。

イケダンの日

アンチエイジングカンパニーの㈱ポーラが制定。女性だけでなく男性の「美しくイキイキとした生き方」を応援したいとの思いが込められ、イケてる男性、イケてる旦那さんから「イケダンの日」と命名。日付は男性や旦那さんのシンボル的な日の「父の日」にちなんで。

6月毎週水曜日

水事(すいじ)無しの日

天然水の製造・宅配やウォーターサーバー事業を手がける㈱コスモライフが制定。ペットボトル飲料を買って運ぶ手間、お湯を沸かしてお茶を入れる手間など、飲み水に関わる家事を水事(すいじ)と命名。水事の負担軽減にウォーターサーバーが役立つことを知ってもらうのが目的。日付は「水」にちなみ、陰暦の異称「水無月」から6月で、その毎週「水曜日」に。

コラム5

今後、注目される記念日

「クリスマス」「バレンタインデー」「ハロウィン」など、方法は違えども外国で行われてきた記念日が日本で定着する例は少なくない。

今後、その人気が高まる可能性がある記念日としては「イースター」がある。キリストの復活を祝う日であり、季節の再生を祝う春の祭りとして欧米では、いわば年中行事のひとつとして親しまれている。

日付が「春分後の最初の満月の次の日曜日」と定められているため、年によって大きく移動してしまうことがネックだが、季節感を大切にする日本人には春を迎える「スプリングデー」として広まっていくのではないか。

また、日本の記念日で注目なのは二十四節気のすべてだ。「節分」の夜に恵方巻きと称して太巻きを食べる習慣が日本中に広まったのは、全国展開をするコンビニエンスストアの影響が大きいが、同じように季節の節目である二十四節気のそれぞれの日に、何らかの食べ物を食べる習慣が設定されれば、これは流行るに違いない。

そこで日本記念日協会では１月の「小寒」から12月の「冬至」まで、その日に食べる物を選定した。

「小寒の豚汁」「大寒のおでん」「立春のゆで卵」「雨水の昆布巻き」「啓蟄の鰆」「春分のちらし寿司」「清明のオリーブサラダ」「穀雨の若竹煮」「立夏のアスパラのベーコン巻き」「小満の空豆ご飯」「芒種のにぎり飯」「夏至のトマトスパゲティ」「小暑の冷やし中華」「大暑の天ぷら」「立秋の水ようかん」「処暑のところてん」「白露の貝汁」「秋分の茶巾寿司」「寒露の甘露煮」「霜降の野沢菜漬け」「立冬の鴨ネギ鍋」「小雪のふろふき大根」「大雪の鱈鍋」「冬至の柚餅子」の24種類。

それぞれにふさわしい理由づけ、意味合いを持たせてあり、季節感を大事にした食材を使っている。

また、稲荷神社の縁日の「初午」に「いなり寿司」を３個食べると、命が延びる、名を成す、利益を得る三つのご利益があるとした。それぞれのご利益の頭文字を取ると「いなり」になるからだ。新しい記念日もこうした季節との相性と、伝説となるような物語性を打ち出すことで大きな話題性を獲得できるのではないか。

毎月ある記念日

毎月1日

もったいないフルーツの日

㈱ドールが制定。同社では、規格に沿わない、熟しすぎ、傷があるために捨てられてしまう「もったいないフルーツ」を救出するプロジェクトを展開しており、その活動を広めるのが目的。日付は「もったいないフルーツ」を1つでも多く救出する、1本も残さない、1個も無駄にしないとの思いから毎月1日に。

Myハミガキの日

オーラルケア製品を手がけるライオン㈱が制定。口の健康を守り快適な状態を保つためには自分に合ったハミガキを選ぶことが大切。多くの人に「1人1本のMyハミガキ」を習慣にしてもらうのが目的。日付は「1人1本のMyハミガキ」の「1」から、月の初めの1日をハミガキを見直すきっかけにして欲しいとの思いから。

あずきの日

『古事記』にも書かれているほど古くから食べられていたあずき。毎月1日と15日には小豆ご飯を食べる習慣もあった。利尿作用、便通、乳の出にも効果的とされるあずきを食べて健康になってもらえたらと、あずき製品を扱う井村屋グループ㈱（三重県津市）が制定。日付は毎月1日にあずきを食す習慣を広めたいとの願いから。

資格チャレンジの日

行政書士、社会保険労務士などの資格取得の通信講座で知られる㈱フォーサイトが制定。自己啓発、転職、就職などで重要な資格とその取得について、毎月の初日に考え、資格取得に挑戦してより良き人生をめざしてもらうのが目的。

毎月3日

ビースリーの日

婦人・紳士・子ども服製造卸業および小売業などの㈱バリュープランニング（兵庫県神戸市）が制定。日付はFit Better. Feel Better. Look Better.の3つのBetterを意味するストレッチパンツ専門ブランド「B-three（ビースリー）」のコンセプトに由来。

くるみパンの日

日本ではカリフォルニア産くるみの最大の用途が製パンであることから、定期的に「くるみパン」に親しんでもらおうと、カリフォルニアくるみ協会が毎月3日に制定。日付は「毎月来る3日」を「毎月くるみっか」と読み「くるみパンの日」としたもの。くるみには、ビタミンやミネラルなどの栄養成分が多く含まれている。

毎月3日・4日・5日

みたらしだんごの日

スーパーマーケットやコンビニエンスストアなどで販売されている「みたらしだんご」を、手軽なおやつとしてもっと食べてもらいたいと、山崎製パン㈱が制定。日付は「み（3）たら・し（4）だん・ご（5）」の語呂合わせから。

毎月5日

長城清心丸の日

生薬主剤の滋養強壮薬「長城清心丸」（中国名・牛黄清心丸）をより多くの人に知ってもらおうと、輸入元のアスゲン製薬㈱が2001年5月に制定。日付は主薬の牛黄（ゴオウ）の語呂合わせから。

毎月6日

メロンの日

メロンのおいしさのPRと消費の拡大を図るため、第2回全国メロンサミットinほこた開催実行委員会（茨城県鉾田市）が制定。日付は、6月が全国的に見てメロンの出荷量がいちばん多い時期であり、6という数字がメロンの形に似ていることから毎月6日に。産地ごとにふさわしい月の6日にアピールをする。

手巻きロールケーキの日

「手巻きロールケーキ」のおいしさを多くの人に知ってもらうため、ロールケーキを全国のスーパーやコンビニなどで販売する㈱モンテールが制定。日付は「手巻きロールケーキ」の断面が数字の6に見えることと、ロールケーキの「ロ」＝「6」の語呂合わせから毎月6日を記念日に。

毎月7日

Doleバナ活の日

㈱ドールが制定。食物繊維、レジスタントスターチ（難消化性でん紛で短鎖脂肪酸を供給し、善玉菌を増殖するとされる成分）、GABA（自立神経のバランスを整える成分）など、身体に良い栄養素が含まれるバナナを継続的に食べて健康になる活動「バナ活」を広めるのが目的。

日付は、バナナは年間を通じて販売されていることと、バナナの「ナナ」（7）から毎月7日に。

毎月7日・8日

生パスタの日

全国製麺協同組合連合会が制定。素材の風味、味、コシなど、生パスタの魅力を多くの人に知ってもらうのが目的。日付は「生＝な（7）ま・パ（8）スタ」と読む語呂合わせから毎月7日と8日に。同連合会ではこれとは別に、7月8日も「生パスタの日」に制定している。

毎月8日

スッキリ美腸の日

腸を整えることで健康と美容が維持増進できる「美腸」を広めるため、(一社) 日本美腸協会が制定。同協会では、美腸は「食事・運動・腸もみ」の3つの基本習慣からもたらされるとの考えから、腸を知る講座やセミナーなどを開催。日付は、美腸には年間を通じた取り組みが必要であり、腸の形状から「8」をイメージして毎月8日に。

ホールケーキの日

洋菓子店「パティスリー イチリュウ」を各地に店舗展開する（有）一柳（福岡市）が制定。大切な人との時間を幸せで価値のあるものにし、年に数回しか食べないであろうホールケーキを身近に感じてもらうのが目的。日付は、カレンダーの1日の下には必ず8日があることから、1をロウソク、8を丸いケーキの土台に見立て、ホールケーキを連想させる毎月8日に。

信州地酒で乾杯の日

信州地酒で乾杯の日推進協議会が制定。信州の地酒普及促進・乾杯条例に基づき、長野県で製造される酒類（地酒）の普及促進が目的。日付は、乾杯のときに盃やグラスを寄せる瞬間を上からみると、数字の8と似ていることから毎月8日に。

歯ブラシ交換デー

ライオン㈱が制定。歯ブラシは歯と口の健康を守るうえで欠かせないが、毎日使うと1ヵ月ほどで毛先が開いて歯垢を除去する力が低下してしまうことから、歯ブラシを毎月交換する習慣を広めるのが目的。日付は、歯ブラシの歯（ハ＝8）から毎月8日に。

毎月9日

パソコン検定の日

検定は特定の資格に必要な知識や能力のレベルをチェックすること。そして「級（9）」を判断することから、毎月9日を記念日としたのは、(一財) 全日本情報学習振興協会。

えのすいクラゲの日

新江ノ島水族館（神奈川県藤沢市）が制定。同館では2011年1月から毎月9日に「えのすいトリーター」（展示飼育職員）がお客さんと相模湾のクラゲの調査を行い、自然環境や生物の多様性について考える活動を行っている。こうした活動をより多くの人に知らせ、関心をもってもらうのが目的。日付はクラゲの「ク」から毎月9日に。

毎月9日・19日・29日

クレープの日

クレープをもっと身近なおやつにしたいとの願いから、ケーキ、スイーツを製造販売している㈱モンテールが制定。日付は、数字の9がクレープを巻いている形に似ていることから。毎月9の付く日により多くの人にクレープのおいしさを知ってもらうことが目的。

毎月10日

サガミ満天そばの日

和食麺類のファミリーレストランチェーンを展開する㈱サガミホールディングス（愛知県名古屋市）が、「満天そば」のPRのために制定。「満天そば」はポリフェノールの一種ルチンが豊富で、苦みを克服した韃靼そばの新品種「満天きらり」を使用しているため、おいしくて健康的。日付は、年間を通じて「満天そば」を食べてもらいたいので「満天（テン＝10）」の語呂合わせで毎月10日に。

スカイプロポーズの日

JPD京都ヘリポートを運営する㈱ジェー・ピー・ディー清水が制定。同社の運航会社によるヘリコプターの遊覧飛行「天空の旅」では、空中でプロポーズをするカップルの成功率が高い。これを「スカイプロポーズ」と名付け、多くの人に結婚を決めるチャンスを提供するのが目的。日付は、天空の天（テン）＝10から毎月10日に。

コッペパンの日

日本で初めてパン酵母（イースト）による製パン技術を開発した田辺

玄平翁を始祖とする、全日本丸十パン商工業協同組合が制定。アメリカでパンづくりを学んだ玄平翁は1913年に帰国、東京下谷でパン屋を創業。パン酵母を使用してふっくらとしたおいしいパン（コッペパンの元祖）を焼き上げた。丸十のコッペパンをより多くの人に知ってもらうのが目的。日付は丸十の「十」にちなんで毎月10日とした。

糖化の日

老化の原因物質であるAGE（＝Advanced Glycation End Products／終末糖化産物）の数値を知ることで病気の予防に役立ててもらおうと、医師やエイジングケア関連の取り組みを行う企業等で構成されたAGE測定推進協会が制定。AGEはタンパク質と余分な糖が加熱され「糖化」してできる物質で、年齢とともに体内に蓄積され、皮膚の老化や血管障害などを引き起こすといわれている。日付は糖化（とうか）の語呂合わせから毎月10日に。

アメリカンフライドポテトの日

アメリカンフライドポテトのさらなる普及促進のため、米国ポテト協会が制定。日付は、アメリカンフライドポテトの形が1のように細長いこと、アメリカンフライドポテトの原料であるラセットポテトの形が楕円形で0のような形をしていること、ポテトの「ト（10）」の語呂合わせなどから毎月10日とした。

毎月11日

ダブルソフトの日

柔らかな食感が人気のソフト食パン「ダブルソフト」をPRするため、山崎製パン㈱が制定。日付は、ダブルソフトは縦半分に分けやすく、分かれたパンがそれぞれ数字の1に見える＝1（ワン）が2個（ダブル）並ぶことから毎月11日に。

めんの日

数字の1が並ぶこの日は、細く長いめんのイメージにぴったりと、全国製麺協同組合連合会が平成11年11月11日に制定。年間のシンボル的な記念日（11月11日）とともに、毎月11日も麺類への関心をもってもらう日にしようと同会が制定した。11日は「いい」と読めることも理由のひとつ。

ロールちゃんの日

しっとりしたスポンジ生地とボリュームたっぷりのクリームが人気のロールパン「ロールちゃん」のPRのため、山崎製パン㈱が制定。日付は、パッケージに描かれているキャラクター「ロールちゃん」の長い両耳が数字の11に似ていることから毎月11日。

毎月12日

育児の日

社会全体で子育てについて考え、地域が一体になって子育てしやすい環境づくりに取り組むきっかけの日にと、神戸新聞社が制定。日付は育（いく）で1、児（じ）で2を表すことから毎月12日とした。

パンの日

4月12日の「パンの記念日」を参照のこと。

毎月13日

石井スポーツグループ 登山の日

一人でも多くの人に山に登ってもらい、地球の大自然を肌で感じ「登山」の素晴らしさを体験してもらいたいとの思いから、登山用品の専門店として名高い㈱石井スポーツが制定。日付は、13を「登山（とざん）」と読む語呂合わせから。毎月13日とすることで登山に関するさまざまな啓蒙活動を年間を通じて行っていく。

お父さんの日

毎日働いて一家の大黒柱として頑張っているお父さんに、月に1回、感謝の気持ちを表す日をと㈱ヤクルト本社が制定。「人も地球も健康に」をコーポレートスローガン掲げる同社の、お父さんに健康になってほしいとの願いが込められている。日付は「お父（10）さん（3）」の語呂合わせから。

一汁三菜（いちじゅうさんさい）の日

和食の素材メーカー（フジッコ㈱、ニコニコのり㈱、キング醸造㈱、㈱はくばく、㈱ますやみそ、マルトモ㈱）で構成する「一汁三菜ぷらす・みらいご飯®」が制定。いろいろな料理を組み合わせて、さまざまな栄養素がバランスよくとれる「一汁三菜」という和食のスタイルを子どもたちにつなげていくのが目的。日付は13が「一汁三菜」の読み方に似ていることから毎月13日に。

毎月14日

クラシコ・医師の日

メディカルアパレルの企画・開発・販売を手がけるクラシコ㈱が制定。同社は「世界中の医療現場に、人間的で、感性的で、直感的な革新を生む。」をミッションに、医療用ユニフォームを通して医療現場に「ゆたかな一日をつくる、一着」を提供。過酷な現場で働く医療従事者に対して敬愛と感謝の意を表すのが目的。日付は、年間を通じての思いから「医師（14）」の語呂合わせで毎月14日に。

丸大燻製屋・ジューシーの日

丸大食品㈱（大阪府高槻市）が制定。同社の人気商品「燻製屋熟成あらびきポークウインナー」のジューシーな味わいを多くの人に楽しんでもらうのが目的。日付は、年間を通じてその美味しさ、ジューシーさを感じてもらうために「ジュー（10）シー（4）」の語呂合わせで毎月14日に。

毎月16日

いい色髪の日

花王グループカスタマーマーケティング㈱が制定。自分で髪を自由に染められるセルフヘアカラーの正しい使用方法などの情報発信を行い、その楽しさを伝えることで、市場の活性化を図るのが目的。日付は年間を通じてセルフヘアカラーを楽しんでもらいたいとの思いから「いい色」の「色（16）」の語呂合わせから毎月16日に。

十六茶の日

健康16素材をブレンドしたお茶「十六茶」を飲んで、自分の身体や大切な人を思いやる日にほしいと、アサヒ飲料㈱が制定。日付は、年間を通じて飲んでもらいたいので、「十六茶」の名前から毎月16日に。

トロの日

全国で「かっぱ寿司」を運営するカッパ・クリエイト㈱（神奈川県横浜市）が制定。同社の人気食材「トロ」でお客さんに喜んでもらい、各店舗ならびに業界を活気づけることが目的。日付は16を「トロ」と読む語呂合わせで、毎月16日とした。

毎月17日

減塩の日

高血圧の予防や治療において大切な減塩の習慣を推奨するため、NPO法人日本高血圧学会が制定。日付は、世界高血圧連盟が制定した「世界高血圧デー（World Hypertension Day）」、日本高血圧学会が制定した「高血圧の日」の５月17日に由来、年間を通じての減塩という主旨から毎月17日とした。

国産なす消費拡大の日

冬春なす主産県協議会（岡山・高知・徳島・福岡・熊本・佐賀の６県

で構成）が2004年2月9日に制定。4月17日の「なすび記念日」の17日を、毎月なすの消費を増やす日にしようというもの。

いなりの日

多くの人に親しまれているいなり寿司を食べる機会を増やすきっかけに、いなり寿司の材料を製造販売している㈱みすずコーポレーション（長野市）が制定。日付は、いなりの「い～な」で毎月17日。

毎月18日

防犯の日

日本初の警備保障会社として1962年に創業したセキュリティのトップカンパニー、セコム㈱が制定。企業や家庭などにおける防犯対策を毎月この日に見直して「安全､安心」に暮らしてもらいたいという同社の願いが込められている。日付は18の1を棒に見立てて「防」､8を「犯」とする語呂合わせ。

毎月19日

イクラの日

「かっぱ寿司」を運営するカッパ・クリエイト㈱（神奈川県横浜市）が制定。同社の人気食材「イクラ」をお客様に喜んでもらい､イクラという誰もが知っている食材の記念日を設けて業界全体を活気づけることが目的。日付は、年間を通じてイクラの寿司を味わってもらいたいとの思いから「イク（19）ラ」の語呂合わせから毎月19日に。

いいきゅうりの日（4月を除く）

全国のきゅうりの出荷団体（JA、県連、卸会社）で結成された「いいきゅうりの日プロジェクト」が制定。低カロリーでおいしく、さまざまな料理に活用できるきゅうりの消費拡大が目的。日付は4月を除いた毎月19日で「1（い）い9（きゅう）り」と読む語呂合わせ。4月19日はJAあいち経済連の西三河冬春きゅうり部会が「良いきゅうりの日」を登録していることから除く。

熟カレーの日

熟カレーを発売している江崎グリコ㈱が制定。日付は「熟（じゅく）」と19の語呂合わせから。また、カレールウは毎月20日前後がよく売れることもその理由のひとつ。材料費が安く、調理も手軽なカレーライスは給料日前によく食べられるという。

シュークリームの日

スーパー､コンビニなどで大人気の「牛乳と卵のシュークリーム」を製

造している㈱モンテールが制定。日付はシュークリームの語呂と似ている毎月19日とした。

松阪牛(まつさかうし)の日

日本を代表する和牛の松阪牛の個体識別管理システムの運用が開始された2002年8月19日にちなみ、毎月19日を記念日としたのは、全国で松阪牛を通信販売する㈱やまとダイニング（千葉県船橋市）。松阪牛のおいしさをアピールし、業界全体を盛り上げるのが目的。

毎月20日

シチューライスの日

ハウス食品㈱が制定。「カレーライス」「ハヤシライス」に次いで、シチューをごはんにかける「シチューライス」という食べ方を提案し、多くの方においしく味わってもらうことが目的。日付は「5（ごはん）×（かける） 4 （シチュー）＝20」と読む語呂合わせから毎月20日とした。

信州ワインブレッドの日

信州ワインブレッド研究会（長野市）が制定。「信州ワインブレッド」とは、長野県産ぶどうを使用したNAGANO WINEと長野県産小麦を100％使用して作られたパン。ワインの風味がほのかに漂うパンの魅力と、農産物の豊かな長野県をPRするのが目的。日付は、日本ソムリエ協会が提唱する「ワインの日」が毎月20日であり、ワインを囲む食事に「信州ワインブレッド」を食べてほしいとの思いから。

発芽野菜の日

一般の野菜よりも数倍栄養が高く、生活習慣病予防でも注目される発芽野菜（スプラウト）をPRしようと、発芽野菜を手がける㈱村上農園（広島市）が制定。日付は20日をハツガと読む語呂合わせ。

毎月21日

木挽(こびき)BLUEの日

雲海酒造㈱（宮崎市）が制定。同社が独自開発した「日向灘黒潮酵母」を用いた、すっきりとしてキレがあり、ロックでも飲みやすい本格芋焼酎「木挽BLUE（こびきブルー）」を年間を通して飲んでもらいたいと、全国発売した2017年3月21日にちなんで毎月21日を記念日とした。3月21日はシンボル的な日として別に登録。

ゼクシオの日（XXIOの日）

ゴルフ業界を代表するブランド「ゼクシオ（XXIO）」の誕生20年を記念して、㈱ダンロップスポーツマーケティングが制定。売上ナンバーワンを誇る同ブランドの最新情報を毎月発信することが目的。日付は「ゼクシオ」は21世紀の100年ブランドとして、ロゴにローマ数字のXXI（21）を入れて表記することから毎月21日に。

マリルージュの日

途上国の子どもの教育環境の整備と、その母親の雇用支援を行う（一社）One of Loveプロジェクト（代表：歌手・夏木マリ氏、音楽プロデューサー・斉藤ノヴ氏）が制定。その活動趣旨に賛同する生花店が、夏木氏も品種改良に携わった赤いバラ「マリルージュ」の収益などを支援に当てており、マリルージュの認知度を高め、支援活動に活かすのが目的。日付は「世界音楽の日」の6月21日にちなみ、いつも支援を続けている姿勢から毎月21日に。

毎月22日

なないろSMSの日

アミューズメント業界を中心にソリューションサービスを行う㈱ピーアイエックスが制定。同社の「なないろSMS」は、独自の特許技術により一人一人の特性やニーズに合わせて個別にSMS（ショートメッセージサービス）の送信ができるサービス。「なないろSMS」を広め、多くの企業の広告戦略に役立ててもらうのが目的。日付は「SMS」が「2 Month 2」に見えるので毎月22日に。

カニカマの日（6月を除く）

かに風味かまぼこ「カニカマ」のPRのため、水産加工品などの製造で知られる㈱スギヨ（石川県七尾市）が制定。日付は、かにのハサミの形状が漢字の「二二」に似ていることから、毎月22日を記念日とした。なお、6月22日は「かにの日」なので、本物のかにへ敬意を表して除いている。

禁煙の日

タバコの害や禁煙の重要性に関する知識の普及をはかり、禁煙を促して受動喫煙の防止を含む社会的な禁煙の推進を図ろうと、（一社）禁煙推進学術ネットワークが制定。日付は、数字の2を白鳥（スワン＝吸わん）に見立てて、毎月22日をスワンスワン＝吸わん吸わんの「禁煙の日」にという語呂合わせから。

ラブラブサンドの日

日糧製パン㈱（北海道札幌市）が制定。耳なし食パンにさまざまな具をはさんだ、一袋2個入りの「ラブラブサンド」のPRが目的。日付は、22日を「夫婦」と読む語呂合わせから、夫婦で「ラブラブサンド」をプレゼントして日頃の感謝の気持ちを表すとともに、ラブラブなカップルには「ラブラブサンド」を仲良く分け合い、将来夫婦になってほしいとの願いを込めて毎月22日とした。

毎月23日

国産小ねぎ消費拡大の日

国産小ねぎの消費拡大と販売促進のため、小ねぎ主産県協議会（全国農業協同組合連合会のうち、福岡・大分・佐賀・高知・宮城の県本部で構成）が制定。日付は「小ねぎ記念日」が11月23日なので、23日を毎月のものとした。

乳酸菌の日

体に良い乳酸菌を活用した商品をアピールする日にと、カゴメ㈱が制定。毎月23日としたのは、スーパーマーケットなどでの販売促進を通年で行うため。日付は23で「乳酸」の語呂合わせから。

不眠の日

日本人の半数以上がなんらかの不眠症状をもっているといわれる。しかし、そのなかの多くの人が対処方法や改善手段の正しい知識を有していないことから、睡眠改善薬などを手がけるエスエス製薬㈱が制定。不眠の改善について適切な情報発信を行う。日付は２と３で「不眠」と読む語呂合わせから。不眠の症状は一年中起こるので、２月３日に加え、毎月23日も「不眠の日」とした。

毎月24日

ブルボン・プチの日

㈱ブルボン（新潟県柏崎市）が制定。同社が1996年から販売する「プチシリーズ」は、手軽なサイズのビスケットや米菓、スナック類など24種類を展開。そのバラエティ豊かな品揃えが人気の「プチシリーズ」を多くの人に楽しんでもらうのが目的。日付は、24種類にちなんで毎月24日とした。同社は「ブルボン・プチの日」の愛称を「プチの日」としている。

毎月25日

プリンの日

オハヨー乳業㈱（岡山市）が制定。同社にプリンの人気商品が多いことから制定したもので、日付は25を「プリンを食べると思わずニッコリ」の「ニッコリ」と読む語呂合わせから。

毎月26日

ツローの日

釣り用品の総合卸商社、かめや釣具㈱（広島市）が制定。ひとりでも仲間とでも楽しめる釣りは老若男女を問わず愛されている。自然とふれあう釣りの楽しさを広め、釣り人をサポートするのが目的。日付は26を「釣（ツ＝2）ろ（ロ＝6）ー」と読む語呂合わせで、年間を通じて釣りを楽しんでもらいたいとの思いから毎月26日に。

プルーンの日

世界ナンバーワンの生産・販売量を誇るプルーンメーカーのサンスウィートの日本支社、サンスウィート・インターナショナル日本支社が制定。プルーンの魅力の伝えて販売促進につなげるのが目的。日付は2を「プ」6を「ルーン」と読む語呂合わせから。毎月26日としたのは1年中おいしいプルーンを食べてもらいたいことから。

毎月29日

ふくの日

総合食品商社の㈱日本アクセスが制定。年間を通じてさまざまな季節の食材や四季折々のデザインを取り入れた商品があり、幸福な気持ちになれる和菓子。その魅力を伝えることで小売業の和菓子の販売促進企画を進めるのが目的。日付は幸福な気持ちの福を「ふ（2）く（9）」と読む語呂合わせから毎月29日に。

Piknikの日

飲料ブランド「Piknik（ピクニック）」を販売する森永乳業㈱が制定。Piknikは紙容器に入った乳製品で、さまざまな種類の味があり、そのおいしさと常温で賞味期限が90日という保存性の良さが人気。日付は29日をPiknikの語尾の「ニック」と読む語呂合わせから。親しみやすい飲み物なので毎月29日に。

毎月30日

サワーの日

甲類焼酎を炭酸で割って飲む「サワー」のPRと、サワー市場全体の活性化のため、宝酒造㈱（京都市）が制定。日付は、年間を通じて月末に同僚や友人、家族と一緒に「サワー」を飲んで絆を深めてほしいとの思いと、30を「サ（3）ワ（輪＝0）ー」と読む語呂合わせから毎月30日に。

EPAの日

㈱ニッスイが制定。EPAとは魚に多く含まれるエイコサペンタエン酸の略称で、中性脂肪を減らしたり、動脈硬化などの予防をする働きがある。日付は、肉中心の生活を送る現代人に肉（29）を食べた次の日（30）には魚を食べてEPAを摂取し、バランスのよい食生活をという思いを込めて、毎月30日に。

毎月第３木曜日

「森のたまご」の日

コクとうまみ、鮮度と栄養価で人気の鶏卵「森のたまご」を製造販売する、たまご&カンパニー㈱が11月18日と毎月第３木曜日に制定。ブランドたまごの定番と称される「森のたまご」の素晴らしさを多くの人に知ってもらうのが目的。「森のたまご」の「森」の字には「木」が３つあることから第３木曜日とした。

毎月第３土曜日

オコパー・タコパーの日

「オコパー・タコパー」とは、お好み焼パーティ・たこ焼パーティのこと。お好み焼とたこ焼はみんなで調理を楽しめて食卓が盛り上がるだけでなく、食材費も安くできる素晴らしい団らんメニューであることから、お好み焼粉、たこ焼粉を製造販売する㈱日清製粉ウェルナが制定。日付は家計に優しい料理なので、給料日前となることの多い毎月の第３土曜日としたもの。

年によって月が変わる記念日

10日の金曜日

10日金曜日は東金（とうがね）の日

東金商工会議所（千葉県東金市）が制定。東金の名前は、江戸幕府開闢前に徳川家康が鷹狩りに来るときの文書に「東金に行く」との記述があり、戦国時代に酒井氏が城を構えた際に東金の地名が登場する。この由緒ある地名を全国に知らせ、東金の商工業の振興を図るのが目的。日付は10日（とおか）が金曜日となる日の語感や、字面が東金（とうがね）と似ているので「10日金曜日は東金（とうがね）の日」に。

24日の金曜日

エムセラ・尿失禁改善の日

医療機器の製造・輸入販売などを行うBTL Japan㈱（大阪市）が制定。尿失禁で悩む人に同社が販売する尿失禁治療機器の「エムセラ」を知ってもらい、骨盤底筋の強化と健康維持を図ってもらうのが目的。尿失禁について相談しやすい環境づくりもめざす。日付は24を「尿（2）失（4）」と読み、金曜日の金を「禁」に替え、合わせて「尿失禁」と読み「24日が金曜日となる日」に。

29日の金曜日

エムスカルプト・筋肉強化の日

医療機器の製造・輸入販売などを行うBTL Japan㈱（大阪市）が制定。同社が販売する筋力トレーニングや運動の代わりに筋肉を増やす治療用の医療機器「エムスカルプト」の認知度を高め、多くの人に筋肉強化と健康維持を図ってもらうのが目的。日付は「筋肉」の文字を入れ替えて「29（肉）日が金（筋）曜日となる日」に。

キン肉マンの日

1979年に集英社の「週刊少年ジャンプ」に連載されて以来、多くのファンを獲得した日本を代表する漫画・アニメ作品『キン肉マン』（ゆでたまご原作）の記念日をと、集英社が2008年に制定。日付はキン（金曜日）と肉（29日）を組み合わせたもの。

筋肉を考える日

森永製菓㈱が制定。日常生活を元気に、健康に過ごすのに大切な筋肉。その筋肉の材料としてタンパク質（プロテイン）が必須であることから、筋肉の重要性を考えるとともにタンパク質との関係性を知って、日常的にタンパク質を摂ってもらうのが目的。日付は「筋肉」から「金（筋）曜日が29（肉）日になる日」に。

コラム6

社会に役立つ記念日

「記念日を作り、日本記念日協会に認定登録をしてもらえれば、自社の商品、サービスの売り上げが伸びる」と考える企業は多い。たしかに費用対効果を考えると通常のPR、広告などよりもはるかに安く、大きな効果を上げられることだろう。

しかし、記念日を作り、日本記念日協会に認定登録をしてもらいたいという人のなかには「自分たちの活動の記念日を制定することで広く社会にアピールして、世の中を良くしたい」と考えている企業、団体も少なくない。

そのひとつの例が９月１日の「大腸がん検診の日」などの病気の予防、啓発を目的とした記念日だ。

日本記念日協会のホームページの「今日の記念日」で「がん」とキーワード検索すると、ほかにも「口腔がん検診の日」（11月15日）、「小児がんゴールドリボンの日」（４月25日）、「がん支えあいの日」（６月21日）など、がんに関連した記念日がいくつも登録されている。

こうした記念日が設けられることで検診を受けるきっかけになり、早期発見の効果が得られ、がんと闘病している人たちへの励ましにつながっていく。

また、視覚障害者の安全な歩行を助ける点字ブロックの安全性確保のために設けられた３月18日の「点字ブロックの日」は、この日をきっかけに「点字ブロックの上に物を置かないで！」と訴える活動が全国に広がりつつある。

阪神淡路大震災の日の１月17日は「おむすびの日」に制定され、人と人との心を結ぶ力となり、東日本大震災の３月11日は命の尊さを思い、命の大切さを考え、災害時の医療体制などを考える「いのちの日」になった。

ほかにも仕事と生活の調和のとれた生活をめざす夏至の「仕事も遊びも一生懸命の日」や、毎月12日に社会全体で子育てを考える「育児の日」など、日々の暮らしを大切にするための啓発を目的とした記念日も増えている。記念日を活用した社会貢献をもっと進めていきたいと思う。

1年間に複数日ある記念日

とちぎのいちごの日

1月25日／2月25日／3月25日

JA全農とちぎに事務局を置く栃木いちご消費宣伝事業委員会が制定。1968年からいちごの生産量日本一を誇る栃木県。「とちおとめ」「スカイベリー」などおいしい栃木のいちごをより多くの人に食べてもらうのが目的。日付は、流通の多い1月から3月を対象とし、「と(10)ちぎのいちご(15)」の語呂合わせを10＋15＝25に置き換えて、各月の25日を記念日とした。

主婦休みの日

1月25日／5月25日／9月25日

年中無休で家事や育児に頑張る主婦が、ほっと一息ついて自分磨きやリフレッシュする日。女性のための生活情報紙を発行する㈱サンケイリビング新聞社が中心となり制定。日付は、主婦が忙しくなる年末年始、ゴールデンウィーク、夏休みが明けたあとの25日。家事や育児を主婦に任せがちなパパや子どもたちが家事に取り組み、その価値を再認識する日に。

菜の日

1月31日／3月31日／5月31日／7月31日／8月31日／10月31日／12月31日

「1日5皿分(350グラム)以上の野菜と200グラムの果物を食べましょう」と呼びかける(一社)ファイブ・ア・デイ協会が制定。野菜中心の健康的な食生活を広めるのが目的。記念日名は野菜の「菜」から、日付は31を野菜の「菜(さい)」と読む語呂合わせで各月31日に。

巻寿司の日

立春の前日（2月3日頃）／立夏の前日（5月4日頃）／立秋の前日（8月6日頃）／立冬の前日（11月6日頃）

季節の始まりを表す立春、立夏、立秋、立冬の前日に巻寿司を丸かぶりすると幸福が訪れるとされることから、巻寿司の材料となる玉子焼、味付干瓢(かんぴょう)などを製造販売する㈱あじかん(広島市)が制定。

えいようかんの日

3月1日・6月1日・9月1日・12月1日

井村屋グループ㈱(三重県津市)が制定。同社の「えいようかん」は賞味期間が５年間もある羊羹で、備蓄保存に最適。万一の災害に備えて「えいようかん」のような備蓄食品の定期点検を行うとともに、消費した分を補充するローリングストックに対する意識を高めてもらうのが目的。日付は「防災の日」の９月１日をはじめとして、年４回の「防災用品点検の日」に合わせたもの。

防災用品点検の日

3月1日／6月1日／9月1日／12月1日

関東大震災の起きた９月１日をはじめとして、季節の変わり目となる年４回、防災用品の点検を行い災害に備えようと、防災アドバイザーの山村武彦氏が提唱。

マルヨのほたるいかの日

3月10日／4月3日

漁獲量日本一の兵庫県産「ほたるいか」のPRのため、海産物食品を製造するマルヨ食品㈱（兵庫県香美町）が制定。日付の３月10日は、ほたるいかの水揚げが本格的に始まることと山陰地方の山（さん＝３）で３月、ほたるいかの足が10本で10日。４月３日は、ほたるいか漁の最盛期が４月で、山陰地方の山（さん＝３）で３日に。

ミールオンデマンドの給食サービスの日

3月16日／9月4日

高齢者福祉施設や病院などに配食を行う㈱ミールオンデマンド（岡山県倉敷市）が制定。同社が展開するセントラルキッチン方式のクックチル食材による給食直営サービスを広めるのが目的。日付は、３と16で「ミール」、９と４で「給食」と読む語呂合わせから。

家族と終活を話し合う日

春の彼岸入り（3月18日頃）／秋の彼岸入り（9月20日頃）

葬儀・墓地・終活事業などを手がける㈱ニチリョクが制定。人生の終わりに向けて準備をする「終活」について、家族や大切な人に伝え、話し合う日。日付は、彼岸の時期は家族がお墓参りなどで集まることが多く、終活について話しやすいという考えから、春と秋の「彼岸の入りの日」とした。

酒風呂の日

3月21日／6月21日／9月23日／12月22日

［年によって変わる］日本酒製造の責任者である杜氏（とうじ）と同じ読み方の冬至や、四季の節目である春分、夏至、秋分の日に「湯治（とうじ）」として酒風呂に入り、健康増進を図ろうと、銘酒「松尾」の蔵元、㈱高橋助作酒造店（長野県信濃町）の高橋邦芳氏が制定。

大人の日

4月22日／11月22日

アメリカの世界的食品メーカー・ハインツの日本法人、ハインツ日本㈱が制定。自社商品「大人むけパスタ」「大人むけスープ」をPRし、「大人な時間・気分」の演出を食卓から応援していく。日付は4月22日が「よい夫婦の日」、11月22日が「いい夫婦の日」で「大人の日」となることから。

洗車の日

4月28日／11月28日

洗車を行い、愛車を「良い艶をもったクルマにしましょう」と、(一社)自動車用品小売業協会が制定。日付は、4月28日で「ヨイツヤ（良い艶)」、11月28日で「イイツヤ（良い艶)」と読む語呂合わせから。

畳の日

4月29日／9月24日

全国畳産業振興会が制定。畳のもつ住宅材としての素晴らしさや、敷物としての優れた点をアピールするのが目的。日付は、イ草の美しい緑色から長年「みどりの日」として親しまれていた4月29日と、環境衛生週間の始まりの日であり「清掃の日」である9月24日。

まがたまの日

6月9日／9月6日

古くから健康を守り、魔除けとなり、幸運を招くとされる勾玉（まがたま）。その出雲型勾玉を皇室や出雲大社に献上している㈱めのや（島根県松江市）が制定。日付は数字の6と9の形がまがたまの形と似ていることから、6月9日と9月6日を「まがたまの日」とした。

カビ取るデー

6月16日／12月16日

洗濯槽クリーナー「カビトルネード」を販売する㈱リベルタが制定。カビや汚れが気になる6月の梅雨の時期と、12月の大掃除の時期に記念日を制定することで、洗濯槽のカビをクリーナーを使ってきれいにすることはもとより、ほかのカビも取る意識を高めてもらうのが目的。日付は6月と12月のカビを「ト（10）ル（6）＝取る」の語呂合わせで年2日の16日に。

ふくしま夏秋きゅうりの日

7月1日／8月1日／9月1日

福島市のふくしま未来農業協同組合（JAふくしま未来）が制定。同組合は機械選果場の整備、独自の取り組みなどで新規就農者の増加を図り、2023年度の夏秋きゅうりの販売額が日本一に。ふくしまの夏秋きゅうりの美味しさをPRするのが目的。日付は販売額が日本一になったことと、きゅうりの形が1をイメージさせることから、収穫期にあたる7月、8月、9月のそれぞれ1日を記念日とした。

調性で音楽を楽しむ日

7月12日／12月7日

「調性記念日制定プロジェクト from 虹音日記」が制定。「調性」とは音楽概念である。これは音楽の血液型のようなもので、1つの楽曲は基本的に1つ以上の調性をもつ。個性的で彩り豊かな調性を中心にさまざまな音楽を楽しむという新しい視点を提供し、調性を身近なものとして音楽を楽しんでもらうことが目的。記念日の日付7月12日・12月7日は、「調性」がドからシまでの12種類の音の中から特定の7音を選び出す、12通りの組み合わせであることから。

ふくしま桃の日

7月13日／7月26日／8月8日

フルーツ王国ふくしまを支える「ふくしまの桃」のPRのため、ふくしま未来農業協同組合（福島市）が制定。同JA管内の伊達郡桑折町（こおりまち）は皇室に献上する「献上桃」の産地としても有名。日付は「ふくしまの桃」がおいしい7月から8月を対象とし、人気品種の「あかつき」の個体番号が「れ－13」であることにちなみ、7月13日を起点に13日周期で7月26日、8月8日の3日を記念日とした。

愛知のいちじくの日

7月19日／8月19日／9月19日／10月19日

日本一の出荷量を誇る愛知県産のいちじくのPRのため、JAあいち経済連が制定。日付は愛知県産のいちじくが多く出回る7月から10月までを対象とし、「いちじく（19）」の語呂合わせから各月の19日とした。いちじくは食物繊維、ビタミン、ミネラルが豊富で、独特の甘みがある。

南郷トマトの日

8月6日／9月10日

会津よつば農業協同組合（福島県会津若松市）が制定。「南郷トマト」は南会津町、只見町、下郷町で夏秋期に栽培され、なかでも「南郷トマト 秋味」は全国有数の食味と品質で知られる。その知名度向上とブランドの確立、生産地の魅力を発信するのが目的。日付は「南郷トマト」が福島県初の地理的表示（GI）保護制度に登録された日（2018年8月6日）から8月6日と、南郷の「南」が9画で、トマトの「ト（10）」の語呂合わせの9月10日の年2日に。

いい菌バランスの日

11月8日／1月18日

オハヨー乳業㈱が制定。人間の身体には多くの生きた菌が存在し、これらの菌のバランスは体の調子に深く関連しているといわれている。ヨーグルトに含まれる乳酸菌などの善玉菌を積極的に摂るなど、生きた菌のチカラを味方につけるきっかけにしてもらうのが目的。日付は「い（1）い（1）バ（8）ランス」と読む語呂合わせから11月8日と1月18日を記念日に。

伊達のあんぽ柿の日

12月13日／1月13日／2月13日

福島県伊達市の「あんぽ柿」出荷100周年を記念して、ふくしま未来農業協同組合（福島市）が2023年に制定。同組合が生産量日本一を誇る「あんぽ柿」は、燻蒸後に乾燥させて作る干し柿で、甘さとジューシーさが特徴。日付は、最盛期の冬の期間で燻蒸製法の確立・普及に携わった人が13人であり、発祥地の福島県伊達市梁川町五十沢（いさざわ）の「いさ（13）」から12月・1月・2月の13日。

「信州・まつもと鍋」の日

12月19日／1月19日／2月19日

長野県の松本市、松本大学、JA松本ハイランド、JA松本市が連携して、松本の農産物で名物鍋を作る「おいし信州ふーど・信州まつもと鍋開発プロジェクトチーム」が制定。松本のおいしい食材の鍋で幸せになってもらうのが目的。日付は鍋がおいしい冬を表す12月、1月、2月で、食べ物の「食(しょく)」の語呂合わせでそれぞれの月の19日とした。

年によって日付が変わる記念日

天赦日

天赦日(てんしゃにち)は開運財布の日

「財布屋」の名で財布職人手作りの高品質の「開運財布」を製造販売する㈱美吉屋（大阪市）が制定。「天赦日」とはすべてにおいて吉となる暦の上で最も縁起が良い日。年により日付が変わり年に5日から6日ほどしかない。開運をもたらす「開運財布」を購入するにふさわしい「天赦日」を広めて多くの人に前向きに過ごしてもらうのが目的。

資料編

人生の節目の行事

帯祝い	妊娠５か月目の戌の日に「岩田帯」と呼ばれる腹帯を巻いて、安産を願う。多産、安産で知られる犬にあやかり、戌の日に行う。
出産祝い	赤ちゃんの誕生を祝い、妊婦の出産をねぎらう。母子の状態が落ち着くのを待って、お七夜から初宮参りまでを目安に行う。
お七夜(しちや)	赤ちゃんが生まれた日から数えて七日目のお祝いで、この日に命名を行うことも多い。平安朝の貴族社会などで行われた産養い（３日目、５日目、７日目、９日目）の名残といわれている。
初宮参り	生後初めて産土神(うぶすながみ)さま（生まれた土地の守護神）または氏神さまにお参りすること。男児は生後31日目、女児は33日目に行うのが一般的だが、50日目、100日目に行われる地方もある。
お食(く)い初(ぞ)め	生後100日目に行われる儀式で、赤ちゃんが「一生食べるものに苦労しないように」との願いを込めて、赤飯、尾頭付きの鯛、煮物、吸い物などを膳に並べる。関西では「歯固め」ともいう。
初正月	生まれて初めて迎える正月の祝い。男児には破魔弓、女児には羽子板を贈る。
初節句	生まれて初めて迎える節句の祝い。男児は端午の節句（５月５日）、女児は上巳の節句（３月３日）に盛大に祝う。
初誕生	赤ちゃんが健やかに育つことを願って、１歳の誕生日に行う祝い。年齢計算はかつては正月を越すたびに年をとる「数え年」に基づいていた。

七五三	それまでの子供の成長に感謝し、将来の幸せを祈るもので、11月15日前後に行われる。男児は３歳と５歳、女児は３歳と７歳に行う。かつては数え年に基づいていたが、近年は満年齢に基づくことも多い。日にちは、江戸幕府将軍・徳川綱吉の長男徳松の祝いが11月15日に行われたことに由来する。
十三参り（じゅうさんまいり）	主に関西の行事で、もともとは女児の13歳のお祝いだったが、近年は男女問わず行われる。かつては旧暦３月13日に智慧と慈悲の象徴である虚空蔵菩薩（こくうぞうぼさつ）にお参りしたが、現在は新暦の４月13日前後にお参りする。
成人式	大人の仲間入りを祝う20歳の儀式。かつては、男児は15歳で「元服」、女児は13歳で「髪上」の儀式を行っていた。
厄年	数え年で、男性は25歳と42歳、女性は19歳と33歳となる年は災難に見舞われやすいと考えられ、当該年を「本厄」、その前後を「前厄」「後厄」と呼ぶ。厄災を避けるため、厄除けや厄払いを受ける習慣がある。

結婚記念日一覧

結婚記念日を祝うのはもともとイギリスの習慣で、この日に記念日名にちなんだものを夫婦で贈り物を交換することになっている（当初は５年、15年、25年、50年、60年の節目のみであったといわれる）。日本への導入は意外に早く、明治天皇が1894（明治27）年３月９日に「銀婚式」（大婚二十五年祝典）を実施している。

下表は一般的なイギリス式の呼称（国によってさまざまな呼称がある）。記念日に冠される「物」は、基本的には柔らかいものから硬いもの、あるいは徐々に高価なものに変わっていく傾向がみられる。

1周年	紙婚式	10周年	アルミ婚式	35周年	珊瑚婚式
2周年	綿婚式	11周年	鋼鉄婚式	40周年	ルビー婚式
3周年	革婚式	12周年	絹婚式	45周年	サファイア婚式
4周年	花婚式	13周年	レース婚式	50周年	金婚式
5周年	木婚式	14周年	象牙婚式	55周年	エメラルド婚式
6周年	鉄婚式	15周年	水晶婚式	60周年	ダイヤモンド婚式
7周年	銅婚式	20周年	磁器婚式	70周年	プラチナ婚式
8周年	青銅婚式	25周年	銀婚式		
9周年	陶器婚式	30周年	真珠婚式		

賀寿（長寿祝い）一覧

記念日ではないが、賀の祝いのひとつである長寿祝いを紹介する。「還暦」「古希」といった祝い歳は、中世以降に慣用されるようになったという。なお還暦は、本来は数え年で祝うものだが、現在では満年齢で祝うことも多い。祝い歳の名称と意味は以下のとおり。

歳	名称	意味
61歳	還暦（かんれき）	十干十二支（じっかんじゅうにし）が一巡して生まれ年の干支に戻ること。本卦還り（ほんけがえり）ともいう。「生まれ直し」を意味することから、赤色の頭巾や座布団を贈る習慣がある（赤色は魔除けの色）。華甲（かこう）とも（「華」の字を分解すると、十が６つ、一がひとつで61となるため。「甲」は「甲子（きのえね）」の意で十干十二支のはじまりを表す）。
70歳	古希（こき）	唐の詩人・杜甫（とほ）の曲江詩にある「人生七十古来稀」（人生70年生きる人は古くからまれである）に由来。お祝いの色は紫色。
77歳	喜寿（きじゅ）	「喜」の草書体が七十七と読めることから。お祝いの色は紫色。
80歳	傘寿（さんじゅ）	「傘」の略字「仐」が八十と読めることから。お祝いの色は紫色。
88歳	米寿（べいじゅ）	「米」の字を分解すると八十八と読めることから。「米（よね）の祝い」とも。お祝いの色は黄色。
90歳	卒寿（そつじゅ）	「卒」の略字「卆」が九十と読めることから。お祝いの色は紫色。
99歳	白寿（はくじゅ）	「百」の字から「一」を引いた「白」を九十九と見なせることから。お祝いの色は白色。
100歳	百寿（ももじゅ）	文字どおりの意味。「ひゃくじゅ」の読みもあり。紀寿（きじゅ）ともいう（「紀」は１世紀＝100年を表す）。
108歳	茶寿（ちゃじゅ）	「茶」の字を分解すると、十が２つと八十八となり合わせて100となることから。
111歳	皇寿（こうじゅ）	「皇」の字を分解すると、「白」を99、「王」を12と見立てられるため。「川寿（せんじゅ）」とも（「川」の字を111に見立てて）。
120歳	大還暦（だいかんれき）	還暦を二巡したという意味。「昔寿（せきじゅ）」とも（「昔」の字を十が２つと百と読めるため）。

二十四節気および雑節の日付

二十四節気（にじゅうしせっき）

暦の上で気候の移り変わりを示したもので、全部で24ある。太陽が春分点から出発して再び春分点に達するまでの１年を24等分し、それぞれに節気を設けている。なお、もともと古代中国で成立したものなので、地域や時期によっては、時期や気候が合致しない場合がある。

二十四節気	令和7年(2025年)	令和8年(2026年)	令和9年(2027年)	令和10年(2028年)	令和11年(2029年)
小寒	1月5日	1月5日	1月5日	1月6日	1月5日
大寒	1月20日	1月20日	1月20日	1月20日	1月20日
立春	2月3日	2月4日	2月4日	2月4日	2月3日
雨水	2月18日	2月19日	2月19日	2月19日	2月18日
啓蟄	3月5日	3月5日	3月6日	3月5日	3月5日
春分	3月20日	3月20日	3月21日	3月20日	3月20日
清明	4月4日	4月5日	4月5日	4月4日	4月4日
穀雨	4月20日	4月20日	4月20日	4月19日	4月20日
立夏	5月5日	5月5日	5月6日	5月5日	5月5日
小満	5月21日	5月21日	5月21日	5月20日	5月21日
芒種	6月5日	6月6日	6月6日	6月5日	6月5日
夏至	6月21日	6月21日	6月21日	6月21日	6月21日
小暑	7月7日	7月7日	7月7日	7月6日	7月7日
大暑	7月22日	7月23日	7月23日	7月22日	7月22日
立秋	8月7日	8月7日	8月8日	8月7日	8月7日
処暑	8月23日	8月23日	8月23日	8月22日	8月23日
白露	9月7日	9月7日	9月8日	9月7日	9月7日
秋分	9月23日	9月23日	9月23日	9月22日	9月23日
寒露	10月8日	10月8日	10月8日	10月8日	10月8日
霜降	10月23日	10月23日	10月24日	10月23日	10月23日
立冬	11月7日	11月7日	11月8日	11月7日	11月7日
小雪	11月22日	11月22日	11月22日	11月22日	11月22日
大雪	12月7日	12月7日	12月7日	12月6日	12月7日
冬至	12月22日	12月22日	12月22日	12月21日	12月21日

＊上記日付は節入りの日で、各節気は次の節気の前日までをいう。

雑節（ざっせつ）

二十四節気の他に１年の季節の移り変わりを的確に表すために生まれたもの。節分、八十八夜、入梅、半夏生、土用などで、年中行事となっているものが多い。

雑節	令和7年（2025年）	令和8年（2026年）	令和9年（2027年）	令和10年（2028年）	令和11年（2029年）
土用	1月17日	1月17日	1月17日	1月17日	1月17日
節分	2月2日	2月3日	2月3日	2月3日	2月2日
彼岸	3月17日	3月17日	3月18日	3月17日	3月17日
社日	3月20日	3月25日	3月20日	3月24日	3月19日
土用	4月17日	4月17日	4月17日	4月16日	4月17日
八十八夜	5月1日	5月2日	5月2日	5月1日	5月1日
入梅	6月11日	6月11日	6月11日	6月10日	6月10日
半夏生	7月1日	7月2日	7月2日	7月1日	7月1日
土用	7月19日	7月20日	7月20日	7月19日	7月19日
二百十日	8月31日	9月1日	9月1日	8月31日	8月31日
二百二十日	9月10日	9月11日	9月11日	9月10日	9月10日
彼岸	9月20日	9月20日	9月20日	9月19日	9月20日
社日	9月26日	9月21日	9月26日	9月20日	9月25日
土用	10月20日	10月20日	10月21日	10月20日	10月20日

＊土用の日付は「入り」の日で、この日を含めて18～19日間が土用の期間となる。
＊彼岸の日付は「入り」の日で、この日を含めて７日間が彼岸の期間となる。
＊八十八夜、二百十日、二百二十日の日数は、二十四節気の立春（２月４日ごろ）から数えたもの。
＊「土用丑の日」については、本文７月末尾の項を参照のこと。

二十四節気と七十二候一覧

七十二候とは、二十四節気それぞれを三分割し、季節の移り変わりをより細かく表現したものである。二十四節気同様、もともとは古代中国で考案されたものであるが、日本に導入されてからは日本の気候風土に合わせて変更されている。

二十四節気	候	月日（頃）	七十二候（名称・読み方）	意　味
立春（りっしゅん）（2月4日頃）	初候	4～8日	東風解凍（はるかぜこおりをとく）	春の風が氷を解かす
	次候	9～13日	黄鶯睍睆（こうおうけんかんす）	鶯が鳴きはじめる
	末候	14～18日	魚上氷（うおこおりをいずる）	水中の魚が氷の間から出てくる
雨水（うすい）（2月19日頃）	初候	19～23日	土脉潤起（つちのしょううるおいおこる）	地面が水分を含んでしっとりしてくる
	次候	24～28日	霞始靆（かすみはじめてたなびく）	霞が棚引きはじめる
	末候	1～5日	草木萌動（そうもくめばえいずる）	草木が芽生えはじめる
啓蟄（けいちつ）（3月6日頃）	初候	6～10日	蟄虫啓戸（すごもりむしとをひらく）	巣ごもっていた虫が外に出てくる
	次候	11～15日	桃始笑（ももはじめてさく）	桃の花が咲きはじめる
	末候	16～20日	菜虫化蝶（なむしちょうとなる）	青虫が成長して蝶になる
春分（しゅんぶん）（3月21日頃）	初候	21～25日	雀始巣（すずめはじめてすくう）	雀が巣を作りはじめる
	次候	26～30日	桜始開（さくらはじめてひらく）	桜の花が咲きはじめる
	末候	31～4日	雷乃発声（かみなりすなわちこえをはっす）	雷が鳴りはじめる
清明（せいめい）（4月5日頃）	初候	5～9日	玄鳥至（つばめきたる）	燕が南から飛来する
	次候	10～14日	鴻雁北（こうがんかえる）	雁が北へ帰る
	末候	15～19日	虹始見（にじはじめてあらわる）	虹が初めて見える

穀雨（こくう）（4月20日頃）	初候	20～24日	葭始生（あしはじめてしょうず）	水辺に葦が生えはじめる
	次候	25～29日	霜止出苗（しもやんでなえいずる）	霜が降りなくなり、苗が育ってくる
	末候	30～4日	牡丹華（ぼたんはなさく）	牡丹の花が咲く
立夏（りっか）（5月5日頃）	初候	5～9日	鼃始鳴（かわずはじめてなく）	蛙が鳴きはじめる
	次候	10～14日	蚯蚓出（みみずいずる）	ミミズが地上に這い出る
	末候	15～20日	竹笋生（たけのこしょうず）	竹の子が生える
小満（しょうまん）（5月21日頃）	初候	21～25日	蚕起食桑（かいこおきてくわをはむ）	蚕が桑の葉を盛んに食べはじめる
	次候	26～30日	紅花栄（べにばなさかう）	紅花が盛んに咲く
	末候	31～5日	麦秋至（むぎのときいたる）	麦が熟して黄金色になる
芒種（ぼうしゅ）（6月6日頃）	初候	6～10日	蟷螂生（かまきりしょうず）	カマキリが生まれる
	次候	11～15日	腐草為蛍（くされたるくさほたるとなる）	腐った草がホタルになる
	末候	16～20日	梅子黄（うめのみきなり）	梅の実が黄色くなる
夏至（げし）（6月21日頃）	初候	21～26日	乃東枯（なつかれくさかるる）	夏枯草(かこそう)が枯れる
	次候	27～1日	菖蒲華（あやめはなさく）	あやめの花が咲く
	末候	2～6日	半夏生（はんげしょうず）	半夏（からすびしゃく）が生えはじめる
小暑（しょうしょ）（7月7日頃）	初候	7～11日	温風至（あつかぜいたる）	熱い風が吹いてくる
	次候	12～16日	蓮始開（はすはじめてひらく）	蓮の花が咲きはじめる
	末候	17～22日	鷹乃学習（たかすなわちがくしゅうす）	鷹の幼鳥が飛び方を学びはじめる
大暑（たいしょ）（7月23日頃）	初候	23～27日	桐始結花（きりはじめてはなをむすぶ）	桐の実が固くなる
	次候	28～1日	土潤溽暑（つちうるおいてむしあつし）	土がじめじめして蒸し暑い
	末候	2～6日	大雨時行（たいうときどきふる）	時として大雨が降る

立秋（りっしゅう） （８月７日頃）	初候	７～12日	涼風至（すずかぜいたる）	涼しい風が吹きはじめる
	次候	13～17日	寒蟬鳴（ひぐらしなく）	ひぐらしが鳴きはじめる
	末候	18～22日	蒙霧升降（ふかききりまとう）	深い霧が立ち込める
処暑（しょしょ） （８月23日頃）	初候	23～27日	綿柎開（わたのはなしべひらく）	綿の萼(がく)が開く
	次候	28～１日	天地始粛（てんちはじめてさむし）	ようやく暑さが収まる
	末候	２～７日	禾乃登（こくものすなわちみのる）	粟や稲などが実る
白露（はくろ） （９月８日頃）	初候	８～12日	草露白（くさのつゆしろし）	草に降りた露が白く光って見える
	次候	13～17日	鶺鴒鳴（せきれいなく）	せきれいが鳴きはじめる
	末候	18～22日	玄鳥去（つばめさる）	燕が南へ帰る
秋分（しゅうぶん） （９月23日頃）	初候	23～27日	雷乃収声（かみなりすなわちこえをおさむ）	雷が鳴らなくなる
	次候	28～２日	蟄虫坏戸（むしかくれてとをふさぐ）	虫が巣ごもりしはじめる
	末候	３～７日	水始涸（みずはじめてかるる）	田んぼから水を抜いて乾かす
寒露（かんろ） （10月８日頃）	初候	８～12日	鴻雁来（こうがんきたる）	雁が飛来する
	次候	13～17日	菊花開（きくのはなひらく）	菊の花が咲く
	末候	18～22日	蟋蟀在戸（きりぎりすとにあり）	キリギリスが家のなかで鳴く
霜降（そうこう） （10月23日頃）	初候	23～27日	霜始降（しもはじめてふる）	霜が降りはじめる
	次候	28～１日	霎時施（こさめときどきふる）	時雨が降るようになる
	末候	２～６日	楓蔦黄（もみじつたきばむ）	紅葉や蔦の葉が色づきはじめる
立冬（りっとう） （11月７日頃）	初候	７～11日	山茶始開（つばきはじめてひらく）	山茶花（さざんか）が咲きはじめる
	次候	12～16日	地始凍（ちはじめてこおる）	大地が凍りはじめる
	末候	17～21日	金盞香（きんせんかさく）	水仙の花が咲く

節気	候	期間	七十二候	意味
小雪（しょうせつ）(11月22日頃)	初候	22～27日	虹蔵不見（にじかくれてみえず）	虹が見られなくなる
	次候	28～2日	朔風払葉（きたかぜこのはをはらう）	北風が木の葉を払う
	末候	3～6日	橘始黄（たちばなはじめてきばむ）	橘の葉が黄色くなる
大雪（たいせつ）(12月7日頃)	初候	7～11日	閉塞成冬（そらさむくふゆとなる）	天地の気が塞がって真冬になる
	次候	12～15日	熊蟄穴（くまあなにこもる）	熊が冬眠する
	末候	16～21日	鱖魚群（さけのうおむらがる）	鮭が群がって川を遡上する
冬至（とうじ）(12月22日頃)	初候	22～26日	乃東生（なつかれくさしょうず）	夏枯草が芽を出す
	次候	27～31日	麋角解（さわしかつのおる）	大鹿の角が落ちる
	末候	1～5日	雪下出麦（ゆきわたりてむぎのびる）	雪の下で麦が芽を出す
小寒（しょうかん）(1月6日頃)	初候	6～9日	芹乃栄（せりすなわちさかう）	芹が繁茂する
	次候	10～14日	水泉動（しみずあたたかをふくむ）	地中で凍った泉が動きはじめる
	末候	15～19日	雉始雊（きじはじめてなく）	雉の雄が雌を求めて鳴きはじめる
大寒（だいかん）(1月20日頃)	初候	20～24日	款冬華（ふきのはなさく）	蕗の花が咲きはじめる
	次候	25～29日	水沢腹堅（さわみずこおりつめる）	沢の水が厚く凍る
	末候	30～3日	鶏始乳（にわとりはじめてとやにつく）	鶏が卵を産みはじめる

索　引

「＊」付きの日付は二十四節気や雑節などに準じているため、年によって日付が変わります。

あ行

アース・ウインド＆ファイアー「セプテンバー」の日 9.21
アースナイトデー 11.24
アート引越センターの日 1.23
アーモンドの日 1.23
アーモンドミルクの日 5.30
INF菱形ラスの日 12.2
愛妻感謝の日 1.31
愛菜の日 1.31
愛しとーとの日 10.10
愛車の日 5.25
アイシングクッキーの日 11.9
アイスクリームの日 5.9
愛する小倉トーストの日 9.10
愛するチンチラの日 1.18
愛知のいちじくの日 7-10月の19日
愛知の新たまねぎの日 4.10
アイデアの日 6.1
ITコーディネータの日 2.1
IT断食の日 11.9
愛と平和のわくわくワークスDay 8.9
アイドルコピーダンスの日 9.26
IBDを理解する日 5.19
「愛ひとつぶ」の日 11.22
I love kyudo福岡の日 1.29
アイラブミー記念日 2.20
I Love Youの日 8.31
青汁の日 10.26
青森のお米「青天の霹靂」の日 10.10
青森のお米「つがるロマン」の日 10.26
赤いサイロの日 3.16
赤からの日 8.2
赤しその日 7.7
赤ちゃん＆こども「カット」の日 3.8
赤ちゃんの日 10.10
赤塚FFCの日 11.9
赤べこの日 11.3
秋のメープルもみじの日 9.12
秋のロールケーキの日 9.9
空き家整理の日 8.31
空き家ゼロにの日 8.2
空き家の将来を考える日 5.26
アクションスポーツの日 3.21*
アクティオ・建設機械レンタルの日 5.15
アクワイアの日 12.6
吾郷会の日 10.24
アコーディオン「Bébé Medusa」の日 9.18
アサイーの日 9.16
朝活の日 8.4
浅田飴の日 9.6
アジフライの日 3.21
芦屋のフィナンシェ世界一の日 10.1
あずきの日 毎月1日
アスパラガスビスケットの日 1.11
ATHREE CANVASの日 8.8
AsReaderの日 8.5
汗の日 8.28
汗マネジメントの日 7.8
アセローラの日 5.12
アダプト・プログラム記念日 9.29
新しいメディアを考える日 11.1
あたり前田のクラッカーの日 5.5
あったか旭川まんの日 1.25
attacaグランエイジの日 10.15
アップルペイント外壁塗装の日 10.20
アテックスルルドの日 5.1
穴子の日 7.5
あなたのイメージアップの日 11.1
あなたの進路を考える日 4.6
アニバーサリースカイダイビングの日 8.4
あにまるすまいるの日 11.22
アニメの日 10.22
姉の日 12.6
アバの日 4.6
あびばのんのんの日 8.11
アフタヌーンティー文化の日 9.3
油の日 8.23
アペロを楽しむ日 7月第1金曜
甘酒ヌーボーの日 11.22*
甘酒の日 1.20*
天塩 塩むすびの日 4.6
Amazonアプリストアの日 11.28
アマタケサラダチキンの日 7.1
甘党男子の日 5.5
アマニの日 7.2
雨宮天（天ちゃん）の日 10.10
雨漏り点検の日 6.11
網の日 2.2
飴の日 9.6
アメリカンドッグの日 10.9
アメリカンフライドポテトの日 毎月10日
鮎の日 6.1
アライドテレシス・ネットワークの日 3.9
アラの日 3.31
あられ・おせんべいの日 11.7

ありあけハーバーの日 8.8
ありがとう派遣社員の日 10.1
アリンコのいいロールケーキの日 11.6
アルカリイオン水の日 7.11
あるこうの日 12.12
アルソア美肌ラインの日 5.28
アルティメットの日 7.7
アルバムセラピーの日 12.8
アルバムの日 12.5
アルファベットチョコレートの日 10.26
アルプスの少女ハイジの日（ハイジの日） 8.12
アロエヨーグルトの日 12.10
アロハの日 1.31
アロマの日 11.3
アロマフレグランス「ANNE」の日 7.1
阿波尾鶏の日 8.8
アンガーマネジメントの日 6.6
あんこうの日 10.22
アンコンシャスバイアスに気づこうの日 8.8
あんしんの恩送りの日 10.23
安全安心砂場の日 3.10
アンチエイジングの日 11.14
安藤百福の日 3.5
アンドリューのエッグタルトの日 8.8
あんぱんの日 4.4
アンパンマンの日 10.3
いい泡の日 11.8
いい育児の日 11.19
いい石の日 11.14
いいイヤホン・ヘッドホンの日 11.18
いい医療の日 11.1
いい色髪の日 毎月16日
いい色・色彩福祉の日 11.16
いいいろ塗装の日 11.16
いいいろの日 11.16
いい囲炉裏の日 11.16
いい色・琉球びんがたの日 11.16
いい岩魚（イワナ）の日 10.7
いい印鑑の日 11.1
いいインコの日 11.15
いいえがおの日 11.25
いいお産の日 11.3
いい推しの日 11.4
いい音・オルゴールの日 11.10
いいおなかの日 11.7
いいお肌の日 11.8
いい女の日 11.7
いい音波でいい歯の日 11.8
いいかんぶつの日 11.20
いいきゅうりの日（4月を除く） 毎月19日
いい菌バランスの日 11.8, 1.18
いいくちの日 1.19
いい靴の日 11.9
いい血圧の日 11.2
いい酵母の日 11.5
EGSスリースマイルの日 3.25
イージーパンツの日 8.21
いい刺しゅうの日 11.4
いい姿勢の日 11.4
いい地盤の日 11.28
いい獣医の日 11.11
いい熟成ワインの日 11.19
いい塾の日 11.19
いい上司（リーダー）の日 11.14
いいショッピングQoo10の日 9.10
いい大家の日 11.8
飯田焼肉の日 11.29
いいチームの日 11.26
いい地球の日 11.9
イイツーキンの日 11.20
いい椿の日 1.28
いい出会いの日 11.11
いい頭皮の日 11.10
いい肉の日 11.29
いいにごり酢の日 11.25
いいニッパーの日 11.28
いい入札の日 11.23
いい尿の日 11.24
いいにらの日 11.12
いいにんじんの日 1.12
いいねの日（エールを送る日） 1.12
いいパートナーシップの日 11.8
いい歯ならびの日 11.8
e-POWERの日 11.8
EPAの日 毎月30日
いいビール飲みの日 11.16
いいひざの日 11.13
いい瞳の日 11.13
イーブイの日 11.21
いい夫婦の日 11.22
いいフォローの日 11.26
いい服の日 11.29
いいフグの日 11.29
いい夫妻の日 11.23
いいふたりの日 11.2
イーブックの日 11.29
いいプルーンの日 11.26
いいフルフルの日 11.22
いいブロッコリーの日 11.26
いい風呂の日 11.26
いい文具の日 11.29
いい部屋の日 1.18
いい街の日 11.1
いい学びの日 11.7
いいマムの日 11.6
いいみょうがの日 6.13
いいもち麦の日 11.6
いい焼き芋の日 11.13
いいよの日 11.4
いいレザーの日 11.3
いいWAの日 7.1
遺影撮影の日 1.8
イエローハット（黄色い帽子）の日 8.10
イオイオ（iO・iO）の日 10.10
イオナの日 10.7
イオン液体の日 11.11
イオンタウンの日 9.1
イオンレイクタウンの日 10.2
いか塩辛の日 10.19
壱岐焼酎の日 7.1
イギリスの名車Miniバースデーの日 8.26

育休を考える日 9.19
いぐさの日 6.1
育児の日 毎月12日
イクメンの日 10.19
イクラの日 毎月19日
イケダンの日 6月第3日曜
いけばなの日 6.6
イケボ音声の日 11.23
遺言の意味を考える日 1.13
遺言の日 1.5
居酒屋で乾杯の日 4.1
井さんの日 11.3
石井スポーツグループ 登山の日 毎月13日
石狩鍋記念日 9.15
医師に感謝する日 11.14
石ノ森章太郎生誕記念日 1.25
いじめ防止対策を考える日 9.28
いずし時の記念日 9.8
出雲ぜんざいの日 10.31
出雲そばの日 2.11
伊勢の神棚の日 10.19
いただきます、やますの日 11.11
イタリア料理の日 9.17
イタリアワインの日 6.2
いちご大福の日 4.15
イチジク浣腸の日 1.19
一汁三菜の日 毎月13日
市田柿の日 12.1
一太郎の日 8.28
一番くじの日 1.9
一無、二少、三多の日 1.23
胃腸の日 12.11
イチロクの日 1.6
一刻者（いっこもん）の日 9.4
一室入魂の日 1.25
一緒に話そうお金の日 8.7
いつでもニットの日 12.10
いつも見てるよ空からの日 12.3
遺伝性乳がん卵巣がん（HBOC）を考える日 11.8
糸魚川・七夕は笹ずしの日 7.7
糸魚川・ヒスイの日 5.4
イトウの日 1.10
イトーヨーカドーの日 8.10
愛しいお風呂の日 10.26
糸引き納豆の日 1.10
糸ようじの日 8.18
いなりの日 毎月17日
「胃に胃散」の日 12.13
犬用おやつ「うなぎのあたまサクサク」の日 11.1
いのちの日 3.11
祈りの日 3.27
イベリコ豚の日 11.15
今の日 10.10
今、夫婦が生まれる結婚指輪の日 10.22
井村屋あずきバーの日 7.1
井村屋カステラの日 11.1
井村屋ゆであずきの日 10.1
妹の日 9.6
芋煮会の日 10.2
イヤホンガイドの日 1.10
イヤホンの日 1.8
イラストレーションの日 1.11
医療従事者のための手荒れ予防の日 10.10
「医療的ケア児・者」支援の日 9.18
医療用ウィッグの日 10.19
入れ歯感謝デー（歯科技工の日） 10.8
岩下の新生姜の日 11.11
イワショウ塗装の日 10.7
巖手屋の日 10.5
岩室温泉・黒湯の日 9.6
インクルーシブを考える日 1.20
インターネットを学ぶ日 10.1
インターホンの日 4.28
インターンシップの日 1.10
インターンの日 1.10
インフィオラータ記念日 10.13
INFOBARの日 10.31
インフラ・ミライデー 12.6
ヴァイスシュヴァルツの日 3.29
VIOケアの日 5.10
ヴィラデスト・田園記念日 4.16
ウィルキンソンの日 7.15
ウイルソン・バドミントン・キセキの日 8.19
ウェザーリポーターの日 11.1
ウェディングビデオの日 7.21
ウエディングフォトの日 8.10
魚がし日本一・立喰い寿司の日 6.19
烏骨鶏の日 7.21
宇佐からあげの日（USA☆宇佐からあげ合衆国建国記念日） 7.12
牛とろの日 9.16
雨水 2.19*
うすいえんどうの日 5.4
うずしおベリー記念日 11.15
うずらの日 5.5
うそつきマスカラの日 4.1
有頂天家族の日 12.26
美しいまつ毛の日 11.11
ウッドデッキの日 4.18
うどんと和菓子をいっしょに食べる日 6.10
うなぎの未来を考える日 5.22
うな次郎の日 7.26
UNO（ウノ）の日 1.11
うまい棒の日 11.11
うま味調味料の日 7.25
海の日 7月第3月曜
梅酒の日 6.10*
梅の日 6.6
梅干の日 7.30
うらかわ夏いちごの日 7.15
裏旬ぶどうの日 3.23
裏ビックリマンの日 10.1
閏日 2.29
潤う瞳の日 8.8
ウルトラマンの日 7.10
運動器の健康・骨と関節の日 10.8
「エアーかおる」の日 6.28
エアコン丸洗いのクリピカの日 9.15
映画の日 12.1
榮太樓飴の日 10.3

HAE DAY 5.16
HMPAの日 3.4
エイトレッド・ワークフローの日 9.26
エイの日 8.1
April Trueの日 4.2
エイプリルドリームの日 4.1
エイプリル・フール 4.1
永平寺胡麻豆腐の日 5.12
えいようかんの日 3, 6, 9, 12月の1日
栄養の日 8.4
エイリアンの日 4.26
AI音声活用の日 11.12
A.I.VOICEの日 2.22
ALDの日 10.2
ACアダプターの日 4.10
AGAスキンクリニック・フサフサの日 11.23
A.T. & N.T.夫妻交際日（周年記念） 11.30
笑顔表情筋の日 3.25
駅すぱあとの日 2.22
駅弁の日 4.10
エクエルの日 4.2
エクサガンハイパーの日 8.18
エクステリアの日 11.28
ecuvo.（えくぼ）の日 11.25
エコチュウの日 2.5
エコリングの日 8.5
SIAA抗菌の日 9.9
S-903納豆菌の日 9.3
SKBケースの日 11.18
エスニックの日 5.29
エスプレッソの日 4.16
エスロハイパーの日 8.18
エチケットブラシの日 10.27
絵手紙の日 2.3
江戸切子の日 7.5
干支供養の日 2.11
エナジードリンクBARKの日 8.9
NFD花の日 12.10
えのすいクラゲの日 毎月9日
えのすいの日 4.16
海老の日 9月第3月曜
F&E酵素の日 5.3
FXの日 10.8
エプロンの日 8.8
絵本の日 11.30
MIBの日 5.18
M&Aの日 12.10
エムスカルプト・筋肉強化の日 29日の金曜
エムセラ・尿失禁改善の日 24日の金曜
M22 IPLの日 5.22
MBSラジオの日 9.6
LKM512の日 5.12
LG21の日 2.1
LDLコレステロールの日 10.11
エルトン・ジョンの日 10.5
LPガスの日 10.10
LPG車の日 10.10
遠距離恋愛の日 12.21
円満離婚の日 2.29
縁結びの日 11.5
おいしいあなごの日 11.5
おいしい小麦粉の日 9.23
おいしい魚「アイゴ」を食べる日 11.5
美味しいすっぽんの日 10.14
おいしいバターの日 8.21
おいしいラーメン 神座の日 7.19
おいもほりの日 10.23
オイルフィルターの日 7.10
黄金糖の日 5.10
王子マリンロード430の日 4.30
おうちで美顔器の日 9.9
近江ちゃんぽんの日 9.7
近江日野商人の日 2.5
オウムとインコの日 6.15
おおいた和牛の日 9.4
オーガナイズの日 5.30
オーガニック化粧品の日 8.29
オーガビッツの日 8.29
おおきにの日 9.2
大阪東部ヤクルトの日 10.2
オオサンショウウオの日 9.9
大掃除の日 12.13
オーツミルクの日 10.23
オーツ麦の日 2.2
オーディオブックの日 3.3
オートパーツの日 8.2
オートファジーの日 2.12
大戸屋・定食の日 1.8
オートレース発祥の日 10.29
オオヒシクイの日（トットの日） 10.10
オーミケンシ・レーヨンの日 3.4
大晦日 12.31
大麦の日 6.6
お母さんが夢に乾杯する日 7.30
お菓子のみやきん駒饅頭誕生日 9.27
お片付けの日 10.10
おかでんチャギントンの日 3.16
おかねを学ぶ日 8.29
岡山県牛窓産 冬瓜の日 7.10
岡山県産桃太郎トマトの日 10.10
岡山市・プロヴディフ市姉妹都市（周年記念） 5.12
おかやま米の新米記念日 10月第3土曜
おからのお菓子の日 1.30
おからの日 4.8
オキシクリーンの日 3.14
オキシ漬けの日 3.14
沖縄慰霊の日 6.23
沖縄黒糖の日 5.10
沖縄産コーヒーの日 12.1
沖縄長生薬草の「薬草の日」 8.9
沖縄復帰記念日 5.15
屋外広告の日 9.10
オクラの日 8.7
おくる防災の日（防災用品を贈る日・送る日） 3.11
お香の日 4.18
お香文化の日 11.5
お好み焼の日 10.10
オコパー・タコパーの日 毎月第3土曜
オコメールの日 11.23

おさかなのソーセージの日 11.11
おじいさんの日 2.2
推し推しの日 4.4
おしぼりの日 10.29
おしりたんてい・いいおしりの日 11.4
お赤飯の日 11.23
おそろいの日 11.11
オゾンの日 11.3
おだしの日 10.28
お茶漬けの日 5.17
oggi ottoの日 8.8
おでんの日 2.22
お父さんの日 毎月13日
男前豆腐の日 4.4
大人のダイエットの日 10.7
大人の日 4.22, 11.22
オトのハコブネの日 6.17
音の日 12.6
お取り寄せの日 10.4
おなかキレイの日 7.9
おなかと腸活の日 4.7
おなかを大切にする日 10.7
おにぎりの日 6.18
鬼除け鬼まんじゅうの日 2.3*
おばあさんの日 8.8
お墓参りの日 9.23*
小浜水産グループ・カンパチの日 8.8
お風呂の日 2.6
おへそケアの日 7.2
お弁当始めの日 4.10
おむすびの日 1.17
おむつの日 6.2
オムレツの日 6.2
オメガ3の日 1.23
思い出横丁の日 11.24
思いやり手洗い洗車の日 7.6
おもちの日 10.10
おもちゃ花火の日 8.7
おもてなしの心の日 11.8
親子丼の日 8.5
親子の日 7月第4日曜
親父の日 8.20
おやつの日 8.2
親バカ愛の日 8.8
オリーゼの日 5.16
おりがみの日 11.11
オリザの米油の日 8.18
オリジナルジグソーパズルの日 8.26
オリジナルTシャツの日 3.1
折りたたみ傘の日 3.16
折箱の日 2.22
オリンピックデー 6.23
オリンピックメモリアルデー 2.7
オレンジデー 4.14
オロナミンCの日 7.3
音楽NFTの日 11.5
音健の日 4.7
恩師の日（「仰げば尊し」の日） 3.24
温泉マークの日 2.22
温泉むすめの日 3.15
恩納もずくの日 7.4
オンライントレードの日 4.1
オンライン花見の日 3.27
オンライン麻雀の日 4.26

か行

カーサキューブの日 9.2
カーセキュリティ VIPERの日 8.18
ガーナチョコレートの日 2.1
カーネルズ・デー 9.9
カープ黄金時代の幕開けの日 7.19
カーペンターズの日 4.22
介護の日 11.11
KAiGO PRiDE DAY 2.22
海藻サラダの日 9.24
買促の日 8.4
怪談の日 8.13
回転寿司記念日 11.22
回転レストランの日 9.6
貝の日 4.8
甲斐の銘菓「くろ玉」の日 9.6
開発支援ツールの日 6.14
香りの記念日 10.30
鏡の日 11.11
鏡開き 1.11
かき揚げの日 11.4
柿の日 10.26
学習机の日 2.9
確定拠出年金の日 10.1
家具の町東川町・椅子の日 4.14
角ハイボールの日 10.8
カクレシアワセの日 9.4
家計の見直しの日 3.7
鹿児島黒牛・黒豚の日 9.6
葛西まつりの日 10月第3日曜
カシスの日 7.23
ガシャポンの日 8.8
ガスの記念日 10.31
かずの子の日 5.5
カスピ海ヨーグルトの日 11.18
化石の日 10.15
かぜ備えの日 9.29
カセットこんろとボンベの日 10.7
家族クイズで円満相続の日 8.10
家族写真の日 10.23
家族と暮らす動物の幸せを考える日 4.29
家族と終活を話し合う日 3.18*, 9.20*
加須市うどんの日 6.25
堅あげポテトの日 11.8
肩コリを労わる日 4.22
ガチ勢の日 5.20
CACHATTOの日 12.18
ガチャの日 2.17
ガチャピン・ムックみんなともだちの日 4.2
カチューシャの唄の日 3.26
鰹節の日 11.24
カツカレーの日 2.22
楽器の日 6.6
ガッツポーズの日 4.11
かっぱえびせんの日 8.10
カップスターの日 1.18
カップルの日 2.2
家庭用消火器点検の日 1.19
ガトーショコラの日 9.21
かながわ畜産の日 11月第1日曜
カナダ・メープルの日 10.5
カナデルチカラの日 7.18

カニカマの日（6月を除く） 毎月22日
かに看板の日 2.1
かにの日 6.22
ガパオの日 6.8
かばんの日 8.9
カビ取るデー 6.16, 12.16
カフェオーレの日 8.1
株式会社明治機械製作所（周年記念） 1.6
株式会社明治の明治ミルクチョコレート（周年記念） 9.13
カフスボタンの日 9.23
花粉対策の日 1.23
がま口の日 8.8
鎌倉アロハの日 6.8
鎌倉五郎の日 5.6
鎌倉作務衣の日 3.6
かみ合わせの日 5.5
紙コップの日 5.2
紙飛行機の日 5.8
カミングアウトデー 10.11
亀田の柿の種の日 10.10
亀屋清永の日 10.16
Come on 虎ノ門の日 7.8
からあげクン誕生日 4.15
カラーの日 1.6
カラオケ文化の日 10.17
からしの日 7.16
カラスの日 9.6
カリカリ梅の日 11.10
カリフォルニア・レーズンデー 5.1
カリフォルニアワインの日（California Wine Day） 9.9
かりゆしウェアの日 6.1
かりんとうの日 11.10
カルシウムの日 5.2
カルピスの日 7.7
カレーの日 1.22
カレンダーの日 12.3
河内こんだ・埴輪の日 8.28
カワスイ「ナマズ」の日 2.22
川西ダリヤ園開園記念日 9.21
川根茶の日 4.21
川の恵みの日 11.1
カワマニの日 3.31
肝炎医療コーディネーターさんありがとうの日 12.3
咸宜園の日 2.23
環境・エネルギーに取り組むブルーの日 2.6
冠元顆粒の日 3.1
菅公学生服の日 1.25
韓国キムチの日 11.22
看護の日 5.12
冠婚葬祭互助会の日 3.15
関西吹奏楽の日 5.5
がん支えあいの日 6.21
元日 1.1
漢字の日 12.12
感謝の日 3.9
寒天の日 2.16
寒天発祥の日 12.27
寒の土用丑の日 寒の土用丑の日
関門橋の日 11.14
管理会計の日 9.13
寒露 10.8*
甘露煮の日 6.2
gimoの日 3.3
キウイの日 9.1
機関誌の日 10.27
起業を応援する日 6.27
菊芋ルネサンスの日 12.6
「聴く」の日 4.20
キクマサピンの日 11.1
きしめんの日 10.26
気象記念日 6.1
希少糖の日 11.10
キシリクリスタルの日 3.3
キズナアイが生まれた日 6.30
木曽路「しゃぶしゃぶの日」 4.2
木曽路「すきやきの日」 4.8
木曽路「肉の日」 2.9
木曽路「ふぐの日」 2.9
喜多方ラーメンの日 7.17
北川製菓ドーナツの日 6.6
北本トマトカレーの日 8.21
喫煙所サイネージの日 9.1
キッズの日はキズケアの日 5.5
キッチン・バスの日 11.2
キットカットのオトナの日 10.7
キットパスの日 11.11
キップ パイロールの日 8.16
黄ニラ記念日 2.12
キヌアの日 2.20
きのこの山の日 8.11
木原昇・トランペットソロの日 5.7
黄ぶなの日 9.27
紀文・いいおでんの日 10.10
きみしゃんいりこの日 11.11
きもので祝う女性の日 3.3
きものの日 11.15
キャタピラン（靴ひも）の日 9.21
キャットリボン（猫のピンクリボン）の日 10.22
G.A.P. 記念日 9.16
GAPとSDGs農業の日 11.14
キャディーの日 10.18
キャラディネートの日 8.28
キャンドルナイトの日 6.21*
キャンドルを楽しむ日 11.1
九一庵の日 9.1
救缶鳥の日 9.9
救急の日 9.9
球根で求婚記念日 9.5
球根の日 10.10
九州あご文化の日 10.15
吸水ショーツの日 9月第1水曜
牛たんの日 9.10
給湯の日 9.10
弓道の日 9.10
球都桐生の日 9.10
97の日 9.7
牛乳の日 6.1
旧友の日 6月第2日曜
休養の日 9.8
きゅうりのキューちゃんの日 9.9
教師の日 10.5
矯正歯科月間の日 6.1
行政書士記念日 2.22
「共創する未来」の日 8.3
兄弟姉妹の絆の日 7月第4日曜
きょうだいの日（シブリングデー） 4.10
京和装小物の日 4.15

ギョーザの日 3.8
魚群探知機の日 12.3
キョロちゃんの日（森永チョコボールの日） 9.6
きらきらベジ・ケールの日 11.8
霧島湯路223の日 2.23
KIRISHIMA No.8の日 8.8
ギリシャヨーグルトの日 9.1
きりたんぽの日 11.11
きりたんぽみそ鍋の日 11.30
切抜の日 3.1
キリン一番搾りの日 11.11
きれいな髪のいいツヤの日 11.28
禁煙の日 毎月22日
菌活の日 5.24
「銀河のしずく」の日 4.29
キンカンの日 11.23
金銀の日 8.2
キングドーナツの日 10.13
金券の日 10.9
銀座コージーコーナー・ミルクレープの日 3.19
金鳥「コンバット」の日 5.10
キン肉マンの日 29日の金曜
筋肉を考える日 29日の金曜
キンレイ感謝の日 11.23
勤労感謝の日 11.23
クイーン・デー 12.12
クイーンの日（QUEENの日） 4.17
食いしん坊の日 9.14
クイズの日 9.12
クイックルの日 9.19
グーグーの日 9.9
クータ・バインディングの日 9.8
クーパー靭帯の日 9.8
クールジャパンの日 7.31
クエン酸の日 9.3
QUOカードで「ありがとう」を贈る日 3.9
九九の日 9.9
串カツ記念日 9.4
串カツ田中の日 11.11
串の日 9.4
串家物語の日 9.4
九十九島せんぺいの日 9.19
九十九島の日 9.19
くじらの日 9.4
釧路ししゃもの日 11.7
くず餅の日 9.2
くちびるの日 2.2
靴市の日 9.21
KUKKIAの日 9.5
Cook happinessの日 9.8
くっつくFM東海ラジオの日 9.29
グッドスーツの日 4.1
靴磨きの日 9.23
くつやの日 9.28
“くつろぎ”の日 9.26
国生みの日 9.23
くにさき七島藺の日 7.10
くにのりたけるが絵に目覚めた日 12.13
国実の日 9.23
くまのプーさん原作デビューの日 10.14
熊本甘夏の日 4.1
熊本ばってん下戸だモンの日 9.21
組踊の日 9.3
組立家具の日 11.27
グミの日 9.3
クミンの日 9.30
供養の日 9.4
クラシアンの日 3.10
クラシコ・医師の日 毎月14日
クラシックカーの日 11.3
「暮らしに除菌を」の日 12.3
グラスタワーの日 6.22
蔵出しTシャツデー 6.10
クラッピーの日 8.8
グラノーラの日 10.2
グラフィックTシャツの日 7.9
クラブツーリズム・ひとり旅の日 11.11
クラフトビールの日 4.23
グランド・ジェネレーションズ デー 9月第3月曜
クリーナーの日 9.7
クリープハイプの日 9.8
グリーフを考える日 11.23
クリーム&の日 11.22
グリーンツーリズムの日 3.28
グリーンデー 9.14
グリーン電力証書の日 11.1
グリーンリボンDAY 10.16
クリエイトの日 7.10
くりこ庵・たい焼きの日 1.15
クリスタルジェミーの日 9.13
クリスタルボウルの日 6.6
クリスマス 12.25
クリスマス・イヴ 12.24
クルージングの日 9.6
ぐるぐるグルコサミンの日 9.6
グルテンフリーライフの日 9.10
クルミッ子の日 9.30
くるみパンの日 毎月3日
クレアおばさんのシチューの日 10.31
クレイ沖縄のクワンソウの日 9.3
クレイジーソルトの日 9.21
クレイ美容の日 9.1
クレープの日 毎月9, 19, 29日
クレームの日 9.6
クレーンゲームの日 3.3
クレバの日（908DAY） 9.8
クレバリーホームの日 9.8
黒あめの日 9.6
クロイサの日 9.6
黒い真珠・三次ピオーネの日 9.6
黒霧島の日 9.6
9696（クログロ）の日 9.6
クロコくんの日 9.6
黒酢の日 9.6
X-BLEND CURRYの日 9.6
黒生メルティの日 1.20
黒にんにくの日 9.6
黒の日 9.6
黒舞茸の日 9.6
黒豆の日 9.6
黒門市場の日 11.18

黒ラベルの日 4.1
クロレッツの日 9.6
クロレラの日 9.6
桑の日 9.8
Care222の日 2.22
計画と実行の日 9.5
軽貨物の日 10.24
敬護の日 11.15
警察相談の日 9.11
携帯ストラップの日 4.1
啓蟄 3.6*
警備の日 11.1
経理の日 3.31
計量記念日 11.1
軽量の日 9月第3月曜
競輪発祥の日 11.20
敬老の日 9月第3月曜
ケーブルテレビの日 6.16
ゲーム・オブ・スローンズの日 8.1
夏至 6.21*
ケシミンの日 4.3
化粧品カーボンフットプリントの日 11.1
血管内破砕術（IVL）の日 8.31
血管内皮の日 7.11
結婚相談・トゥルーハートの日 2.8
血栓予防の日 1.20
Get Wildの日 4.8
ケロミンの日 6.3
減塩の日 毎月17日
健康オートミールの日 10.3
健康住宅の日 6.20
健康食育の日 8.18
健康に役立つ咀嚼の日 10.30
健康美脚の日 9.9
健康ミネラルむぎ茶の日 5.9
建国記念の日 2.11
建設業DX推進の日 4.1
源泉かけ流し温泉の日 5.26
現代作法の日 3.4
けん玉の日 5.14
建築設備士の日 11.18
ケンハモ「メロディオン」の日 2.1
憲法記念日 5.3
ケンミン食品株式会社創業日（周年記念） 3.8
源流の日 11.16
恋がはじまる日 5.1
湖池屋ポテトチップスの日 8.23
ごいしの日 5.14
恋と革命のインドカリーの日 6.12
鯉の日 5.1
語彙の日（ごいの日） 5.1
こいのぼりの日（鯉のぼりの日） 5.5
恋の予感の日 5.1
こいのわの日 5.10
こいまろ茶の日 9.1
「小岩井 生乳（なまにゅう）100％ヨーグルト」の日 4.21
コインの日 5.1
コインランドリーの日 5.28
香育の日 5.19
合格の日 5.9
高級食パン文化月間 4.8-5.9
高級食パン文化の日 4.8
口腔がん検診の日 11.15
口腔ケアの日 5.9
工具の日 5.9
香薫の日 5.9
高血圧の日 5.17
高校生パーラメンタリーディベートの日 3.18
工事写真の日 5.16
こうじの日 8.8
口臭ケアの日 5.4
工場扇の日 3.22
工場夜景の日 2.23
酵水素328選の日 3.28
香水の日 10.1
紅茶の日 11.1
国府津（こうづ）の日 5.2
合板の日 11.3
抗疲労の日 5.16
こうふ開府の日 12.20
幸福の日 5.29
甲府UFOの日 2.23
KOBE JAZZ DAY 4/4 4.4
神戸プリンの日 2.1
荒野行動の日 5.5
高野豆腐の日 11.3
高齢者安全入浴の日 2.4
ゴーゴーダンスの日 5.5
コージーコーナーの日 5.2
ゴーシェ病の日 5.4
ゴースト血管対策の日 10.20
珈琲牛乳の日 4.20
コーヒーの日 10.1
ゴーフルデー 5.5
氷の日 6.1
氷みつの日 6.1
ゴールドデー 5.14
小型家電リサイクルの日 6.9
呼吸の日 5.9
穀雨 4.20*
悟空の日 5.9
国際CAVAデー 7.12
国際健康カラオケデー 11.3
国際子どもの本の日 4.2
国際母語デー 2.21
国際盲導犬の日 4月最終水曜
国産小ねぎ消費拡大の日 毎月23日
国産とり肉の日 10.29
国産なす消費拡大の日 毎月17日
国産ブナ材の日 2.7
国消国産の日 10.16
極上の日 5.9
コクの日 5.9
黒板の日 5.9
国分寺ペンシルロケット記念日 4.12
国連加盟記念日 12.18
国連・国際平和デー 9.21
国連デー 10.24
ココアの日 11.7*
午後の紅茶の日 5.5
志授業記念日 4.25
こころのヘルスケアの日 4.1
心をスイッチいいブックの日 11.29
心を注ぐ急須の日 9.4
古材の日 5.31
五三焼カステラの日 5.3
五十音図・あいうえおの日 5.10

小正月 1.15
ゴジラの日 11.3
個人タクシーの日 12.3
伍代夏子の日 7.25
こだますいかの日 5.5*
ごちポの日 5月第3日曜
コツコツが勝つコツの日 5.2
ごっつの日 5.2
骨董の日 9.25
コットンの日 5.10
骨盤臓器脱 克服の日 9.9
骨盤の日 5.28
コッペパンの日 毎月10日
骨密度ケアの日 5.23
子連れの日 5.20
こてっちゃんの日 5.12
ご当地キャラの日 5.11
ご当地スーパーの日 5.11
ご当地レトルトカレーの日 3.2
五島の日 5.10
ごとぐるの日 5.19
ことばの日 5.18
「子どもたちに言葉のシャワーを」の日 5.18
子どもニコニコ笑顔育の日 5.25
こどもの日 5.5
こどもの目の日 6.10
子どもを紫外線から守る日 4.12
コナカ・フタタの日 12.15
コニシ記念日 5.24
小ねぎ記念日 11.23
小ネタの日 4.8
こはくの日 5.8.5.9
小鉢の日 5.8
ご飯がススムキムチの日 2.26
ごはんパンの日 5.8
コピーライターの日 11.11
木挽BLUEの日 3.21
木挽BLUEの日 毎月21日
呉服の日 5.29
ゴボチの日 11.11
５本指ソックスの日 12.12
駒ヶ根ソースかつ丼の日 4.27
胡麻祥酎の日 5.29
小松菜の日 5.27
ごまの日 11.5
530（ゴミゼロ）の日 5.30
コミュニティファーマシーの日 5.5
米粉を使った四角いシュークリーム「myblock」の日 4.18
コメッ子記念日・米粉の日 4.4
コメドの日 5.10
コメニケーションの日 11.23
小諸・山頭火の日 5.19
コラーゲン・トリペプチドの日 9.10
コラーゲンの日 1.26
コラーゲンペプチドの日 11.12
こりを癒そう「サロンパス」の日 5.18
コルセットの日 8.8
ゴルフ記念日 5.28
コロコロの日 5.6
コロッケの日 5.6
ごろっとサーモンの日 5.10
コロネの日 5.6
小分けかりんとうの日 5.9
婚活作戦会議の日 1.14
婚活の日 5.2
コンクリート住宅の日 5.10
コンケンの日 8.1
「金色の風」の日 5.29
コンタクトセンターの日 9.20
コンタクトレンズの日 9.10
こんにゃくの日 5.29
こんにゃく麺の日 5.20
コンビニATMの日 10.8
コンペイトウの日 7.7
梱包の日 11.8

さ行

さーたーあんだぎーの日 3.14
サーチファンド誕生の日 4.1
サービス介助の日 11.1
最強王図鑑の日 6.12
西京漬の日 3.9
最硬の盾の記念日 3.15
サイコロキャラメルの日 10.9
崔さんの日 3.13
サイズの日 3.12
再石灰化の日 3.1
斎藤茂吉記念日 5.14
SideMサイコーの日 3.15
菜の日 1,3,5,7,8,10,12月の31日
Cyber Monday（サイバーマンデー） 12月第2月曜
サイフの日 3.12
サイボーグ009の日 7.19
サイマ（310）の日 3.10
採用担当者へありがとうを伝える日 3.14
サヴァ缶の日 3.8
サウナの日 3.7
佐伯ごまだしの日 11.10
サカイのまごころの日 10.17
サカつくの日 2.23
さかなの日 3.7
サガミの八味唐がらしの日 8.3
サガミのみそ煮込の日 3.25
サガミ満天そばの日 毎月10日
作業服の日 3.29
佐久鯉誕生の日 1.6
ザグザグの日 3.9
さくさくぱんだの日 3.9
さくさくポテトスナックの日 3.9
サクナの日 3.9
さく乳の日 3.9
佐久の日・ケーキ記念日 3.9
サク山チョコ次郎の日 3.26
さくらさくみらいの日 3.9
さくらねこの日 3.22
さくらの日 3.27
さくらんぼの日 6月第3日曜
サクレの日 3.9
酒酵母の日 6.30
鮭の日 11.11
酒風呂の日 3.21*, 6.21*, 9.23*, 12.22*
さけるチーズの日 3.9

笹かまの日 7.7
ささみの日 3.3
ササミ巻きガムの日 2.3
サザンイエローパインの日 3.31
サジーの日 3.4
差し入れの日 3.4
さしみこんにゃくの日 7.1
サステナブルファッションの日 8.8
サステナブルU.S.ソイの日 11.1
サッカーの日 11.11
ざっくぅの日 3.9
SACの日 3.9
雑穀の日 3.9
雑誌の日 3.4
札幌ホテル夜景の日 10.1
さつま揚げ（つけあげ）の日 3.20
さつま島美人の日 4.6
サトウ記念日 3.10
里見の日 3.13
佐土原ナスの日 6.4
サニクリーンの日 3.29
サニの日 3.2
鯖すしの日 3.8
サバの日 3.8
サぱの日 3.8
サブレの日 3.20
36（サブロク）の日 3.6
サボテンの日 3.10
サミーの日 3.31
サムライの日 11.11
さやえんどうの日 3.8
紗の日 3.8
サラサーティの日 3.30
サラダ記念日 7.6
サルわかコミュニケーションの日 11.1
ザ・ローリング・ストーンズの日 2.14
サロネーゼの日 3.6
サワークリームの日 3.8
サワーの日 毎月30日
算額文化を広める日 1.23
III型コラーゲンの日 11.1
産業カウンセラーの日 11.23
産業用ワイパーの日 8.18
サンクスサポーターズデー 3.9
Thanks life day 11.23
三幸の日 3.5
産後ケアの日 3.5
Sangoportの日 3.5
産後ママスマイルデー 3.5
産後リカバリーの日 10.10
山菜の日 3.31
33ガレージの日 3.3
三姉妹の日 3.4
酸蝕歯の日 3.4
サン・ジョルディの日 4.23
三択の日 3.3
サンダルバイバイの日 7.30
サンテロ天使の日 10.4
3.9サキュレントデー 3.9
サンドブラスト彫刻の日 3.10
サントリー赤玉の日 4.1
三の日 3.3
散髪の日 3.8
三板（サンバ）の日 3.8
ザンパの日 3.8
サンミーの日 3.31
残薬をへらす日 3.8
３４山陽不動産の日 3.4
サンヨーの日 3.4
三陸たこせんの日 8.8
三輪車の日 3.3
サンロッカーズの日 3.6
サンワの日 3.8
指圧の日 4.8
しあわせ写真の日 4.4
しあわせニッコリ食で健康長寿の日 4.25
幸せの日 4.4
CROの日 9.1
CO_2削減の日 4.2
飼育の日 4.19
シーザーサラダの日 7.4
シーザーの日 4.3
C.C.レモンの日 4.4
C1000の日 2.6
シーチキンの日 5.25
シートの日 4.10
シーバの日 4.8
シーモネーター・天狗の日 10.9
シールの日 4.6
シェアサイクルの日 4.3
JDDA・ダンスミュージックの日 9.9
Jリーグの日 5.15
ジェニィの日 12.12
ジェネリック医薬品の日 12.22
ジェラートの日 8.27
シェリーの日 9.6
塩っぺの日 7.22
塩と暮らしの日 7.3
塩ふき昆布（えびすめ）の日 10.1
歯科インプラントで健康維持の日 11.11
歯科技工士記念日 9.24
視覚障害者ガイドヘルパーの日 12.3
資格チャレンジの日 毎月1日
歯科治療法EZ4の日 4.4
信楽たぬきの日 11.8
「四季」の日 11.12
磁気の日 11.11
子宮頸がんを予防する日 4.9
子宮体がんの日 3.9
ジグソーパズルの日 3.3
歯垢なしの日 4.7
四国・幸福の日 4.29
仕事も遊びも一生懸命の日 6.21*
資産形成を考える日 4.3
猪肉の日 4.4
シジミの日 4.23
磁石の日 10.1
歯周病予防デー 4.4
自助の日 5.28
シシリアンライスの日 4.4
シスターストリート記念日 10.5
システム管理者感謝の日 7月最終金曜
四川料理の日 4.20
しそ焼酎「鍛高譚（たんたかたん）」の日 12.9
シダックス栄養士会・Talkで結の日 10.9
七五三 11.15
七福神の日 7.29

七味の日 7.3
シチューライスの日 毎月20日
視聴率の日 12.22
しっかりいい朝食の日 4.11
失語症の日 4.25
指定自動車教習所の日 6.25
自転車ヘルメットの日 5.1
自動車中古部品の日 9.28
自動車保険の日 2.14
自動販売機の日 3.21
信濃の国カレーの日 10.25
「信濃の国」県歌制定の日 5.20
信濃毎日新聞（周年記念） 7.5
シニアピアノの日 6.6
歯肉炎予防デー 4.29
歯肉ケアの日 4.29
老舗の日 10.20
自然薯芋の日 11.21
自然薯の日 11.16
視能訓練士の日 6月第1月曜
柴犬とおっさんの日 4.8
芝の日 4.8
獣肉（ジビエ）の日 10.29
しぶしの日 4.24
自分史の日 8.7
自分を愛してハッピーデー 8.7
脂肪0％ヨーグルトの日 4.4
シマエナガの日 1.20*
字幕普及の日 10.9
シマリスの日 11.11
四万十鶏の日 4.10
しみゼロの日 4.30
シミ対策の日 4.3
事務の日 4.6
シャー芯の日 1.11
シャイニーカラーズの日 4.12
シャウエッセンの日 8.10
社会鍋の日 11.30
じゃがりこの日 10.23
試薬の日 3.9
ジャグラーの日 5.5
JAZZりんごの日 6.28
車窓サイネージの日 5.31
社長の日 4.10
ジャックポットの日 11.11
社内報の日 10.5
ジャパニーズウイスキーの日 4.1
ジャパンパラリンピックデー 8.24
しゃぶしゃぶ・日本料理木曽路の日 9.1
シャボン（せっけん）の香りの日 4.8
ジャマイカ ブルーマウンテンコーヒーの日 1.9
ジャムの日 4.20
収育の日 4.19
住育の日 10.19
11月18日は電線の日 11.18
終活を考える日 10.1
シュークリームの日 毎月19日
ジューCの日 10.4
充実野菜の日 10.10
習字の日 11.2
じゅうじゅうカルビの日 10.10
終戦の日 8.15
柔道整復の日 4.14
18リットル缶の日 5.18
秋分 9.23*
秋分の日 9.23*
十六茶の日 毎月16日
ジュエリーデー 11.11
シュガーバターの木の日 10.8
熟カレーの日 毎月19日
熟成ウインナー TheGRAND アルトバイエルンの日 10.9
熟成肉の日 10.9
ジュジュ化粧品の日 10.10
JUJUの日 10.10
数珠つなぎの日 10.10
シュタゲの日 7.28
出発の日 4.8
酒盗の日 4.10
ジュニアシェフの日 12.8
主婦休みの日 1, 5, 9月の25日
シュライヒフィギュアの日 9.18
潤滑油の日 7.10
じゅんさいの日 7.1
JUN SKY WALKER(S)の日 5.21
春分 3.21*
春分の日 3.21*
障害者が複数いる家庭に思いをはせる日 12.10
障害者の日 12.9
障害者優先調達推進法の日 6.27
少額短期保険（ミニ保険）の日 3.2
生姜の日 6.15
小寒 1.6*
将棋の日 11.17
消救車の日 1.7
承継を考える日 2.2
証券投資の日 10.4
小暑 7.7*
浄水器の日 4.13
小雪 11.22*
小児がんゴールドリボンの日 4.25
消費者がつくったシャンプー記念日 11.13
消費者の日 5.30
消費者ホットライン188の日（いややの日） 5.18
消費生活協同組合の日 7.30
商品検査の日 10.1
消防記念日 3.7
情報サイト・COMUGICOの日 7.6
消防車の日 4.23
小満 5.21*
醤油豆の日 8.8
昭和かすみ草の日 7.20
昭和の日 4.29
ショートフィルムの日 6.4
書家・金澤翔子さん誕生日 6.12
食育の日 4.19
食と野菜ソムリエの日 4.9
食品サンプルの日 3.26
植物エキスの日 5.5
食文化の日 10.1
食物せんいの日 10.1
女子大生の日 8.21

処暑 8.23*
書道の日 11.2
ジョルテの日 12.2
しらすの日 5.4
シリアルの日 5.29
しるこサンドの日 4.3
ジルコニウムの日 4.10
しろえびせんべいの日 4.10
白黒猫さんの日 3.30
白だしの日 7.29
しろたんの日 8.8
白の日 4.6
師走に遺産（相続）を考える日 12.13
シワ対策の日 4.8
シンガーソングライター・小林未奈の日 3.7
新学社・全日本家庭教育研究会の「家庭教育を考える日」 7.14
新型インフルエンザ対策の日 4.13
成吉思汗たれの日 4.22
鍼灸の日 4.9
THINK SOUTHの日 12.11
人工内耳の日 9.9
新子焼きの日 4.5
宍道湖中海の生態系を守る日 12.13
人事戦略を考える日 11.22
人事の日 2.2
「信州 火山防災の日」 9.27
信州地酒で乾杯の日 毎月8日
信州ハム「グリーンマーク」の日 5.4
「信州・まつもと鍋」の日 12-2月の19日
信州ワインブレッドの日 毎月20日
新宿日本語学校・にほんごの日 11.5
人事労務の日 6.6
新選組の日 3.13
神前結婚式の日 7.21
仁丹の日 2.11
新茶の日 5.2*
京鼎樓の小籠包の日 3.27
新聞折込求人広告の日 9.8
新聞広告の日 10.20
しんぶん配達の日 7.14
辛ラーメンの日 4.10
人力車発祥の日（日本橋人力車の日） 3.24
スイートピーの日 1.21
水泳の日 8.14
水事（すいじ）無しの日 6月毎週水曜
水上バイクの日 7.13
すいとんで平和を学ぶ日 8.15
水難訓練の日 7月第3月曜
水分補給の日 5.15
SWEET SIXTEEN 文化の日 4.16
数学の日 3.14
スーツセレクトの日 11.11
スーツを仕立てる日 3.2
スートブロワ記念日 5.8
スーパーカーの日 11.1
スープの日 12.22
スカーフの日 3.4
スカイプロポーズの日 毎月10日
スカルプDの発毛DAY 1.1
スカルプの日 10.1
図鑑の日 10.22
すきっ戸の日 10.18
すき焼き通の日 10.15
スクーバダイビングの日 5.24
スクフェスの日 4.15
宿毛の柑橘「直七」の日 10.7
スケートパトロールの日 5.3
スケッチブックの日 9.21
凄麺の日 10.29
スジャータの日 3.23
進めようDXの日 10.10
スズラン印の日 10.20
スター・ウォーズの日 5.4
スターリングシルバーの日 9.25
スタジオキャラットの日 4.27
スタジオコフレの日 5.20
すたみな太郎の日 3.7
スタンプラリーの日 8.8
スッキリ美腸の日 毎月8日
スティックパンの日 11.11
STICK MASTERの日 2.8
スティッチの日 6.26
ステーブルコインの日 7.5
「ステハジ」の日 6.8
ステンレス316Lジュエリーの日 3.16
ステンレスボトルの日 4.10
ストウブ・ココットの日 9.10
Stop迷惑メールの日 7.10
すとぷりの日 6.4
ストレッチウェルの日 10.7
ストレッチパンツの日 2.2
スナックサンドの日 9.15
スニーカーの日 2.22
スパークリング日本酒の日 6.21
Spartyのパーソナライズ記念日 1.21
スパの日 2.8
ズブロッカの日 10.26
スペインワインの日 9.8
スペースインベーダーの日 6.16
スポーツアミノ酸の日 10月第2日曜
スポーツアロマの日 7.24
スポーツウエルネス吹矢の日 11.28
スポーツ環境・クリーンファーストの日 9月第1日曜
スポーツシートの日 4.10
スポーツの日 10月第2月曜
スポーツボランティアの日 9.6
スマイルトレーニングの日 10.13
スモアの日 8.10
スライドシャフトの日 9.6
３×３の日 3.3
スリッパを楽しむ日 3.8
スリムの日 3.6
スリランカカレーの日 3.5
スロット・ハナビの日 8.7
スンドゥブの日 10.2
セアダスの日 4.28
性教育を考える日 7月第3月曜

青春七五三 5.15
成人の日 1月第2月曜
清明 4.5*
生命保険に感謝する日 11.23
生命保険の日 1.31
生理学の日 7.10
税理士相互扶助の日 10.26
清流の日・小川の日 4.8
生理をジェンダーレスで考える日 5.28
世界ありがとうの日 7.15
世界一周の日 6.21
世界ウェーブストレッチリングの日 10.18
世界エイズデー 12.1
世界格闘技の日 6.26
世界KAMISHIBAIの日 12.7
世界環境デー 6.5
世界気象デー 3.23
世界禁煙デー 5.31
世界血栓症デー 10.13
世界食料デー 10.16
世界赤十字デー 5.8
世界で初めて組織的に視覚障害者教育が始まった日 9.18
世界てんかんの日 2月第2月曜
世界に一つだけの晴れの国リンドウ記念日 8.18
世界保健デー 4.7
世界リンパ浮腫の日 3.6
世界老人給食の日 9月第1水曜
セカンドオピニオンを考える日 2.14
関ケ原合戦の日 9.15
石炭の日「クリーン・コール・デー」 9.5
石油の日 10.6
ゼクシオの日（XXIOの日） 毎月21日
セクレタリーズ・デー 4月最後の7日間そろった週の水曜
セコムの日 7.5-6
切削工具の日 7.5
摂食嚥下障害克服のためのゴックンの日 5.9
接着の日 9.29
切腹最中の日 3.14
節分 2.3*
ゼネラル・オイスターの岩牡蠣の日 6.9
セブン-イレブンの日 7.11
ZEPPET STOREの日 7.16
背骨の日 5.27
ゼラチンの日 7.14
ゼリーの日 7.14
セルフケアの日 4.7
CELFの日 7.2
セルフハグでもっと自分を好きになる日 8.9
セルフメディケーションの日 7.24
セルフレジの日 11.18
ゼロミートの日 3.10
千切り大根の日 2.17
全国なまずサミット・なまずの日 7.2
ぜんざい・おしるこの日 2.8
センサの日 10.3
洗車の日 4.28, 11.28
泉州阪南さわらの日 4.20
千寿せんべいの日 10.10
洗浄の日 10.3
先生ありがとうの日 11.25
仙台牛の日 10.9
仙台市天文台の日 2.1
洗濯を楽しむ日 10.19
禅寺丸柿の日 10.21
銭湯の日 10.10
ZENTの日 10.10
鮮度保持の日 7.23
セントラル浄水器の日 7.17
ZENRING DAY 10.18
霜降 10.23*
ぞうさんの日 11.16
そうじの達人美来の日 12.1
ソースの日 11.7
ソーセージの日 11.1
草の日 9.3
ソープカービングの日 6.21
総務の日 6.1
即席カレーの日 11.27
ソサイチ（7人制サッカー）の日 7.7
組織風土の日 11.20
卒業アルバムの日 7.24
そばの日 10.8
ソフティモ・黒パックの日 9.6
ソフトウェアバグの日 8.9
ソラコム・SIMの日 4.6
そろばんの日 8.8

た行

ダースの日 12.12
ダーツの日 11.1
ダイアナの靴の日 9.2
タイガーボードの日 3.1
大寒 1.20*
大工さんの日 11.22
大暑 7.23*
大豆の日 2.3
大雪 12.7*
大切な問いに向き合う日 10.1
大腸がん検診の日 9.1
大腸を考える日 9.26
タイツの日 11.2
大都技研の日 7.11
鯛の日 10月第2月曜
大福の日 2.9
太平洋戦争開戦の日 12.8
タイムカプセル・信毎ペンの庫の日 10.22
タイヤゲージの日 4.7
タイヤの日 4.8
ダイヤモンド原石の日 4.22
太陽光発電の日 6.21*
太陽の子保育の日 6.21
タイルの日 4.12
タオルの日 4.29
高岡食品工業株式会社の麦チョコ（周年記念） 7.1
だがしの日 3.12
高菜の日 7.7
滝修行の日 7.4
抱きまくらの日 8.9
たくあんの日 11.11
タクシーサイネージの日 4.1
宅配ピザの日 9.30
宅配ボックスの日 5.1
竹内洋岳・8000m峰14座登頂の日 5.26
たけのこの里の日 3.10

だじゃれの日 9.1
畳の日 4.29, 9.24
立ち飲みの日 11.11
Touch your heartの日 8.10
タツノオトシゴの日 7.7
タッパーの日 4.27
伊達のあんぽ柿の日 12-2月の13日
伊達巻の日 5.24
七夕 7.7
谷川岳の日 7.2
多肉植物の日 11.20
田主丸・河童の日 8.8
たのしくドライブする日 5.5
ダノンBIOの日 8.10
タピオカの日 11.9
足袋の日 10.8
ダブルソフトでワンダブル月間 11.1-30
ダブルソフトの日 毎月11日
タブレット通信教育の日 11.20
「食べたい」を支える訪問歯科診療の日 12.18
たべっ子どうぶつの日 5.5
食べものを大切にする日 9.9
たまごかけごはんの日 10.30
たまご蒸しパンの日 10.1
試し書きの日 11.22
ダヤンの誕生日 7.7
多様な性にYESの日 5.17
樽酒の日 1.11
タルタルソースの日 11.14
ダレデモダンスの日 3.6
たわしの日 7.2
探究の日 10.9
短鎖脂肪酸の日 3.4
端午の節句 5.5
炭酸水の日 4.8
断酒宣言の日 11.10
誕生記念筆の日（赤ちゃん筆の日） 8.20
誕生日は母と写真を撮る日 8.10
弾性ストッキングの日 10.26
ダンテの日 5.10
たんぱく質の日 9.11
ダンボール・アートの日 12.12
チーかまの日 11.13
地域と共に成長の日 8.17
知育菓子の日 7.19
チーズ鱈の日 2.23
チー坊の日（チチヤスの日） 6.1
知恵の輪の日 9.9
地下鉄記念日 12.30
地球の日（アースデー） 4.22
チキン南蛮の日 7.8
ちくわぶの日 10.10
地質の日 5.10
チタンアクセサリーの日 2.2
父の日 6月第3日曜
父の日はうなぎの日 6月第3日曜
地熱発電の日 10.8
地方港混載の日 11.1
チャーハンの日 8.8
着うたの日 12.3
着信メロディの日 12.1
Chatworkの日 3.1
チューインガムの日 6.1
中央シャッターの日 7.2
中華まんの日 1.25
中元 7.15
中国茶の日 7.8
中性脂肪の日 10月第3土曜
チューリップを贈る日 1.31
銚子丸の日 11.2
超熟の日 10.1
長城清心丸の日 毎月5日
挑人の日 8.8
調性で音楽を楽しむ日 7.12, 12.7
腸内フローラの日 1.26
調味料の日 11.3
朝礼の日 10.10
貯金箱の日 10.10
直売所（ファーマーズマーケット）の日 10.2
チョコチップクッキーの日 5.23
チョコミントの日 2.19
チョコラBBの日 8.8
チョロQの日 9.9
ちらし寿司の日 6.27
治療アプリの日 8.21
チロリアンの日 10.10
チンアナゴの日 11.11
珍味の日 11.23
ツインテールの日 2.2
杖立温泉・蒸し湯の日 6.4
杖の日 12.12
塚田牛乳SENDの日 7.20
月化粧の日 5.21
月でひろった卵の日 7.14
次に行こうの日 2.15
月のうさぎの日 4.10
月見酒の日 旧暦8.15
ツクールの日 2.15
佃煮の日 6.29
つけまの日 6.6
つづく服。の日 9.29
つっぱり棒の日 2.8
包む（ラッピング）の日 2.26
伝筆の日 2.10
つなぐ日 4.27
TSUBAKIの日 2.8
つボイノリオ記念日 6.9
つぼ漬の日 2.2
坪庭の日 2.8
詰め替えの日 6.25
ツヤツヤ髪の毛の日 2.8
吊り橋の日 8.4
つるむらさきの日 7.26
ツローの日 毎月26日
DHAの日 6.22
TMS・感動新婚旅行の日 4.25
TMS・感動ハネムーンの日 8.26
DMMぱちタウンの日 8.8
Dcollection・黒スキニーの日 9.6
低GI週間 11.1-7
低GIの日 11.1
ティシューの日 10.4
ディスクジョッキーの日 12.28
ディスコの日 7.22
ディズニーツムツムの日 2.6
ディズニー マリーの日 2.22
低用量ピルで生理ケアの日 7.28
データセンターの日 12.1
データ見える化の日 10.3

データをつなぐ日 2.9
デーツの日 12.2
手織りの日 7.7
「適サシ肉」の日 1.15
テクノホスピタリティの日 6.28
デコポンの日 3.1
デコレーションケーキの日 7.12
デジタルノマドの日 8.8
デジタル放送の日 12.1
手帳の日 12.1
鉄道の日 10.14
鉄の記念日 12.1
てっぱん団らんの日 6.10
鉄分の日 11.26
手と手の日 10.10
デドバの日 10.18
デニムの日 10.26
デニャーズの日 2.22
手羽先記念日 6.14
手羽トロの日 6.16
てぶくろの日 10.29
手巻寿司の日 9.9
手巻きロールケーキの日 毎月6日
デリバリー弁当の日 6.1
テリヤキバーガーの日 5.15
デルぱち君の誕生日 8.8
テレビ時代劇の日 7.1
テレビ放送記念日 2.1
天下一品の日 10.1
電気記念日 3.25
電気自動車の日 5.20
天空のスイーツの日 10.9
天才の日 10.31
電子コミックの日 8.16
電子書籍の日 2.17
天使のエステの日 10.4
天使のささやきの日 2.17
天使のシャンパンの日 10.4
天使の日 10.4
点字ブロックの日 3.18
天赦日は開運財布の日 天赦日
天津飯の日 10.18
DENTALANDの日 6.4
電柱広告の日 5.28
テンテの日 10.10
テンデンスの日 10.10
電動アシスト自転車「ViVi」の日 6.6
電動工具の日 10.1
転倒予防の日 10.10
天女の日 10.24
天皇誕生日 2.23
電波の日 6.1
天ぷら粉の日 10.1
天ぷらの日 7.23*
ten.めばえの日 1.10
でん六の日 10.6
電話健康相談の日 10.1
ドアリースの日 8.8
トイコーの日 10.15
ドイツパンの日 10.3
ドイツワインの日 4.28
トイトイトイクリニックの日 10.1
トイドローンを楽しむ日 8.8
トイレクイックルの日 10.19
トイレットロールの日 10.11
トイレの日 11.10
トゥインクルレースの日 7.31
to suitの髪リフトの日 10.5
トゥー・チェロズの日 1.20
ドゥーワップの日 7.12
糖化の日 毎月10日
童画の日 5.8
東京水道の日 12.1
東京タワー完工の日 12.23
東京都平和の日 3.10
東京二八そばの日 2.8
東京ばな奈の日 8.7
『東京リベンジャーズ』・東京卍會結成記念日 6.19
統計の日 10.18
刀剣乱舞・審神者の日 3.28
闘魂アントニオ猪木の日 10.1
陶彩の日 10.31
糖鎖の日 10.3
冬至 12.22*
糖質ゼロの日 10.4
「堂島ロール」の日 6.16
東条川疏水の日 11.23
等身大フォトの日 10.4
東スポの日 4.1
東筑軒の立ち食いうどん・そばの日 11.11
盗難防止の日 10.7
豆乳で作ったヨーグルトの日 7.8
豆乳の日 10.12
等伯忌 2.24
頭髪記念日 10.8
東ハトの日 10.8
陶板名画の日 10.8
頭皮ケアの日 10.1
豆腐干の日 10.20
動物看護の日 6.28
動物虐待防止の日 9.23
豆腐バーの日 10.28
透明資産の日 12.14
透明美肌の日 10.28
東洋羽毛・羽毛ふとんの日 8.10
桐葉菓の日 10.8
登録販売者の日 10.6
糖をはかる日 10.8
TOEICの日 10.19
10日金曜日は東金（とうがね）の日 10日の金曜
TOTO（トト）の日 10.10
トートバッグの日 10.10
ドーピング0の日 10.8
TOEFLの日 10.26
ドール・極撰の日 5.9
ドール・スウィーティオパインの日 8.1
Doleスムージーの日 6.10
Doleバナ活の日 毎月7日
ドール・フィリピン産パパイヤの日 8.8
時の記念日 6.10
「とく子さん」の日 10.9
特撮の日 7.7
徳島県にんじんの日 4.12
徳島県れんこんの日 11.8
とくしまNAKAドローンの日 10.6
ドクターエアの日 11.30
Dr.シーバのエラスチンの日 8.8
ドクター・ショール フットの日 2.10
床ずれ予防の日 10.20

ところてんの日 6.10
土佐文旦の日 2.13
都市農業の日 11.2
図書館記念日 4.30
土地家屋調査士の日 7.31
とちぎのいちごの日 1-3月の25日
杜仲の日 10.2
特許翻訳を学ぶ日 10.10
とってもいい朝食の日 10.11
ドットライナーの日 10.10
とっとり０９２９（和牛肉）の日 9.29
ドットわん・犬の納豆の日 7.10
トップガンの日 5.13
トッポの日 10.10
十歳の祝いの日 3.7
ととのえの日 11.11
トナーの日 10.7
トニックの日 10.29
鳥羽の日 10.8
「跳び」の日 10.2
どぶろくの日 10.26
徒歩の日 10.4
トマトアンドオニオンの日 10.10
トマトサワーの日 10.30
トマトの日 10.10
トムとジェリーの誕生日 2.10
ドムドムハンバーガーの日 10.6
トムの日 10.6
ドメインの日 3.15
共家事の日 11.23
共に守るマスクの日 10.9
ドモホルンリンクル「しみキレイ」の日 4.3
ドモホルンリンクル「しわキレイ」の日 4.8
土用丑の日 土用丑の日
とよかわ大葉「いい大葉の日」 11.8
豊（とよ）の日 10.4
豊橋「つまもの」の日 4.12
トライの日 10.1
ドライバーの日 10.18
ドラゴンクエストの日 5.27
トラックの日 10.9
とらふぐ亭の日 2.9
ドラベ症候群の日 6.23
ドラムの日 10.10
どらやきの日 4.4
トラリピの日 12.21
トランクルームの日 10.9
ドリアの日 10.29
ドリーム号の日 6.10
Dream Zoneのラジオを楽しむ日 8.17
ドリカムの日 7.7
ドリップコーヒーの日 10.22
鳥と人との共生の日 8.10
とりなんこつの日 7.5
TORQUEの日 10.9
トレシーの日 10.4
ドレッシングの日 8.24
トレハロースの日 10.8
ドローンサッカーの日 7.24
ドローンパイロットの日 10.8
とろけるクッキーの日 10.9
とろけるハンバーグの日 5.4
どろソースの日 10.6
トロの日 毎月16日
とろみ調整食品の日 10.3
永遠の愛を繋ぐ婚約指輪の日 10.1
永遠の日 10.8
トンカツの日 10.1
とんがりコーンの日 5.25
とんこつラーメンの日 10.2
ドンコの日 3.3
ドンペンの日 9.8
問屋の日 10.8

な行

内科の日 7.1
内航船の日 7.15
内視鏡の日 7.14
ナイススティックの日 7.13
ナイスバディーの日 7.8
内臓脂肪の日 7.14
名入れギフトの日 7.10
ナオトの日 7.10
NAOMIの日 7.3
永くつながる生前整理の日 7.29
ながさき平和の日（長崎市） 8.9
Nagase Viitaの日 5.11
中津ハモの日 8.30
長瀞観光の日 7.16
長野県きのこの日 11.11
長野県ぶどうの日 9.23
長野県りんごの日 11.22
長湯温泉「源泉のかけ流し」記念の日 5.24
渚の日 7.3
夏越ごはんの日 6.30
名古屋コーチンの日 3.10
那須塩原市牛乳の日 9.2
なすび記念日 4.17
謎解きの日 5.9
謎肉の日 7.29
ナツイチの日 7.21
ナツコイの日 7.7
なつこの日 7.25
夏チョコの日 7月第3月曜
ナッツのミツヤの日 3.28
ナッツミルクの日 7.23
夏トマトの日 8.8
夏の恋を熱くするラブラブハートの日 8.10
夏の長野県産レタスの日 7.2
夏ふーふースープカレーの日 7.22
夏を色どるネイルの日 7.16
なないろSMSの日 毎月22日
七草 1.7
七転八起の日 7.8
ナナシーの日 7.4
ななつのしあわせミックスナッツの日 3.7
『七つの大罪 黙示録の四騎士』の日 7.4
なにやろう？自由研究の日 7.28
ナビの日 7.1
ナブコの日 7.25
ナプロアースの日 7.26
鍋と燗の日 11.7*
鍋の日（なべのひ） 11.7
ナボナの日 12.18
ナポリタンの日 4.29
なまえで未来をつくる日 11.7
生クリームの日 9.6

生サーモンの日 7.30
生酒の日 6.25
生パスタの日 7.8
生パスタの日 毎月7-8日
生ハムの日 11.11
涙の日 7.3
波の日 7.3
「なわ」の日 7.8
南郷トマトの日 8.6, 9.10
「なんしょん？」の日 7.4
難聴ケアの日 11.3
ナンの日 7.6
No.2の日 2.2
難病の日 5.23
なんもしない日 6.3
似合う色の日 2.16
新潟米の日 10.25
NISAの日 2.13
225の日 2.25
ニイミの日 2.13
苦汁（にがり）の日 9.10
にかわの日 11.7
ニキビケアの日 7.27
ニキビの日 5.21
肉汁水餃子の日 1.1
肉まんの日 11.29
ニゴラー集う「にごり酒」の日 2.5
ニゴロブナの日 2.5-7
ニシキアナゴの日 11.11
錦通り・ニッキーの日 4.21
にじさんじの日 2.3
虹の日 7.16
二重とびの日 2.10
にじゅうまるの日 2.10
二世帯住宅の日 2.10
煮たまごの日 2.5
日南一本釣りかつおの日 3.21
ニッパーの日 2.8
ニッポン放送 ワイド FM 93の日 9.30
２並びの日（セカンドラインの日） 2.22
二百十日 9.1*
二百二十日 9.11*
２分の１成人式の日 2.1
日本遺産の日 2.13
日本記念日協会創立記念日 4.1
日本骨髄増殖性腫瘍の日 9月第2木曜
日本三景の日 7.21
日本重症筋無力症の日 6.2
日本酒女子会の日 2.14
日本酒の日 10.1
日本巡礼文化の日 4.15
日本女性医師デー 4.4
日本製肌着の日 11.17
日本製ファッションの日 2.2
日本茶の日 10.1
日本直販の日 6.6
日本手ぬぐいの日 3.21
日本点字制定記念日 11.1
日本刀の日 10.4
日本入浴協会・よい風呂の日 4.26
日本のキャビアの日 9.15
日本の食文化・燻製（スモーク）の日 9.9
日本初の点字新聞「あけぼの」創刊記念日 1.1
日本バドミントン専門店会の日 8.10
日本ヒートアイランド対策協議会の日 7.10
日本列島たこせんべいの日 3.8
にゃんまるの日 2.22
ニューギンのよいパチンコの日 4.18
乳酸菌のくすりの日 2.12
乳酸菌の日 2.3
乳酸菌の日 毎月23日
ニュータウンの日 9.15
入梅 6.10*
ニューパルサーの日 2.28
乳房再建を考える日 10.8
尿もれ克服の日 2.20
２連ヨーグルトの日 2.2
にわとりの日 2.8
庭の日 4.28
人間ドックの日 7.12
忍者の日 2.22
妊娠の日 2.4
認知症予防の日 6.14
にんにくの日 2.29
ぬか床の日 1.20*
ヌヌコ記念日 2.25
布おむつの日 6.11
ネイルの日 11.11
ネオバターロールの日 8.1
ネオロマンスの日 9.23
ネオンサインの日 7.15
ねぎらいの日 11.23
猫背改善の日 2.22
ネゴツィエットが金属アレルギーの事を知って欲しい日 3.16
猫と人の日 11.28
猫の健康診断の日 2.22
猫の日 2.22
熱中症対策の日 5.5
ネット銀行の日 10.12
ネット生保の日 5.18
根張星（ねばりスター）の日 9.2
ねんどの日 9.1
年度末 3.31
農協記念日 11.19
農山漁村女性の日 3.10
ノウフクの日 11.29
納本制度の日 5.25
ノーコード開発の日 6.25
ノーベンバーラブデー 11.30
乃木坂46の日 2.22
野沢菜の日 11.1
野島（のしま）の日 8.8
のど飴の日 11.15
のどぐろ感謝の日 9.6
能登ヒバの日 1.8
信長の野望の日 3.30
飲むオリーブオイルの日 10.3
海苔の日 2.6

は行

パークの日（駐車場の日） 8.9
ハーゲンダッツの日 8.10
パーシーの日 8.4
BARTH中性重炭酸入浴の日 10.13
BARTHナイトルーティンの日 9.10
パーソナルトレーナーの日 8.10
ハードコアテクノの日 8.5

Heart Safe Cityの日 9.29
ハートつながるキッドビクスの日 8.10
ハートトラストの日 8.10
パートナーの日 8.7
ハートの日 8.10
バーバパパの日 4.22
パーフェクトの日 8.21
ハーブの日 8.2
ハープの日 8.2
パーマの日 8.1
パールミルクティーの日 8.3
ハイアルチの日 10.21
ハイエイトチョコの日 8.18
配管くんの日 8.1
ハイキューの日 8.19
バイキングの日 8.1
ばい菌ゼロの日 2.10
バイクエクササイズの日 6.16
俳句記念日 8.19
ハイサワーの日 8.3
廃車リサイクルの日 8.14
はいチーズの日 8.22
ハイチオールの日 8.1
配置薬の日 8.1
ハイチュウの日 8.12
バイトルの日 8.10
ハイドロ銀チタンの日 2.22
パイナップルの日 8.17
梅肉エキスの日 6.1
バイバイフィーバーの日 10.10
ハイビスカスの日 8.1
ハイブリッドキャリアの日 11.11
ハイボールの日 8.10
パインアメの日 8.8
バウムクーヘンの日 3.4
「歯が命」の日 8.1
はがねの日 4.1
ハグ～ンの日 8.9
歯ぐきの日 11.8-9
白杖の日 10.15
箔装飾の日 8.9
HAKUの日 4.30
パグの日 8.9
ぱくぱくの日 8.9
白馬そばの日 2.8-10
白露 9.8*
バケットリストの日 11.3
箱そばの日 8.5
ハコボーイの日 8.5
はしご車の日 8.5
橋の日 8.4
箸の日 8.4
はじめます宣言の日 1.11
はじめようの日 3.21
橋本会計の安心会計の日 7.7
ハジ→の日 8.4
走ろうの日 8.4
ハスカップの日 7.7
パステル和（NAGOMI）アートの日 8.25
パソコンお直しの日 7.4
パソコン検定の日 毎月9日
パソコン工房の日 8.5
パソコン資格の日 10.10
裸石の日 8.14
肌トラブル救急（QQ）の日 9.9
肌には知る権利がある記念日 4.20
秦野名水の日 10.17
働く人の健康記念日 10.10
歯ヂカラ探究月間（1日～30日） 9.1-30
八十八夜 5.2*
八丈島から南大東島への上陸記念日 1.23
パチスロの日 8.4
パチスロ・ハナハナの日 8.7
パチ7の日 8.7
パチパチパニックの日 8.8
パチマガスロマガの日 7.7
はちみつ100％のキャンデーの日 10.8
爬虫類の日 8.8
パチンコ＆スロット喜久家創立記念日 4.1
パチンコ実践バラエティ番組『くずパチ』の日 9.28
ぱちんこの日 8.8
パチンコ・パチスロメーカー「SANYO」の日 3.4
初午いなりの日 2.11
発炎筒の日 8.10
二十日正月 1.20
発芽大豆の日 11.20
発芽野菜の日 毎月20日
バックカメラで事故防止の日 8.9
バック・トゥ・ザ・リサイクルの日 10.21
初恋の日 10.30
発酵食品の日 8.8
発酵の日 8.5
八丁味噌の日 8.3
八天堂の日 8.10
ハット（小屋）の日 8.10
「はっと」の日 8.10
服部植物研究所・コケの日 8.10
服部製紙アルカリ電解水の日 10.1
初荷 1.2
葉っぱの日 8.8
はっぴいおかん・大阪いちじくの日 1.19
ハッピーサマーバレンタインデー 8.14
ハッピーパーツデー 8.2
ハッピーリボンデー 8.8
はっぴの日 8.1
発泡スチロールの日 7月第3月曜
はつみ（823）の日 8.23
発明の日 4.18
初夢の日 1.2
派手髪の日 4.30
ハテナの塔の日 8.17
HADOの日 8.10
鳩の日 8.10
はとむぎの日 8.10
パトレイバーの日 8.10
花泡香の日 8.7
花冠記念日 4月第1土曜
花キューピットの日 4.13
花慶の日 8.7
話す日 8.7
花園ラグビーの日 9.22
バナナの神様・バナナジュースの日 8.10
バナナの日 8.7
鼻の日 8.7
花文化の日 8.7
はなまるうどんの日 8.7

花やしきの日 8.7
歯並びの日 8.8
馬肉を愛する日 8.29
バニラヨーグルトの日 8.24
パネットーネの日 12.1
ばねの日 8.10
ハハとコドモの日 8.5
母の日 5月第2日曜
パパの日 8.8
パピコの日 8.5
パフェの日 6.28
パブスタの日 8.8
ハブの日 8.2
バブの日 8.2
歯ブラシ交換デー 毎月8日
歯ブラシの日 8.24
バブルランの日 8.26
VAM（バム）の日 8.6
刃物の日 11.8
はもの日 8.3
ハヤシの日 9.8
はやぶさの日 6.13
はらこめしの日 10.8
パラスポーツの日 8.25
ハラスメントフリーの日 8.2
パラソーラの日 8.4
貼り合わせキッチンスポンジ・キクロンAの日 7.1
ハリー・ポッターの誕生日 7.31
はり（鍼）・きゅう（灸）・マッサージの日 8.9
針供養 2.8
バリ取りの日 8.10
バリ舞踊の日 6.1
ぱりんこの日 8.5
バルーンの日 8.6
春のサニーレタスの日 3.2
春のちらし寿司の日 3.3
HULFT（周年記念） 1.4
バルブの日 3.21
パレットの日 11.12
バレンタインデー 2.14
ハロウィン 10.31
ハロウィン月間はじまりの日 10.1
ハローベビー・デー 2.23
HelloWineの日 10.20
パワプロの日 8.26
半襟の日 1.15
ハンカチーフの日 11.3
半夏生 7.2*
ハンコの日 8.5
パン粉の日 8.5
はんざき祭りの日 8.8
晩餐館焼肉のたれの日 6.12
はんだ付けの日 7.25
パンチニードルチャレンジの日 10.10
ハンドクリームの日 11.10
ハンドケアの日 10.11
手（ハンド）の日 8.10
パンの記念日 4.12
パンの日 毎月12日
ハンバーガーの日 7.20
ハンバーグの日 8.9
パンプスの日 2.10
帆布の日 8.2
パンわーるどの日 11.6
ピアノ調律の日 4.4
PDF（Portable Document Format）の日 6.15
ビーズの日 8.2
ビースリーの日 毎月3日
ヒーターの日 11.10
ビーチサンダルの日 8.3
ピーチの日 7.31
ヒートテックの日 11.10
ビートルズの日 6.29
ぴーなっつ最中の日 10.18
VIVUS GOLFの日 5.2
ビーフンの日 8.18
B.LEAGUEの日 9.22
ビールサーバーの日 3.8
ヒーローの日 1.16
ピカールのクロワッサンの日 9.6
ヒカリをカナタに届ける日 8.25
ひかわ銅剣の日 7.12
Piknikの日 毎月29日
美熊くん誕生日 3.3
ひざイキイキの日 2.22
ひざ関節の日 2.25
ピザ テン.フォーの日 10.4
ピザの日 11.20
ピザまんの日 10.13
美術を楽しむ日 10.2
美人証明の日 12.2
ビスコの日 8.8
常陸牛の日 3.5
左利きグッズの日 2.10
ビックマーチの日 3.9
びっくりぱちんこの日 7.7
ビックリマンの日 4.1
ひっつみの日 12.3
ビデオの日 11.3
人と犬・愛犬笑顔の日 11.10
人と色の日・自分色記念日 10.16
ひとのわの日 11.1
ひとみの日 1.3
ひな人形飾りつけの日 2.19*
ひな祭り 3.3
美白デー 3.14
美白の女神の日 8.9
美肌へ導く、化粧水の日 9.9
日比谷サローの日 3.6
ビフィズス菌の日 12.2
ビフィズス菌ヨーグルトの日 11.1
皮膚の日 11.12
美眉育成の日 11.19
ひものの日 1.10
119番の日 11.9
118番の日 1.18
百十郎の日 1.10
110番の日 1.10
日やけ止めの日 3.20
ビヤホールの日 8.4
美容記念日 1.25
表彰で感謝を伝える日 11.23
美容鍼灸の日 4.8
美容脱毛の日 10.10
ひらく、いい鼻の日 1.18
平田村あじさい記念日 7.14
ビリー・ジョエル「ピアノ・マン」の日 11.2
ひろさきふじの日 10.1
広島県民米「あきろまん」の日 10.15
ひろの童謡の日 10.5
ピロリ菌検査の日 4.14
ビン牛乳の日 11.26
ピンクデー 4.4
ファーストバスデー 1.26
ファイトの日 5.10
ファイナルファンタジーVIIの日 1.31

ファイバードライの日 5.18
ファイバードラムの日 9.8
ファイバーヒートの日 11.10
ファシリティドッグの日 7.1
ファッションお直しの日 7.4
ファミ通の日 9.1
ファミマのフラッペの日 6.17
ファミリーカラオケの日 9月第2土曜
VRの日 2.2
封筒の日 2.10
フードドライブの日 1.15
フードの日 2.10
フードバンクの日 11.23
夫婦円満の日 2.20
フェイス＆ボディペインティングの日 11.16
笛吹市桃源郷の日 4.10
フェムテックを学ぶ日 2.19
フォークソングの日 4.9
フォーサイトの日 4.3
フォーの日 4.4
フォトの日 4.10
フォトフェイシャルの日 4.10
フォニックスの日 4.29
フォントの日 4.10
深川マイ・米・デー 11.1
ふきとりの日 2.10
吹き戻しの日 6.6
福が留まる福の日 8.8
ふくしま夏秋きゅうりの日 7-9月の1日
ふくしま桃の日 7.13, 7.26, 8.8
福神漬の日 7.29
福の日 12.29
ふくの日 毎月29日
福山城築城記念日 8.28
富士急の日 2.29
富士山の日 2.23
武士の日 6.4
節々の痛みゼロを目指す日 1.30
不二家パイの日 3.14
褌の日 10.10
二重（ふたえ）の日 2.10
二桁かけざん九九の日 9.9
豚丼の日 2.10
豚饅の日 11.11
プチクマの日 6.24
プチプチの日 8.8
フットケアの日 2.10
フットサルの日 5.5
筆アートの日 2.10
筆「手書き文字」の日 11.23
不動産鑑定評価の日 4.1
不動産電子契約の日 5.18
太客倶楽部の日 2.10
太物の日 2.10
ふとんの日 10.10
船穂スイートピー記念日 1.27
ふなぐち菊水一番しぼり（現・菊水ふなぐち）（周年記念） 11.27
ブナピーの日 7.10
麩の日 2.2
ふふふの日 2.22
不眠の日 2.3
不眠の日 毎月23日
冬にんじんの日 11.24
冬のごちそう「ゆめぴりか」の日 12月第4日曜
ぷよの日 2.4
フライドチキンの日 11.21
プライヤの日 2.18
プラじいの誕生日 9.20
ブラジャーの日 2.12
プラスサイズハッピーデー 10.10
プラズマクラスターの日 11.11
プラズマレーザーの日 4.3
プラチナエイジの日 7.5
ブラックウルフ・黒髪の日 9.6
ブラックサンダーの日 9.6
ブラックジンジャーの日 7.10
ブラックチョコレートの日 4.14
BLACK無糖の日 6.10
ブラックモンブランの日 5.7
フランスパンの日 11.28
フリーランスの日 12.16
ふりかけの日 5.6
プリキュアの日 2.1
ブリスの日 9.27
プリの日 3.21
プリン体と戦う記念日 4.7
プリンの日 毎月25日
フルーツカービングの日 6.21
フルートの日 2.10
ブルーベリーの日 8.8
プルーンの日 毎月26日
フルクルの日 2.9
フルタ製菓株式会社（周年記念） 8.1
ブルダック炒め麺の日 4.13
フルタ生クリームチョコの日 10.14
フルタの柿の種チョコの日 10.26
フルハーネス型安全帯普及の日 8.24
フルハイトドアの日 8.10
ブルボン・プチの日 毎月24日
フレイルの日 2.1
ブレーキパッドの日 8.10
プレスリリースの日 10.28
プレミアム・アウトレットの日 10.10
プレミアム美肌の日 3.8
プレミンの日 10.10
フレンチ・クレープデー 2.2
フレンドリーデー 4.14
風呂カビ予防の日 5.26
ブログの日 2.6
プログラミング教育の日 6.19
ふろしきの日 2.23
フロスを通して歯と口の健康を考える日 2.6
ブロックス (Blokus) の日 8.10
プロフェッショナルの日 2.6
プロポーズで愛溢れる未来を創る日 12.4
プロポーズの日 6月第1日曜
ぷろぽりす幸子の日 3.25

フロリダグレープフルーツの日 2.26
文化財防火デー 1.26
文化の日 11.3
文化放送の日 11.3-4
文具はさみの日 8.3
豊後高田市移住の日 1.10
豊後高田市恋叶ロードの日 2.13
豊後高田市全力発展の日 8.10
豊後高田昭和の町の日 4.29
文鳥の日 10.24
フンドーダイ・煮物の日 2.6
ふんどしの日 2.14
ペア活の日 11.2
ヘアサロンサイネージの日 6.1
ヘアドネーションの日 11.11
ペアリングの日 8.8
ベイクチーズタルトの日 11.1
平成はじまりの日 1.8
ベイブレードの日 3.21
平和記念日（広島市） 8.6
ベーグルの日 8.8
ベースの日 11.11
へきなん赤しその日 6.14
碧南人参の日 1.23
ヘコアユの日 11.11
ペッカー・山ちゃんのリズムの日 8.13
別所線の日 5.25
ペットたちに「感謝」する日 11.22
ペットに無添加良品の日 6.10
ペットの健康診断の日 10.13
ベッドの日（good sleep day） 9.3
ヘッドホンの日 2.22
ペットも救急の日 9.9
Pepper誕生日 6.5
ベビーシャワーの日 6.6
ベビースターの日 8.2
ベビーチーズの日 6月第1日曜
ベビーリーフ記念日 4.8
へべすの日 9.6
べべダヤンの誕生日 2.10
ペヤングソースやきそばの日 3.13
HEALTHYA・日本製腹巻の日 11.7
ヘルスケアオープンイノベーションデー 6.10
ベルトの日 12.10
ベルボトム・ジーンズの日 12.31
弁護士費用保険の日 5.15
ポイ活の日 7.1
ポイントカードの日 10.1
貿易記念日 6.28
暴君ハバネロの日 11.17
防災意識を育てる日 3.11
防災とボランティアの日 1.17
防災の日 9.1
防災用品点検の日 3, 6, 9, 12月の1日
ホウ酸処理の日 8.3
芒種 6.6*
放送記念日 3.22
ほうとうの日 4.10
防犯カメラの日 7.8
防犯対策の日 5.18
防犯の日 毎月18日
棒ラーメンの日 11.11
法律扶助の日 1.24
ボウリングの日 6.22
ホームインスペクションの日 3.14
ホームセキュリティの日 1.5
ホームパイの日 8.1
ホールケーキの日 毎月8日
簿記の日 2.10
北斗の拳の日 9.13
ポケトークの日 10.9
Pokémon Day 2.27
保険クリニックの日 9.29
補聴器の日 1.10
ホゴネコの日 5.25
保護わん・保護にゃんの日 12.12
ほしいもの日 1.10
保湿クリームの日 9.16
ほじょ犬の日 5.22
ポスチャーウォーキングの日 6.15
ポスティングの日 11.10
ホスピタリティ・デー 3.24
ボタンの日 11.22
補聴器の日 6.6
北海道たまねぎの日 11.2
北海道のソウルフードを食べる日 3.1
北海道ばれいしょの日 8.4
北海道米「ななつぼし」の日 7.2
北海道米「ふっくりんこ」の日 2.9
北海道よつ葉記念日 4.28
ポッキー&プリッツの日 11.11
ホットケーキの日 1.25
ホットサンドを楽しむ日 3.23
ホットプレートごはんの日 2.2
ホッピーの日 7.15
ポップコーンの日 9.9
ポテコなげわの日 8.8
補綴（ほてつ）の日 4.12
ポテトサラダの日 10.10
ポニーテールの日 7.7
骨の健康デー 3.3
ほぼカニの日 4.1
ほめ育の日 10.19
褒め言葉カードの日 1.14
ホヤの日 4.8
ポリフェノールの日 11.26
ポリンキーの日 3.3
ほるもんの日 11.3
ホワイトティースデー 8.21
ホワイト・デー 3.14
盆 8.15
盆送り火 8.16
ボンカレーの日 2.12
本家白川けいちゃんの日 9.18
ポンコツの日 6.3
本仕込の日 5.1
ボン・ジョヴィの日 5.21
Pontaの日 3.1
本の日 11.1
本みりんの日 11.30
盆迎え火 8.13
翻訳の日 9.30
ほんわかの日（家族だんらんの日） 6.6

ま行

マーガリンの日 10.24
麻雀の日 8.1
マープの日 11.1
麻婆豆腐の素の日 6.6
マーマレードの日 5.14
まぁるい幸せチョコパイの日 4.4
マイクロニードル化粧品の日 11.12
マイコファジストの日 5.15
まいどおおきに食堂の日 1.10
まいどなの日 4.17
Myハミガキの日 毎月1日
マウスの誕生日 12.9
前畑ガンバレの日 8.11
魔王魂の日 5.1
まがたまの日 6.9, 9.6
マカロニサラダの日 1.11
マカロンの日 10.9
巻寿司の日 2.3*, 5.4*, 8.6*, 11.6*
巻き爪ケアの日 4.2
巻き爪を知る治す予防する日 7.10
まくらの日 1.6
まけんグミの日 9.28
まごの日 10月第3日曜
MOTHERチャレンジの日 8.8
マシュマロの日 4.6
まずい棒の日 10.1
マスカラの日 9.8
マダムシンコの日 12.14
街コンの日 2.2
町家の日 3.8
まつ育の日 12.19
まつげ美人の日 11.11
マッコリの日 10月最終木曜
マッサージクッションの日 9.4
松阪牛の日 毎月19日
松崎しげるの日 9.6
マッシュルームの日 8.11
真っ白なそば・更科そばの日 3.4
抹茶新茶の日 5.22
抹茶の日 2.6
松本山賊焼の日 3.9
マテ茶の日 9.1
窓ガラスの日 10.10
的矢かきの日 4.1
マドレーヌの日 7月第3月曜
マナーインストラクターの日 10.7
マナーの日 10.30
マネーキャリアの日 12.10
招き猫の日 9.29
豆の日 10.13
マヨサラダの日 3.1
マヨネーズの日 3.1
マライア・キャリー「恋人たちのクリスマス」の日 12.24
マリルージュの日 毎月21日
丸亀市×サン・セバスティアン市「チャコリの日」 4.9
丸源餃子の日 5.5
マルサン豆乳の日 3.12
丸大燻製屋・ジューシーの日 毎月14日
マルちゃん正麺の日 11.7
マルちゃん焼そばの日 8.8
マルヨのほたるいかの日 3.10, 4.3
真ん中の日 7.2
マンリーデー 1.14
見合いの日 3.10
meethの日 3.2
ミートソースの日 3.10
ミードの日 3.10
未唯mieの日 3.1
ミールオンデマンドの給食サービスの日 3.16, 9.4
ミールキット（Kit Oisix）の日 7.18
ミールタイムの日 3.6
魅学アカデミーのミューズの日 9.9
みしまバーニャの日 1.28
水循環に思いをはせる日 11.8
水通しの日 3.10
ミス日本の日 4.22
みずの日 4.3
水の日 8.1
水虫治療の日 6.4
みそおでんの日 10.5
みたらしだんごの日 毎月3-5日
道の駅の日 4.22
道の日 8.10
ミックスジュースの日 3.9
ミックの日 3.19
みつこの日 3.25
三ツ矢サイダーの日 3.28
三ツ矢の日 3.28
みどりの日 5.4
ミドルの日 3.16
水俣病啓発の日 5.1
南アフリカワインの日 2.2
ミニーマウスの日 3.2
ミニオンの日 3.20
ミニストップの日 3.2
箕輪町安全安心の日 5.12
未病の日 3.20
耳かきの日 3.3
mimi no hi（ミミの日） 3.3
耳の日 3.3
脈の日 3.9
宮崎カーフェリーの日 4.15
宮崎ぎょうざの日 8.29-31
宮崎県長距離フェリー航路（周年記念） 3.1
みやざき地頭鶏の日 2.10
宮崎ブランドポークの日 10.10
みやざきマンゴーの日 5.25
宮島水族館の日 8.1
雅の日 3.8
ミュージカル『キャッツ』の日 11.11
ミユキ野球教室の日 3.17
妙義山の日 11.4
みよた壱満開の日 3.3
未来郵便の日 3.1
未来を担う水素電池の日 12.25
ミリオンゴッドの日 5.10
ミルクキャラメルの日 6.10
ミルクの日のミルクの時間 3.6
ミルトンの日 3.10
Miru（見る）の日 3.6
ミロの日 3.6
miwaの日 3.8
眠育の日 3.19

民生委員・児童委員の日 5.12
みんつくの日 3.29
ミントの日 3.10
みんなで考えるSDGsの日 3.17
みんなで重力の謎を考える日 10.6
みんなでたべよう「おろしそば」の日 5.11
みんなでつくろう再エネの日 9.24
みんなで土砂災害の減災を願う日 7.7
みんなでニッコリみんなで健康長寿の日 3.25
みんなニッコリの日 2.5
みんなのあんバターの日 8.22
みんなの移住の日 1.10
みんなの親孝行の日 8.5
みんなの銀行の日 3.7
みんなの保育の日 4.19
民放テレビスタートの日 8.28
民放の日（放送広告の日） 4.21
ムーニーちゃんのお誕生日 7.7
ムーミンの日 8.9
昔 ピュアな乙女達の同窓会の日 3.21*
麦チョコの日 7.1
麦とろの日 6.16
麦みそ食文化の日 6.30
無垢の日 6.9
婿の事業承継の日 6.5
虫ケア用品の日 6.4
虫の日 6.4
虫歯予防デー 6.4
蒸しパンの日 6.4
蒸し豆の日 6.4
無人航空機記念日 12.10
娘婿を励ます日 6.6
むち打ち治療の日 6.7
夢中でトレーニングの日 6.29
無痛分娩を考える日 6.2
六連の日 6.6
無添加住宅の日 6.10
無添加の日 6.10
無電柱化の日 11.10
無糖茶飲料の日 6.10
ムヒの日 6.1
村杉温泉・風雅の宿「長生館」大庭園の日 10.28
ムロツヨシの日 6.24
室蘭カレーラーメンの日 4.25
名玄のセルフうどんの日 10.8
明治エッセルスーパーカップの日 9.20
明治おいしい牛乳の日 4.23
明治ブルガリアヨーグルトの日 12.17
明治プロビオヨーグルトR-1の日 12.1
明治北海道十勝カマンベールの日 10.6
銘店伝説誕生の日 2.24
メイトーの日 5.10
名木伝承の日 11.1
メーデー 5.1
メープルもみじの日 5.26
夫婦で妊活の日 2.23
夫婦の日 2.2
メガネの日 10.1
メディア・リテラシーの日 6.27
メディキュットの日 9.10
meviyの日 8.8
メリーのサマーバレンタインデー 7.7
メロンの日 毎月6日
メンズ脱毛を応援する日 11.20
メンズメイクアップの日 5.5
明太子の日 12.12
メンチカツの日 3.7
めんの日 11.11
めんの日 毎月11日
面発光レーザーの日 3.22
メンマの日 2.1
毛布の日 11.20
網膜の日 9.23
萌の日 10.10
もえぴな記念日 7.27
木製ハンガーの日 2.8
文字・活字文化の日 10.27
もったいないフルーツの日 毎月1日
もつ鍋の日 11.7
もつ焼の日 7.13
MONOの日 11.1
モノマネを楽しむ日 9.6
モビリティメディアの日 10.1
MOMO尻の日 8.8
桃の節句 3.3
モラエス忌 7.1
モリシの日 6.14
森永・天使の日 10.4
森永乳業・ソイラテの日 10.13
「森のたまご」の日 11.18
「森のたまご」の日 毎月第3木曜
もろみみその日 6.3
モンチッチの日 1.26
モンモリロナイトの日 9.1

や行

ヤガイペンシルの日 11.11
焼うどんの日 10.14
焼おにぎりの日 10.8
焼き鳥の日 8.10
焼肉開きの日 3月第4土曜
焼ビーフンの日 1.31
野球の日 8.9
約束の日 8.18
夜光貝の日 8.5
野菜の日 8.31
やさしごはんの日 8.3-5
ヤシノミ洗剤の日 8.4
八ヶ岳の日 11.8
奴（やっこ）の日 8.5
やっぱり家の日 8.1
屋根の日 8.8
山形さくらんぼの日 6.6
山ごはんの日 8.5
山佐の日 8.3
山田邦子の日 9.25
やまとことばの日 8.18
やまなし桃の日 7.19
山の日 6月第1日曜
山の日 8.11
ヤマモトヤ・玉子サンドの日 10.1

ヤマモトヤ・無人売店の日 10.14
ヤマヨシの日 8.4
ヤムヤムズの日 8.6
八幡浜ちゃんぽん記念日 3.28
やわもちアイスの日 10.10
ヤンヤンつけボーの日 11.11
有機農業の日 12.8
UCCカプセルコーヒーの日 10.10
勇者の日 11.11
郵政記念日 4.20
夕陽の日 9.23*
UFOキャッチャーの日 6.24
YUKIZURIの日 11.1
雪の宿の日 8.10
雪見だいふくの日 11.18
ゆず記念日「いい風味の日」 11.23
湯たんぽの日 11.7*
ゆでたまごの日 2.1
ゆとりうむの日 7月第3火曜
unisizeの日 3.12
uni（ユニ）の日 10.1
UDF（ユニバーサルデザインフード）の日 7.11
ユニベアシティの日 1.21
輸入洋酒の日 4.3
夢ケーキの日 8.8
夢をえがくバルーンアートの日 11.11
夢をかなえる日 10.6
ゆり根の日 11.21
よいお肌の日 4.18
良いきゅうりの日 4.19
よい酵母の日 4.15
良いコラーゲンの日 4.15
よいトマトの日 4.10
酔い止めの日 4.10
よいPマンの日 4.9
養育費を知る日 4.19
ようかんの日 10.8
葉酸の日 4.3
養子の日 4.4
溶射の日 4.28
揚州商人スーラータンメンの日 9.14
洋食の日 8.8
洋食器の日 7.12
腰痛ゼロの日 4.20
ヨーグルトの日 5.15
よーじやの日 4.28
ヨード卵の日 4.10
よくばり脱毛の日 9.8
よごそうデー 4.5
横引シャッターの日 4.5
よさこい祭りの日 8.10
よしもとカレーの日 11.23
予祝の日 4.9
四つ葉の日 4.28
夜泣き改善の日 4.7
予防医学デー 11.5
予防接種記念日 2.14
夜なきうどんの日 11.7*
４カット写真の日 4.4
4Cの日 8.8
40祭の日 11.4
４℃の日 4.4
四輪駆動の日 4.4

ら行

ラーほーの日 11.21
ラーメンの日 7.11
ラーメンフォークの日 10.4
雷山地豆腐の日 10.2
ライスパワー No.11の日 11.11
ライソゾーム病の日 9.22
ライトニング・マックィーンデイ 9.5
LINEスタンプの日 10.4
「ラヴィット」の日 3.29
〈ラ・カスタ〉スキャルプケアデー 10.10
ラジオ体操の日 11.1
ラッキー１番・ラッピー君の誕生日 1.11
らっきょうの日 6.6
「ラブベジ」の日 3.1
ラブラブサンドの日 毎月22日
LOVOTの日 8.8
ランドセルの日 3.21
ランドセルリメイクの日 3.15
リアルタイム中古車オークションの日 6.29
リアル脱出ゲームの日 7.7
リードオルガンの日 6.1
リーブ21・発毛の日 8.20
リーブ21・シャンプーの日 4.2
理学療法の日 7.17
リコピンリッチの日 8.5
リジョブの日（いい縁につながる日） 11.2
リゼクリニックの日 10.16
リゾートウェディングの日 8.1
リゾ婚の日 8.1
立夏 5.5*
立秋 8.7*
立春 2.4*
立冬 11.7*
立冬はとんかつの日 11.7*
リニモの日 3.6
リノベーションの日 11.8
リプトンの日 5.10
リフレの日 2.20
ReBorn60の日 6.10
リボンシトロンの日 6.10
リボンナポリンの日 5.23
留学の日 11.12
琉球王国建国記念の日 2.1
琉球もろみ酢の日 9.3
リユースの日 8.8
漁師の日 7月第3月曜
両親の日 9.30
緑茶の日 5.2*
緑茶ハイを楽しむ日 8.1
緑内障を考える日 6.7
リラクゼーションドリンク「CHILL OUT」の日 4.20
リラクゼーションの日 10.30
relay（リレイ）でつなぐ事業承継の日 2.9
リンパの日 6.30
ルミナス医療脱毛の日 10.24
瑠璃カレーの日 8.20
るるぶの日 6.20
lulumoの日 6.6
冷コーの日 7.1
冷凍めんの日 10.10
令和はじまりの日 5.1
歴史シミュレーションゲームの日 10.26

歴史シミュレーションゲーム『三國志』の日 12.10
レクリエーション介護士の日 9.15
レゲエミュージックの日 8.10
レゴの日 5.5
レッカーの日 10.19
レディース・ユニフォームの日 2.4
レトルトカレーの日 2.12
レモンサワーの日 3.8
レンジフードの日 2.10
ROYAL&MGMイチローくんの日 6.6
ろうごの日 6.5
労働契約を考える日 6.10
朗読の日 6.19
ロースイーツの日 6.12
ローストビーフの日 6.10
ローズの日 6.2
ローソンの日 6.3
ロートの日 6.10
ロープの日 6.2
ローメン記念日 6.4
ロールアイスクリームの日 6.1
ロールキャベツの日 10.4
ロールケーキの日 6.6
ロールちゃんの日 毎月11日
ログホームの日 6.9
ロケ弁の日 6.10
ロゴマークの日 6.5
ロコモコ開きの日 7.11
路地の日 6.2
ロスゼロの日 4.14
ロゼット「セラミド」の日 2.1
「ロッキー」の日 11.21
ロックアイスの日 6.9
ロックの日 6.9
ロディの日 2.14
露点計の日 6.10
露天風呂の日 6.26
ロトくじを楽しむ日 6.10
ロハスの日 6.8
ロブサルツマン・パジャマの日 9.23*
ロボット掃除機『ルンバ』の日 6.8
ロマンスナイトの日 9.10
ロマンスの神様の日 12月第1土曜
ロマンスの日 6.19
Romiの日 6.3
ロムの日 6.6
路面電車の日 6.10
ロングセラーブランドの日 3.15
ロングライフ紙パックの日 8.9
ロンパースベア1歳の誕生日の日 11.1
YEGの日 11.11

わ行

Wi-Fiルーター見直しの日 11.11
WY WY(ワイワイ)記念日 11.11
和菓子の日 6.16
我が家のカギを見直すロックの日 6.9
ワキ汗治療の日 7.25
和栗の日 9.30
わくわくトイの日 10.1
ワクワクの日 9.9
和光堂ベビーフードの日 9.10
ワコールのパンツの日 8.2
輪島ふぐの日 2.9
和食の日 11.24
和太鼓の日 10.10
WATALISの日 5.15
わちふぃーるどの日 12.17
和ちょこの日 2.8
ワッフルの日 12.1
ワニ山さんの日 8.2
和の日 10.1
和服の日 10.29
笑ってOne for Allの日 11.11
わらびもちの日 4.26
わらべうた・子守唄の日 5.5
わらべうた保育の日 12.3
ワンオーガニックデイ 10.29
1on1記念日 10.1
ワンカップの日 10.10
ワンクの日 1.19
わんこそば記念日 2.11
1ドア2ロックの日 1.26
わんにゃんリボンデー 12.8
ONE PIECEの日 7.22
湾宝の日 8.8
わんわん ありがとうの日 11.1
わんわんギフトの日 11.11
ワンワン服の日 11.29
ヱビスの日 2.25

日本記念日協会の記念日登録制度について

一般社団法人日本記念日協会では記念日文化の発展を願い、従来の記念日はもちろん、新たに誕生した記念日、これから制定される記念日の登録制度を設けています。

団体、企業、個人で独自の記念日を「日本記念日協会」に登録したいとお考えの方は、記念日の名称・日付・由来・目的などの必要事項を「記念日登録申請書」にお書き込みのうえ、日本記念日協会までお申し込みください。

日本記念日協会の記念日登録審査会で日付・由来などを審査し、登録認定の合否を決定させていただきます。

「記念日登録申請書」は公式ホームページからダウンロードできます。ご記入いただいた申請書は、オンライン(登録申請書受付フォーム)でお送りください。

●日本記念日協会の記念日登録制度に登録認定された場合

(1) 日本記念日協会の公式ホームページに協会認定記念日として、名称・日付・由来・リンク先などが掲載されます。

(2) 登録された記念日をオフィシャルに使用する際、イベントの告知などにおいて「日本記念日協会登録済」と謳うことができます。

(3) 登録された記念日を証明する「記念日登録証」をお送りします。

(4) 新聞・テレビ・雑誌・インターネット・ラジオなどのマス・メディアに対するアプローチも含め、実践的なPR活動において大いに役立ちます。

●記念日登録料について

日本記念日協会では、公式ホームページに表示される回数などを考慮して、登録条件ごとに登録料を設定しています。登録審査会で合格となるまでは審査費などの費用はかかりません。金額などくわしくは当協会にお問い合わせください。

㈱なお、審査合格後にお振り込みいただいた登録料は返却いたしません。
また、登録後に申請団体、企業などがその活動を休止したとき、あるいは記念日文化を侵害する行為・事象があったと日本記念日協会が判断したときは、登録が抹消されることがあります。

●「記念日登録申請書」「周年記念登録申請書」のご請求、お問い合わせ

一般社団法人日本記念日協会（代表理事・加瀬清志）
TEL 050-3033-1662
公式ホームページ　https://www.kinenbi.gr.jp/

※日本記念日協会では企業・団体などの創業、創立、設立、開設した年月日、人物・商品・サービスなどが誕生、発売された年月日、自治体・学校などが制定、開校された年月日など、さまざまなものの始まりを記録し、その歴史を記憶する「周年記念登録」制度も実施しています。「周年記念登録」についても上記にお問い合わせください。

一般社団法人
日本記念日協会認定

記念日登録申請書

記入日（西暦）　　　年　　月　　日

申請者名（フリガナ） （企業名／団体名）			
申請者住所	〒		
担当者（部署名・氏名（フリガナ））			
連絡先	電話番号	固定：	携帯：
	E-Mail		
Web サイトの URL			

登録希望の記念日名		記念日の日付
名称（フリガナ）		

記念日登録の目的と日付の由来（※補足資料別添可）

〈登録の目的〉

〈日付の由来〉

記念日のイベント企画・予定・実例など

代理店の有無	□ あり（以下記入）	□ なし（以下記入不要）	
代理店名			
代理店住所	〒		
担当者（部署名・氏名（フリガナ））			
連絡先	電話番号	固定：	携帯：
	E-Mail		

〈備考〉

編者紹介

一般社団法人日本記念日協会

記念日についての研究、情報収集、広報活動などを行い、社会に対して文化的、産業的貢献を目指している団体。主な活動は、記念日の登録および周年記念の登録、記念日のデータの販売、記念日に関するコンサルティングなど。1991年設立。日本記念日協会URL https://www.kinenbi.gr.jp/

著者紹介

加瀬清志（かせ きよし）

一般社団法人日本記念日協会代表理事。1953年生まれ。長野県佐久市在住。1991年の協会設立以前から放送作家として記念日を研究。協会設立後はその運営、記念日データの管理責任者。記念日をテーマとした講演活動、企業や自治体の活性化のアドバイザーなども務める。主な著書に『ビジネス記念日データブック』『365日・今日は何の日？ 記念日ハンドブック』（以上、日本経済新聞社）、『すてき記念日・アニバーサリーに食べたい39のケーキ物語』『記念日に飾りたいすてきな花束』（以上、あすか書房）、『日本三大ブック』（共著、講談社）など。プロデュース作品に『パパラギ』（立風書房）など。

編集協力：（日本記念日協会・事典担当スタッフ）岡崎優子／田宮智康／西康介／吉田健太

すぐに役立つ 366日記念日事典［第5版］上巻

2009年4月22日 第1版第1刷発行
2013年12月20日 改訂増補版第1刷発行
2016年8月20日 第3版第1刷発行
2020年7月30日 第4版第1刷発行
2025年4月1日 第5版第1刷発行

編者 日本記念日協会
著者 加瀬清志
発行者 矢部敬一
発行所 株式会社創元社
https://www.sogensha.co.jp/
本社 〒541-0047 大阪市中央区淡路町4-3-6
Tel.06-6231-9010 Fax.06-6233-3111
東京支店 〒101-0051 東京都千代田区神田神保町1-2 田辺ビル
Tel.03-6811-0662
印刷所 TOPPANクロレ株式会社

ISBN978-4-422-02117-1 C0000